La carte de

la conduite et du caractère de la vie

William Edward Hartpole Lecky

Writat

Cette édition parue en 2024

ISBN : 9789359944180

Publié par
Writat
email : info@writat.com

Contenu

CHAPITRE I

L'une des premières questions qui doivent naturellement venir à l'esprit de tout écrivain qui traite du sujet de ce livre est de savoir quelle influence la simple discussion et le raisonnement peuvent avoir sur la promotion du bonheur des hommes. Les circonstances de notre vie et les dispositions de notre caractère déterminent principalement la mesure du bonheur dont nous jouissons, et de simples discussions sur les causes du bonheur et du malheur ne peuvent guère les affecter. Il est impossible de lire les nombreux livres qui ont été écrits sur ces sujets sans sentir combien ils consistent en de simples généralités sonores que la moindre expérience montre parfaitement impuissantes face à quelque douleur réelle et aiguë, et il est également impossible de lire acquérir une connaissance sérieuse du monde sans s'apercevoir qu'une grande partie des vies et des personnages les plus heureux se trouvent là où l'introspection, l'auto-analyse et les raisonnements sur le bien et le mal de la vie tiennent la plus petite place. En effet, le bonheur, comme la santé, est une des choses auxquelles les hommes pensent rarement, sauf lorsqu'ils sont altérés, et beaucoup de ce qui a été écrit sur le sujet l'a été sous le stress d'une grande dépression. De tels écrivains sont comme l'homme du tableau de Hogarth qui s'occupe dans la prison des dettes avec des plans pour le paiement de la dette nationale. Il y a des moments où nous ressentons tous la force des paroles de Voltaire : « Travaux sans raisonner, c'est le seul moyen de rendre la vie supportable ».

Il est incontestable qu'il y a beaucoup de vérité dans de telles considérations, et ce n'est que dans une sphère restreinte que s'étend le domaine du raisonnement. L'homme vient au monde avec des caractéristiques mentales et morales qu'il ne peut influencer que très imparfaitement, et une grande partie des circonstances extérieures de sa vie échappent entièrement ou en grande partie à son contrôle. En même temps, chacun reconnaît le pouvoir de l'habileté, de l'industrie et de la persévérance pour modifier les circonstances environnantes ; le pouvoir de la tempérance et de la prudence pour renforcer une constitution naturellement faible, prolonger la vie et diminuer les risques de maladie ; le pouvoir de l'éducation et des études privées pour développer, aiguiser et utiliser au mieux nos facultés intellectuelles. Chacun reconnaît également combien une grande partie du malheur de la plupart des hommes peut être directement attribuée à leurs propres actes volontaires et délibérés. Le pouvoir que possède chaque homme dans l'éducation et la gestion de son caractère, et spécialement dans le développement des dispositions et des tendances qui contribuent le plus au bonheur, est moins reconnu et peut-être moins étendu, mais il n'est pas moins réel.

L'éternelle question du libre arbitre et du déterminisme se pose ici naturellement, mais sur un tel sujet, il est vain de supposer qu'un écrivain moderne puisse faire plus que définir la question et exprimer sa propre version. Le déterministe dit que la vraie question n'est pas de savoir si un homme peut faire ce qu'il désire, mais s'il peut faire ce qu'il ne désire pas ; si la volonté peut agir sans motif ; si ce motif peut en dernière analyse être autre que le plaisir le plus fort. L'illusion du libre arbitre, affirme-t-il, n'est due qu'au conflit de nos motivations. Sous de nombreuses formes et déguisements, le plaisir et la douleur ont un empire absolu sur la conduite. La volonté n'est rien d'autre que le désir dernier et le plus fort ; ou bien c'est comme un morceau de fer entouré d'aimants et nécessairement attiré par le plus puissant ; ou (comme cela a été ingénieusement imaginé) comme une girouette, consciente de son propre mouvement, mais non consciente des vents qui la déplacent. La loi de la causalité obligatoire s'applique au monde de l'esprit aussi véritablement qu'au monde de la matière. L'hérédité et les circonstances font de nous ce que nous sommes. Nos actions sont le résultat inévitable des constitutions mentales et morales avec lesquelles nous sommes venus au monde, influencées par des influences extérieures.

Les partisans du libre arbitre, d'autre part, soutiennent que c'est un fait de conscience qu'il existe une distinction claire entre la Volonté et les Désirs et que, bien qu'ils soient étroitement liés, aucune analyse solide ne pourra les confondre. Coleridge a ingénieusement comparé leurs relations à « l'action simultanée mais réciproque de l'air et de l'énergie vitale des poumons lors de la respiration ». Si la volonté est ^{puissamment} influencée par les désirs, elle a aussi à son tour le pouvoir d'agir sur eux, et elle n'est pas simplement esclave du plaisir et de la douleur. Les partisans de ce point de vue soutiennent que c'est un fait évident que nous pouvons faire des choses que nous n'aimons pas ; que nous pouvons suspendre la force de nos désirs impérieux, résister aux préjugés de notre nature, poursuivre, par devoir, la voie qui procure le moins de plaisir sans en tirer ni en attendre aucun plaisir, et choisir à un moment donné entre des voies alternatives. Ils soutiennent que lorsque divers motifs se présentent à l'esprit, celui-ci conserve le pouvoir de choisir et de juger, d'accepter et de rejeter ; qu'il peut, par la force de la raison ou par la force de l'imagination, mettre un motif en évidence, concentrer son attention sur lui et intensifier ainsi son pouvoir ; qu'il a le pouvoir correspondant de résister à d'autres motifs, de les reléguer au second plan et de diminuer ainsi progressivement leur force ; que la volonté elle-même devient plus forte par l'exercice, comme les désirs le font par l'indulgence. Le conflit entre la volonté et les désirs, la réalité de la maîtrise de soi et le pouvoir de la volonté de modifier le caractère comptent parmi les faits les plus familiers de la vie morale. Selon les mots de Burke, « C'est la prérogative de l'homme d'être dans une large mesure une créature qu'il a elle-même créée. » Il y a des hommes dont toute la vie est consacrée à vouloir une chose et à désirer le contraire, et toute moralité repose sur la supposition que nous avons au moins une certaine liberté de choix entre le bien et le mal. « Je devrais », comme le dit Kant, implique nécessairement « je peux ». Le sentiment de responsabilité morale est un élément essentiel d'une nature humaine saine et développée, et il présuppose inévitablement le libre arbitre. Le meilleur argument en sa faveur est qu'il est impossible de vraiment ne pas y croire. Aucun être humain ne peut s'empêcher de considérer certains actes avec une indignation, une honte, un remords, un ressentiment, une gratitude, un enthousiasme, un éloge ou un blâme, qui seraient parfaitement dénués de sens et irrationnels si ces actes n'avaient pas pu être évités. Nous ne pouvons avoir sur le sujet aucune preuve plus élevée que celle qui découle de ce fait. Il est impossible d'expliquer le mystère du libre arbitre, mais jusqu'à ce qu'un homme cesse de ressentir ces émotions, il n'a pas réussi à y croire. Les sentiments de tous les hommes et les vocabulaires de toutes les langues attestent de l'universalité de la croyance.

Newman, dans un passage bien connu de son Apologia, décrit l'immense effet que la phrase d'Augustin, « Securus judicat orbis terrarum », a eu sur ses opinions en le déterminant à embrasser l'Église de Rome. La force de cette considération par rapport au sujet auquel le Dr Newman fait référence ne semble pas avoir un grand poids. Cela signifie seulement qu'à une époque où l'Église chrétienne ne comprenait qu'une petite fraction de la race humaine ; quand toutes les questions d'orthodoxie ou inversement étaient pratiquement entre les mains du sacerdoce ; lorsque l'ignorance, la crédulité et la superstition étaient à leur comble et que les habitudes d'indépendance et d'impartialité de jugement étaient très faibles ; et lorsque toutes sortes de persécutions violentes furent dirigées contre ceux qui étaient en désaccord avec les dogmes dominants, certains conseils de prêtres trouvèrent possible d'atteindre l'unanimité sur des questions telles que les deux natures dans le Christ ou les relations des Personnes dans la Trinité, et de expulser de l'Église ceux qui différaient de leurs opinions, et que les sectes autrefois redoutables qui avaient des opinions légèrement différentes sur ces relations impénétrables ont progressivement disparu. Une telle unanimité sur de tels sujets et obtenue par de telles méthodes ne me semble pas comporter une force écrasante. Il existe cependant un certain nombre de croyances qui ne sont pas susceptibles de preuve démonstrative et qui doivent toujours reposer essentiellement sur l'assentiment universel de l'humanité. Telle est l'existence du monde extérieur. Telle est, à mon avis, l'existence d'une distinction entre le bien et le mal, différente et supérieure à la distinction entre le plaisir et la douleur, et subsistant dans toute la nature humaine malgré de grandes diversités d'opinions sur les actes et les qualités qui la composent. dans l'une ou l'autre catégorie ; et telle est également la croyance apparentée en une volonté autodéterminée. Si les hommes soutiennent que ces choses ne sont que des illusions et qu'il ne faut pas se fier à leurs facultés, il sera sans doute difficile ou impossible de les réfuter ; mais un scepticisme de ce genre n'a aucune influence réelle ni sur la conduite ni sur le sentiment.

NOTE DE BAS DE PAGE:

[1] *Aides à la réflexion* , p. 68.

CHAPITRE II

Les hommes oublient continuellement que le bonheur est un état d'esprit et non une disposition des circonstances, et l'une des erreurs les plus courantes est celle de confondre le bonheur avec les moyens du bonheur, en sacrifiant le premier pour atteindre le second. C'est l'erreur de l'avare, qui commence par chercher l'argent pour la jouissance qu'il procure et finit par faire de la simple acquisition de l'argent son seul objet, la poursuivant jusqu'au sacrifice de toutes les fins et de tous les plaisirs rationnels. Les circonstances et le caractère contribuent tous deux au bonheur, mais l'attention proportionnelle accordée à l'un ou l'autre de ces grands domaines varie non seulement considérablement selon les individus, mais aussi selon les nations et les époques. Ainsi la religion agit principalement dans la formation des dispositions, et c'est surtout dans ce domaine qu'il faut juger de sa portée sur le bonheur humain. Il est vrai qu'elle influence largement et diversement les circonstances extérieures de la vie, mais son principal pouvoir de réconfort et de soutien réside dans son action directe et immédiate sur l'âme humaine. La même chose est vraie pour certains systèmes de philosophie, parmi lesquels le stoïcisme est le plus remarquable. Le paradoxe du stoïcien selon lequel le bien et le mal viennent si entièrement de l'intérieur que toutes les circonstances extérieures sont indifférentes au sage, représente cette vision de la vie dans sa forme extrême. Sa forme plus modérée ne peut guère être mieux exprimée que dans la phrase de Dugald Stewart selon laquelle « le grand secret du bonheur est d'étudier pour adapter notre esprit aux choses extérieures plutôt que de s'adapter aux choses extérieures à nous-mêmes ». [2] C'est éminemment la caractéristique des nations orientales de placer leurs idéaux principalement dans des états d'esprit ou de sentiments plutôt que dans des changements de circonstances, et dans ces nations les hommes sont beaucoup moins désireux que dans les pays européens de modifier les conditions permanentes de leur vie. .

D'un autre côté, la tendance des philosophies qui considèrent l'homme – ses opinions et son caractère – essentiellement comme le résultat des circonstances et qui augmentent l'influence du monde extérieur sur l'humanité, va dans la direction opposée. Toutes les philosophies sensationnelles, depuis Bacon et Locke jusqu'à nos jours, ont tendance à concentrer l'attention sur les circonstances et conditions extérieures du bonheur. Et la même tendance se retrouvera naturellement dans les nations les plus actives, industrielles et progressistes ; où la vie est très remplie et occupée ; où ses compétitions sont les plus vives ; où les découvertes scientifiques multiplient rapidement les plaisirs ou diminuent les douleurs ; où la vie citadine, avec sa hâte et son changement constant, est la plus importante. Dans de tels domaines, les hommes sont naturellement enclins à rechercher le bonheur de l'extérieur plutôt que de l'intérieur, ou, en d'autres termes, à le rechercher beaucoup moins en agissant directement sur l'esprit et le caractère qu'en recourant indirectement à l'amélioration des circonstances.

Le caractère anglais des deux côtés de l'Atlantique est éminemment objectif – un caractère dans lequel les pensées, les intérêts et les émotions se tournent le plus souvent vers ce qui est extérieur. L'introspection et l'introspection ne lui conviennent pas. Personne ne peut comparer la vie anglaise à celle des nations continentales qui occupent le même rang dans la civilisation, sans s'apercevoir à quel point les Anglais sont moins habitués soit à s'attarder sur leurs émotions, soit à laisser libre cours à leur expression. La réticence et la retenue sont les leçons les plus constamment inculquées. Tout le ton de la société y est favorable. Dans les moments de grande tristesse, une certaine honte s'attache aux manifestations de douleur qui, dans d'autres pays, seraient considérées comme tout à fait naturelles. La disposition à dilater et à perpétuer un vieux chagrin par des deuils prolongés, par des anniversaires soigneusement observés, par de longues périodes de retraite du monde, est beaucoup moins courante que sur le continent et elle diminue certainement. La tendance anglaise est de se détourner rapidement du passé et de chercher une consolation dans de nouveaux domaines d'activité. Les émotions se traduisent rapidement en action, et elles perdent un peu de leur intensité par la transformation. La philanthropie n'est nulle part plus active et plus pratique, et la religion a dans peu de pays une plus grande emprise sur la vie nationale, mais le protestantisme anglais reflète très clairement les caractéristiques nationales. Sans doute, comme toutes les religions, elle établit des règles pour le gouvernement de la pensée et du sentiment, mais celles-ci sont d'un caractère très général. Essentiellement régulateur de conduite, il exerce relativement peu d'importance sur la vie intérieure. Cela décourage, ou du moins néglige, cette habitude de pensée minutieusement introspective que le confessionnal est si calculé à promouvoir, qui apparaît si en évidence dans les écrits des saints catholiques et qui trouve sa représentation particulière chez les mystiques et les ordres religieux contemplatifs. Une conduite améliorée et des circonstances améliorées sont, pour un esprit anglais, la principale et presque la seule mesure du progrès.

J'en suis du moins fermement convaincu que cette tendance est dans l'ensemble saine, mais elle entraîne certaines limitations manifestes et empêche quelque peu les hommes de juger d'autres types de caractère et de bonheur. Le rôle que jouent les circonstances dans la formation de notre caractère est en effet très manifeste, et c'est une vérité humiliante que parmi ces circonstances, les simples conditions corporelles que nous partageons avec les animaux tiennent une place de premier plan. À long terme et pour la grande majorité des hommes, la santé est probablement le plus important de tous les éléments du bonheur. Une souffrance physique aiguë ou une santé brisée feront plus que contrebalancer les meilleurs dons de la fortune, et les préjugés de notre nature et même les processus de notre raisonnement sont largement influencés par les conditions physiques. Hume a parlé de cette « disposition à voir le côté favorable plutôt que le côté défavorable des choses, qu'il y a plus de bonheur à posséder qu'à être héritier d'un domaine de 10 000 *l* ». une année;' mais ce don d'un tempérament heureux est très évidemment dû en grande partie aux conditions corporelles. D'un autre côté, on sait avec quelle rapidité et avec quelle puissance les maladies corporelles réagissent sur notre nature morale. Tout le monde connaît l'irritabilité morbide que produisent certaines maladies des nerfs ou du cerveau ; de la profonde dépression constitutionnelle qui suit souvent les maladies du foie, ou l'insomnie prolongée et autres maladies hypocondriaques, et qui non seulement prive les hommes de la plus grande partie de leur capacité de jouissance, mais encore donne infailliblement une couleur et un biais à leurs raisonnements sur la vie ; de la manière dont les passions animales ainsi que les esprits animaux sont affectés par certaines conditions bien connues d'âge et de santé. Malgré le « cœlum non animum mutant » d'Horace, peu d'hommes ne parviennent pas à ressentir à quel point la diversité des esprits est différente dans l'atmosphère floue d'un hiver londonien et sous les splendeurs d'un ciel italien ou dans l'atmosphère vive et vivifiante d'Horace. du côté de la montagne, et il est également évident à quel point nous jugeons le monde différemment lorsque nous sommes blasés par une longue période de travail excessif ou reposés après une nuit de sommeil tranquille. La poésie et la peinture n'ont sans doute pas tort d'associer un certain tempérament bilieux à une prédisposition à l'envie, ou un tempérament anémique ou lymphatique à une vie sainte, et il existe des cas bien attestés où une maladie aiguë a fondamentalement altéré les caractères, remplaçant parfois un tempérament anémique ou lymphatique. obscurité habituelle due à la flottabilité et à la lumière. [3] Ce don inestimable qui permet à certains hommes de mettre de côté leurs ennuis et de diriger leurs pensées et leurs énergies rapidement et résolument vers de nouveaux canaux peut être largement renforcé par l'action de la volonté, mais selon certains physiologistes, il a un antécédent physique bien établi. dans la puissance plus ou moins contractile des vaisseaux sanguins qui alimentent le cerveau, ce qui rend l'écoulement du sang dans celui-ci plus fort ou moins rapide. S'il est vrai qu'« un esprit sain dans un corps sain » est la condition suprême du bonheur, il est également vrai que l'esprit sain dépend plus étroitement que nous ne voudrions le croire du corps sain.

Ce ne sont là que quelques exemples évidents de la manière dont le corps agit sur le bonheur. Cela ne veut pas dire que la volonté est impuissante face aux conditions corporelles, mais que dans la gestion du caractère, elle a certaines prédispositions très précises à rencontrer. Dans ses raisonnements sur la vie, plus encore que sur d'autres choses, un bon raisonneur considérera non seulement la force des arguments opposés, mais aussi les préjugés auxquels son propre esprit est soumis. Élever le niveau de santé nationale est l'un des moyens les plus sûrs d'élever le niveau de bonheur national, et en estimant la valeur des différents plaisirs, nombre de ceux qui, considérés en eux-mêmes, pourraient paraître au bas de l'échelle, occuperont une place élevée, si outre la jouissance immédiate et passagère qu'ils procurent, ils contribuent à former un corps fort et sain. Aucune branche de la législation n'est plus précieuse que celle qui s'occupe de la santé du peuple, qu'il s'agisse d'encourager les moyens par lesquels les remèdes peuvent être découverts et diffusés, ou d'extirper par des efforts combinés des maladies particulières, ou d'assurer que la masse du travail dans la communauté devrait, autant que possible, être effectuée dans de bonnes conditions sanitaires. La mode peut aussi faire beaucoup, pour le meilleur comme pour le pire. Il exerce sur de grandes multitudes un empire presque absolu, réglant leur tenue vestimentaire, leur éducation, leurs heures, leurs divertissements, leur nourriture, leur échelle de dépenses ; déterminer les qualités auxquelles ils aspirent principalement, le travail auquel ils peuvent se livrer, et même la forme de beauté qu'ils cultivent le plus. Il est heureux pour une nation que cette puissante influence soit employée à encourager des habitudes de vie qui sont bénéfiques ou du moins qui ne portent pas gravement préjudice à la santé. Aucune forme d'éducation individuelle n'est non plus réellement plus précieuse que celle qui enseigne les principales conditions d'une vie saine et forme les habitudes de tempérance et de retenue qui sont les plus susceptibles d'y parvenir.

Grâce à ses grands pouvoirs de récupération, la jeunesse peut faire avec une impunité apparente beaucoup de choses qui, plus tard dans la vie, entraînent une Némésis rapide ; mais d'un autre côté, la jeunesse est par excellence la période où se forment les habitudes et les goûts, et le joug qui est alors assumé à la légère, volontairement, sans raison, acquerra au fil des années un poids écrasant. Peu de choses sont plus frappantes que la légèreté des motifs, la faiblesse des impulsions sous lesquelles sont prises dans la jeunesse des mesures fatales qui entraînent avec elles une vie affaiblie et souvent une tombe précoce. Fumer à l'âge adulte, lorsqu'il est pratiqué avec modération, est une pratique très innocente et probablement bénéfique, mais il est bien connu à quel point elle est délétère pour les jeunes garçons et combien d'entre eux l'ont adopté pour aucun autre motif que le désir de paraître plus âgés. qu'ils ne le sont – c'est le signe le plus sûr de tous que nous sommes très jeunes. Combien de fois les habitudes bien plus pernicieuses de boire, de jouer ou de fréquenter une société corrompue ont-elles été acquises pour un motif similaire, ou par le simple désir de jouir du charme d'un plaisir interdit ou de bien s'entendre avec des compagnons dissipés ! Quelle proportion de la débilité féminine tout au long de la vie est due à une habitude précoce de laçage serré, née uniquement de la vanité la plus stupide ! Combien de vies ont été sacrifiées à cause de l'insouciance et de l'imprudence qui ont refusé de prendre la peine de changer de vêtements mouillés ! Combien ont été brisés et raccourcis par l'excès de choses qui, avec modération, sont inoffensives, utiles ou louables, par le vaisseau sanguin brisé, dû à l'excès dans un exercice ou un jeu sportif sain ; par le cerveau en ruine, surmené pour gagner un prix dérisoire ! Il est mélancolique de constater combien de vies ont été brisées, ruinées ou corrompues dans la tentative de réaliser un désir suprême et inaccessible ; par l'impulsion d'une passion débordante, d'une tentation puissante et peut-être irrésistible. Il est encore plus triste de constater combien une grande partie des échecs de la vie peuvent en fin de compte être attribués aux causes les plus insignifiantes et auraient pu être évités sans aucun effort sérieux, ni de l'intellect ni de la volonté.

Le succès avec lequel la médecine et la science sanitaire ont travaillé à prolonger la vie, à extirper ou à diminuer différentes formes de maladies et à atténuer leurs conséquences est abondamment prouvé. Dans tous les pays civilisés, le niveau de vie moyen a augmenté, et il y a de bonnes raisons de croire que non seulement la vieillesse, mais aussi une vieillesse active, utile et agréable est devenue beaucoup plus fréquente. Il est vrai que le gain en termes de bonheur humain n'est pas aussi grand qu'on pourrait l'imaginer à première vue. La mort est la moins triste lorsqu'elle survient dans l'enfance ou dans l'extrême vieillesse, et l'augmentation de la durée de vie moyenne est en grande partie due à la grande diminution de la mortalité infantile, ce qui est en vérité un bien douteux. Si l'extrême vieillesse est une chose à désirer, c'est peut-être principalement parce qu'elle implique généralement une constitution qui donne de nombreuses années de vie robuste et saine. Mais toutes déductions faites, les triomphes de la réforme sanitaire ainsi que de la science médicale constituent peut-être la page la plus brillante de l'histoire de notre siècle. Certaines des mesures qui se sont révélées les plus utiles ne peuvent être appliquées qu'au prix de certains sacrifices de la liberté individuelle et de réglementations sanitaires coercitives généralisées, et s'apparentent donc davantage au despotisme qu'à un gouvernement libre. Combien différente aurait été la situation du monde et combien plus grande aurait été la popularité d'une monarchie forte si, à l'époque où une telle forme de gouvernement prévalait généralement, les dirigeants avaient eu l'intelligence de se mettre devant l'amélioration de la santé et de la santé. la prolongation de la vie de leurs sujets comme objectif principal de leur politique plutôt que la gloire militaire ou l'acquisition de territoires ou une simple démonstration ostentatoire et égoïste !

Il y a cependant des raisons de croire que la diminution des maladies et la prolongation de la vie humaine moyenne ne s'accompagnent pas nécessairement ni même généralement d'une amélioration correspondante de l'état de santé général. « Les maladies aiguës, dit un excellent juge, qui sont éminemment mortelles, prédominent au contraire dans une population où le niveau de santé est élevé... Ainsi, un taux élevé de mortalité peut souvent être observé dans une communauté où le nombre de personnes touchées par la maladie est faible et, d'un autre côté, la dépression physique générale peut coïncider avec la prévalence de maladies chroniques et pourtant s'accompagner d'une grande proportion de décès. [4] Une population anémique, exempte de maladies graves, mais vivant habituellement dans un état de santé médiocre et avec un moral déprimé et une faible capacité de jouissance que produit une telle condition, est loin d'être un état idéal, et il y a de nombreuses raisons de Je crains que ce type ne soit en augmentation. Beaucoup de choses dans la vie moderne, parmi lesquelles une philanthropie mal avisée et une législation mal avisée ont une part non négligeable, contribuent à la produire, mais deux causes dominent probablement sur toutes les autres. La première se trouve dans la science sanitaire elle-même, qui permet à un grand nombre d'enfants constitutionnellement faibles, qui seraient morts en bas âge en d'autres jours, de grandir, de se marier et d'avoir une progéniture faible. L'autre est le mouvement constant de la population des campagnes vers les villes, qui constitue l'un des traits les plus frappants de la civilisation moderne. Ces deux influences tendent inévitablement et puissamment à déprimer la vitalité d'une nation et, ce faisant, à abaisser le niveau des esprits animaux qui est l'un des éléments les plus essentiels du bonheur. Il est très douteux que l'amélioration de notre niveau de vie et notre meilleure connaissance des conditions sanitaires les contrecarrent.

Dans ce domaine comme dans la plupart des questions touchant à la vie, il y a des dangers opposés à éviter, et la sagesse réside principalement dans un juste sens des proportions et des degrés. Le fait que la réforme sanitaire, promue par les gouvernements, ait été dans l'ensemble une grande bénédiction me semble difficilement sujet à des doutes raisonnables, mais beaucoup des meilleurs juges sont d'avis qu'elle peut facilement être poussée jusqu'à des extrêmes dangereux. Peu de choses sont plus curieuses que d'observer avec quelle rapidité, au cours des générations passées, l'amour de la liberté individuelle a décliné ; avec quelle satisfaction la race anglaise soumet de grandes parties de sa vie à un réseau de réglementations qui les restreignent et les encerclent. Chaque cas individuel doit être examiné selon ses mérites, et rares sont ceux qui nieront aujourd'hui que le droit des hommes et des femmes adultes de réglementer les conditions de leur propre travail et de déterminer les risques qu'ils assumeront peut être sagement violé dans un plus grand nombre de cas que le L'école de Manchester l'aurait admis. Dans le même temps, la tendance marquée de cette génération à étendre la rigueur et la portée de la législation coercitive dans les domaines de l'industrie et de la réforme sanitaire mérite d'être surveillée de près. Ses exagérations pourraient, à plus d'un titre, nuire gravement aux classes mêmes dont elles sont censées bénéficier.

Une affirmation quelque peu analogue peut être faite à propos de l'éducation sanitaire individuelle. Il est, comme je l'ai dit, de la plus haute importance que nous acquérions dans la jeunesse les connaissances et les habitudes qui conduisent à une vie saine. Les principaux articles du credo sanitaire sont peu nombreux et simples. Modération et retenue en toutes choses — abondance d'exercice, d'air frais et d'eau froide — suffisamment de travail régulier et non poussé à l'excès — changement occasionnel d'habitudes et abstinence de quelques choses qui sont manifestement nuisibles à la santé, sont les règles cardinales à respecter. Dans la grande loterie de la vie, les hommes qui les ont tous observés peuvent être voués à la maladie, à une faible vitalité et à une mort prématurée, mais ils ajoutent au moins énormément aux chances d'une vie forte et bien remplie. Le parent aura besoin de connaissances plus approfondies pour s'occuper de ses enfants, mais pour s'auto-orienter, il n'en faut pas plus, et avec les premières habitudes, l'observance des règles de santé devient presque instinctive et inconsciente. Mais même si aucune forme d'éducation n'est plus importante que celle-ci, il n'est pas rare qu'elle soit poussée à un extrême qui va à l'encontre de son propre objectif. L'habitude qui se développe si souvent chez les hommes souffrant de légères maladies chroniques, ou de tempérament faible, ou vivant une vie oisive, de faire de leur propre santé et de leurs propres maux le sujet constant de leurs pensées, devient bientôt une maladie très mortelle pour le bonheur et positivement préjudiciable à la santé. Il est bien connu que, lors d'une épidémie, les affolés sont les plus sujets à la contagion, et la vie du valétudinaire habituel tend rapidement à déprimer l'énergie nerveuse qui fournit la véritable endurance de la santé. Selon les mots d'un éminent médecin : « Ce n'est pas en étant anxieux de façon excessive ou indûment pointilleuse que les hommes peuvent espérer vivre longtemps et en bonne santé. La meilleure façon de bien vivre est de bien travailler. Un bon travail est le test quotidien et la sauvegarde de la santé personnelle.... L'objectif pratique devrait être de vivre une vie ordonnée et naturelle. Nous n'étions pas censés nous frayer un chemin à travers le monde en tremblant à chaque pas... C'est pire que vain, car cela encourage et augmente le mal qu'il tente de soulager... Je crois fermement que la moitié des invalides confirmés du monde la journée pourrait être guérie de leurs maladies s'ils étaient obligés de mener une vie occupée et active et n'avaient pas le temps de s'inquiéter de leurs misères. à l'inertie, à la faiblesse et à la dépression.... Ceux qui désirent vivre devraient bien comprendre dans leur esprit que la puissance nerveuse est la force de la vie et que la volonté a une influence merveilleusement forte et directe sur le corps à travers le cerveau et le corps. système nerveux.' [5]

NOTES DE BAS DE PAGE :

[2] *Pouvoirs actifs et moraux* , ii. 312.

[3] On trouvera de nombreuses informations curieuses à ce sujet dans *les Rapports du physique et du moral de l'homme de Cabanis* .

[4] Kay, *Condition morale et physique des classes ouvrières* , p. 75.

[5] *Comment tirer le meilleur parti de la vie* de Mortimer Granville .

CHAPITRE III

Avant d'entrer dans un exposé plus particulier des principaux éléments d'une vie heureuse, il peut être utile de consacrer quelques pages à quelques considérations générales sur le sujet.

L'une des premières règles à observer, et la plus clairement reconnue, est que le bonheur a plus de chances d'être atteint lorsqu'il n'est pas l'objet direct de la recherche. Dans notre petite jeunesse, nous avons l'habitude de diviser largement la vie en travail et en loisirs, considérant le premier comme un devoir ou une nécessité et le second comme un plaisir. L'une des grandes différences entre l'enfance et l'âge adulte est que nous en venons à aimer notre travail plus que nos jeux. Elle devient pour nous, sinon le plaisir principal, du moins l'intérêt principal de notre vie, et même quand ce n'est pas cela, une condition essentielle de notre bonheur. Peu de vies produisent aussi peu de bonheur que celles qui sont sans but et inoccupées. Indépendamment de toutes les considérations sur le bien et le mal, l'une des premières conditions d'une vie heureuse est qu'elle soit une vie bien remplie et occupée, orientée vers la réalisation d'objectifs extérieurs à nous-mêmes. L'anxiété et l'ennui sont les Scylla et Charybde sur lesquels la barque du bonheur humain fait le plus souvent naufrage. Si une vie d'oisiveté luxueuse et d'aisance égoïste sauve dans une certaine mesure les hommes du premier danger, elle manque rarement d'entraîner avec elle le second. Aucun changement de décor, aucune multiplicité de plaisirs égoïstes ne leur permettront à la longue d'y échapper. Comme le dit Carlyle : « L'ennui agité et rongeant qui, comme un océan sombre et obscur, communiquant avec les Phlégethons et les profondeurs stygiennes, encercle toute vie humaine ainsi guidée – n'est-il pas le cri douloureux même de cet héroïsme emprisonné ? ... Vous demandez le bonheur. "Oh, donnez-moi du bonheur", et ils vous donnent toujours de nouvelles variétés de revêtements pour la peau, toujours de nouveaux types de fournitures pour l'appareil digestif... Eh bien, réjouissez-vous de vos tissus d'ameublement et de vos cuisines, s'il en est ainsi, ils vous rendront "heureux". ". Que leurs variétés soient continuelles et innombrables. En toutes choses, que le changement perpétuel, si cela est pour vous une bénédiction perpétuelle, soit votre part au lieu de la mienne. Encourez la malédiction du prophète et, en toutes choses dans ce monde sublunaire, « faites-vous comme une roue ». Montez dans vos voies ferrées ; tourbillonnez d'un endroit à l'autre à la vitesse de cinquante ou, si vous préférez, de cinq cents milles à l'heure ; vous ne pouvez pas échapper à ce gémissement d'ennui inexorable et encerclant tout l'océan. Non; si vous pouviez monter vers les étoiles et faire des voyages en yacht sous les ceintures de Jupiter ou traquer des cerfs sur l'anneau de Saturne, cela vous encerclerait toujours. Vous ne pouvez pas y échapper ; vous ne pouvez y changer de place sans réconfort qu'un instant. Ce Sermon prophétique des Profondeurs continuera avec vous jusqu'à ce que vous l'interprétiez sagement et le fassiez ou bien jusqu'à ce que le Craquement du Destin l'avale ainsi que vous. [6]

Il suffit de quelques années d'expérience de vie pour réaliser la profonde vérité de ce passage. Une vie idéale serait dotée d'un travail abondant, d'un type adapté à la fois à notre intellect et à notre caractère, et qui susciterait beaucoup d'intérêt et peu d'anxiété. Peu d'entre nous peuvent commander cela. Le travail de la plupart des hommes est largement déterminé par les circonstances, même si, pour guider leur vie, il existe de nombreuses alternatives et beaucoup de place pour un pilotage habile. Mais la première grande règle est que nous devons faire quelque chose – que la vie doit avoir un but et un but – que le travail ne doit pas être simplement occasionnel et spasmodique, mais régulier et continu. Le plaisir est un joyau qui ne conserve son éclat que lorsqu'il est dans un cadre de travail, et une vie vacante est l'une des pires souffrances, même si les îlots de loisirs qui parsèment une vie surpeuplée et bien occupée peuvent être parmi les choses. sur lequel nous revenons avec le plus grand plaisir.

Une autre grande vérité est véhiculée par la parole d'Aristote selon laquelle un homme sage se donne pour objectif plutôt d'éviter la souffrance que d'atteindre le plaisir. En réalité, les hommes ne peuvent pas faire grand-chose pour atténuer la force des grands deuils et des autres calamités plus graves de la vie. Tous nos systèmes de philosophie et de raisonnement sont vains face à eux. Le tempérament inné que nous ne pouvons pas changer grandement détermine si nous sombrons écrasés sous le coup ou si nous possédons la flottabilité qui peut restaurer la santé de notre nature. La recherche consciente et délibérée du plaisir est accompagnée de nombreuses tromperies et illusions et conduit rarement à un bonheur durable. Mais nous pouvons faire beaucoup, par la prudence, la retenue et une régulation intelligente, pour gérer la vie de manière à éviter une grande partie de ses calamités et en même temps, en préservant les affections pures et intactes, en diversifiant les intérêts et en formant des habitudes actives, pour lutter contre son ennui et son découragement.

Une autre vérité est que les plus grands plaisirs et les plus vives douleurs de la vie résident bien plus dans les sphères les plus humbles et accessibles à tous que dans les rares sommets auxquels seuls les plus doués ou les plus chanceux peuvent atteindre. Il apparaîtrait probablement après examen que la plupart des hommes qui ont consacré leur vie avec succès à de grands travaux et à de grandes ambitions, et qui ont reçu les cadeaux les plus splendides de la Fortune, ont néanmoins trouvé leur principal plaisir dans des choses sans rapport avec leurs principales activités et généralement dans le cadre de leur activité. portée des hommes ordinaires. Les plaisirs domestiques, les plaisirs du paysage, les plaisirs de la lecture, les plaisirs du voyage ou du sport ont été les plus grandes jouissances des hommes de grande ambition, d'intelligence, de richesse et de position. Il y a un passage curieux dans la vie de Lord Althorp dans lequel cet homme d'État le plus populaire et le plus prospère, vers la fin de sa longue vie parlementaire, exprimait sa conviction catégorique que « la chose qui lui procurait le plus grand plaisir au monde » était « de voir des sports les chiens chassent. [7] Je me souviens avoir visité une campagne avec un vieux député qui avait siégé à la Chambre des communes pendant près de cinquante ans de la période la plus importante de l'histoire anglaise moderne. Lorsqu'on l'interrogeait, il pouvait raconter les scènes émouvantes du grand projet de loi de réforme de 1832, mais il était curieux d'observer avec quelle rapidité et inévitablement il passait de ces questions à l'histoire des arbres de son domaine qu'il avait plantés et surveillés à chaque étape. de leur croissance, et combien évidemment, dans le rétrospectif de la vie, c'était vers ces choses et non vers les incidents d'une longue carrière parlementaire que ses affections se tournaient naturellement. J'ai demandé un jour à un illustre homme public qui avait servi son pays avec de brillants succès dans de nombreux pays et qui passait la soirée de sa vie comme gentilhomme de campagne actif dans un endroit qu'il aimait profondément, s'il ne trouvait pas ce domaine trop restreint. pour son bonheur. «Jamais un seul jour», répondit-il; "et dans chaque pays où j'ai été, dans chaque poste que j'ai occupé, la pensée de cet endroit a toujours été au fond de mon esprit." Un grand écrivain qui avait consacré presque toute sa vie à une œuvre gigantesque et qui, à sa propre surprise, l'avait enfin menée à bonne fin, observait tristement qu'au milieu des félicitations qui lui affluaient de toutes parts, il ne pouvait s'empêcher de ressentir, quand il analysait ses propres émotions, combien tiède était la satisfaction que pouvait lui procurer un tel triomphe, et quelle satisfaction bien plus vive il avait éprouvé en entendant approcher les pas de quelques petits enfants à qui il avait appris à l'aimer.

C'est l'un des paradoxes de la nature humaine que les choses pour lesquelles on lutte le plus et les choses qui sont les plus enviées ne sont pas celles qui procurent la joie la plus intense ou la plus pure. L'ambition est le luxe des heureux. C'est quelquefois, mais plus rarement, la consolation et la distraction des malheureux ; mais la plupart de ceux qui ont parcouru ses sentiers, s'ils se comportent honnêtement avec eux-mêmes, reconnaîtront que les déceptions les plus graves de la vie publique deviennent insignifiantes comparées à l'intensité des souffrances endurées sur le lit de mort d'une femme ou d'un enfant, et qu'au sein de Dans le petit cercle d'une vie de famille, ils ont trouvé plus de bonheur réel que les applaudissements des nations ne pourraient jamais en donner.

Regardez en bas, regardez en bas de vos hauteurs scintillantes,

    Et dites-nous, vous, fils de gloire,

Les joies et les affres de tes vols d'aigle,

    Le triomphe qui a couronné l'histoire,

Le ravissement qui enthousiasmait lorsque le but était gagné,

    Le but du désir d'une vie ;

Et une voix répondit depuis le soleil couchant :

    Non, le plus cher et le meilleur se trouve plus près.

Combien de fois, à de telles heures, nos tendres pensées s'égarent

    Au rêve de deux amants oisifs ;

Au baiser de la jeune épouse ; à l'enfant qui joue;

    Ou la tombe que recouvrent les hautes herbes !

Et nous ne compterions pas grand-chose sur le pouvoir ou l'or,

    Et de tous les vains efforts de la vie,

Si le cœur pouvait briller comme il brillait autrefois,

    Et si la jeunesse pouvait demeurer éternellement.

Une autre considération dans la culture du bonheur est l'importance d'acquérir l'habitude de réaliser nos bénédictions tant qu'elles durent. C'est l'un des faits les plus tristes de la nature humaine que nous n'apprenons généralement leur valeur qu'en les perdant. C'est, comme je l'ai déjà remarqué, le cas très évident de la santé. Selon les lois de notre être, nous sommes presque inconscients de l'action de nos organes corporels tant qu'ils fonctionnent bien. Ce n'est que lorsqu'ils sont dérangés, obstrués ou affaiblis que notre attention se concentre sur eux. En conséquence, un état de santé parfaite est rarement pleinement apprécié avant sa perte et pendant une courte période après son rétablissement. Gray a décrit la nouvelle sensation de plaisir que procure la convalescence dans des vers bien connus :

Voir le misérable qui a longtemps tost

    Sur le lit épineux de la douleur,

Répare enfin sa vigueur perdue

Et respirez et marchez à nouveau ;

La plus méchante fleur de la vallée,

La note la plus simple qui gonfle le vent,

Le soleil commun, l'air, les cieux,

Le Paradis lui est ouvert.

Et ce qui est vrai pour la santé l'est pour d'autres choses. Ce n'est que lorsqu'une calamité brise le calme de nos habitudes et nous prive d'un don de fortune dont nous avons longtemps joui, que nous sentons combien grande était la valeur de ce que nous avons perdu. Il y a des moments dans la vie de la plupart d'entre nous où nous aurions donné le monde entier pour être ce que nous étions hier, même si cet hier nous avait échappé sans être apprécié ni apprécié. Parfois en effet, notre perception de ce contraste entraîne un résultat durable et salutaire. Dans la médecine de la nature, une inquiétude ou une morbidité chronique et persistante du tempérament est souvent guérie par une douleur vive, quoique plus passagère, qui modifie violemment le courant de nos pensées et de notre imagination.

La différence entre la connaissance et la réalisation est l'un des faits de notre nature qui méritent le plus notre attention. Chaque esprit humain contient de grandes masses de connaissances inertes, passives et incontestées qui n'exercent aucune influence réelle sur la pensée ou le caractère jusqu'à ce que se produise quelque chose qui touche notre imagination et accélère cette connaissance en activité. Très peu de choses contribuent autant au bonheur de la vie que la réalisation constante des bénédictions dont nous bénéficions. La différence entre une nature naturellement satisfaite et une nature naturellement mécontente est l'une des différences marquées du tempérament inné, mais nous pouvons faire beaucoup pour cultiver cette habitude de nous attarder sur les avantages de notre sort qui transforme l'acquiescement en une jouissance plus positive. La religion dans ce domaine fait beaucoup, car elle inculque l'action de grâce aussi bien que la prière, la gratitude pour le présent et le passé ainsi que l'espoir pour l'avenir. Parmi les influences séculaires, le contraste et la comparaison ont la plus grande valeur. Certains esprits regardent toujours les fortunes qui sont au-dessus d'eux et comparent leur propre pénurie à l'opulence des autres. Une nature sage prendra une voie opposée et cultivera l'habitude de regarder plutôt le tour de l'échelle de la fortune qui est au-dessous du nôtre et de se rendre compte des innombrables points dans lesquels notre sort est meilleur que celui des autres. Comme le dit le Dr Johnson : « Rares sont ceux qui se trouvent dans une situation si sombre et si pénible qu'ils ne voient pas chaque jour des êtres encore plus désespérés et misérables auprès desquels ils peuvent apprendre à se réjouir de leur propre sort. »

La consolation que les hommes trouvent au milieu de leurs malheurs en réfléchissant sur les malheurs encore plus grands des autres et ainsi alléger les leurs par le contraste est un sujet qui doit être utilisé avec délicatesse, mais lorsqu'il est utilisé ainsi, il n'est pas faux et il s'avère souvent très efficace. Peut-être que le plaisir que La Rochefoucauld prétend que les hommes prennent au malheur de leurs meilleurs amis, s'il est réel, est en partie dû à cette considération, comme le sentiment de pitié qu'inspire une mort subite ou de grands ennuis tombant sur autrui est dû en partie à cette considération. certainement pas totalement sans rapport avec la prise de conscience que de telles calamités pourraient s'abattre sur nous-mêmes. Il convient toutefois de noter que, même si tous les moralistes reconnaissent le contenu comme l'un des principaux ingrédients du bonheur, certaines des influences les plus fortes de la civilisation industrielle moderne s'y opposent. Toute la théorie du progrès telle qu'elle est enseignée par l'économie politique repose sur l'importance de créer des besoins et des désirs comme stimulant à l'effort. Il y a des pays, surtout dans les climats méridionaux, où les besoins des hommes sont très rares et où, aussi longtemps que ces besoins sont satisfaits, les hommes mèneront une vie insouciante et heureuse, profitant du présent et ne pensant que très peu à l'avenir. On peut au moins se demander si la somme des plaisirs dans une telle population est réellement inférieure à celle de notre civilisation plus avancée. C'est une remarque de Schopenhauer que l'Idylle, qui est la seule forme de poésie spécialement consacrée à la description de la félicité humaine, peint toujours la vie dans sa forme la plus simple et la moins élaborée, et il voit là une illustration de sa doctrine selon laquelle le plus grand le bonheur se trouvera dans la vie la plus simple et même la plus uniforme, pourvu qu'elle échappe au mal de l'ennui. L'économiste politique, cependant, qualifiera de déplorable la condition d'un peuple tel que je l'ai décrit, et, pour l'élever, sa première tâche sera de lui insuffler un certain mécontentement à l'égard de son sort, de le persuader de multiplier ses besoins. et aspirer à un niveau de confort plus élevé, à une existence plus pleine et plus vaste. Le mécontentement à l'égard des circonstances existantes est la principale source du désir de les améliorer, et ce désir est le moteur du progrès. Dans cette théorie de la vie, le bonheur est recherché, non dans le contenu, mais dans des circonstances améliorées, dans le développement de nouvelles capacités de jouissance, dans le plaisir que procure naturellement l'existence active. Maintenir dans leur juste proportion dans notre nature l'esprit de contentement et le désir de nous améliorer, combiner une appréciation réalisée des bénédictions dont nous jouissons avec une ambition saine et bien réglée, n'est pas une chose facile, mais c'est le problème que tous ceux qui aspirent à une vie parfaite devraient se fixer devant eux. *In medio tutissimus ibis* est éminemment vrai en matière de culture du caractère, et certains de ses meilleurs éléments deviennent pernicieux dans leurs extrêmes. Ainsi, une prévoyance prudente, qui est l'une des premières conditions d'une vie réussie, peut facilement dégénérer en cet état d'esprit des plus misérables dans lequel les hommes anticipent et s'attardent perpétuellement sur les dangers et les maux incertains d'un avenir incertain. Quelle part en effet du bonheur et de la misère des hommes peut être incluse sous ces deux mots, réalisation et anticipation !

Il n'existe pas d'Eudæmomètre mesurant avec exactitude les degrés de bonheur réalisés par les hommes à différents âges, dans différentes circonstances et avec différents caractères. Peut-être que si une telle chose existait, elle aurait tendance à nous décourager en montrant que la diversité et l'amélioration des circonstances affectent le bonheur réel dans une moindre mesure que nous sommes habitués à l'imaginer. Notre nature s'adapte rapidement aux circonstances améliorées, et elles cessent de donner du plaisir positif alors que leur perte est extrêmement douloureuse. La civilisation avancée apporte avec elle des bénéfices innombrables et inestimables, mais elle entraîne également de nombreuses formes de souffrance dont une existence plus grossière est exemptée. Il y a des raisons de croire qu'elle s'accompagne généralement d'une gamme inférieure d'esprits animaux, et elle s'accompagne certainement d'une sensibilité accrue à la douleur. Certains philosophes ont soutenu que c'était le meilleur des mondes possibles. Il est difficile de le croire, car l'objectif premier de l'effort humain est de le rendre meilleur. Mais le succès de cet effort est plus évident dans les nombreuses formes terribles de souffrance humaine qu'il a abolies ou diminuées que dans le niveau plus élevé de bonheur positif qui a été atteint.

NOTES DE BAS DE PAGE :

[6] *Brochures des derniers jours* : « Jésuitisme ».

[7] La *Vie d'Althorp de* Le Marchant , p. 143.

CHAPITRE IV

Bien que la relation étroite qui existe entre la morale et le bonheur soit universellement reconnue, je n'appartiens pas à l'école qui croit que le plaisir et la douleur, réels ou anticipés, sont les seuls motifs par lesquels la volonté humaine peut être gouvernée ; que la vertu se résout en fin de compte dans un intérêt bien réfléchi et trouve sa raison ultime dans le bonheur de ceux qui la pratiquent ; que « toutes nos vertus », comme dit La Rochefoucauld, « finissent dans l'amour-propre comme les fleuves de la mer ». Un proverbe tel que « L'honnêteté est la meilleure politique » représente sans aucun doute une grande vérité, bien qu'il ait été dit à juste titre qu'aucun homme n'est vraiment honnête s'il ne l'est que par ce motif, et bien qu'il soit très évident que ce n'est en aucun cas le cas. une vérité universelle mais dépend en grande partie des conditions changeantes et précaires des lois, de la police, de l'opinion publique et des circonstances individuelles. Mais dans les domaines supérieurs de la morale, la coïncidence entre le bonheur et la vertu est bien plus douteuse. Il n'est certainement pas vrai que la nature la plus élevée soit nécessairement ni même naturellement la plus heureuse. Le paganisme n'a pas produit de type plus parfait que la figure profondément pathétique de Marc Aurèle, tandis que le christianisme trouve son idéal chez celui qui était connu sous le nom de « l'homme des douleurs ». La conscience de l'humanité a toujours reconnu le sacrifice de soi comme l'élément suprême de la vertu, et le sacrifice de soi n'est jamais réel lorsqu'il n'est que l'échange d'un moindre bonheur contre un plus grand. Aucune chimie morale ne peut transmuer le culte du chagrin, que Goethe a décrit comme l'essence du christianisme, en un culte du bonheur, et probablement, pour la plupart des hommes, la santé et le tempérament jouent un rôle bien plus grand dans le bonheur réel de leur vie que n'importe quel autre bien supérieur. vertus. La satisfaction du devoir accompli, que certains moralistes placent parmi les principaux plaisirs de la vie, est une chose réelle dans la mesure où elle sauve les hommes des reproches intérieurs, mais il est probable que c'est chez les pires hommes que les affres de la conscience sont les moins redoutées, et ce n'est certainement pas parmi les meilleurs hommes qu'on les sent le moins. La conscience, en effet, lorsqu'elle est très sensible et très élevée, est bien plus un élément de souffrance que l'inverse. Il vise un idéal plus élevé que ce que nous pouvons atteindre. Il adopte la vision la plus basse de nos propres réalisations. Elle souffre cruellement des nombreuses déficiences dont elle est extrêmement sensible. Loin de se livrer au plaisir rétrospectif d'une vie bien remplie, il pousse les hommes à des efforts constants, douloureux et souvent infructueux. Une nature attachée au niveau saint ou héroïque se retrouvera placée dans un monde discordant, provoquera beaucoup de frictions et d'opposition et sera peinée par de nombreuses choses auxquelles une nature inférieure acquiescerait placidement. La forme la plus élevée de vertu intellectuelle est cet amour de la vérité pour elle-même qui brise les préjugés, tempère l'enthousiasme par la pleine admission d'arguments opposés et de circonstances qualificatives, et place dans la sphère du possible ou de la probabilité beaucoup de choses que nous accepterions volontiers comme telles. certitudes. La franchise et l'impartialité sont dans une large mesure des vertus du tempérament ; mais quiconque possède une connaissance réelle de la nature humaine ne peut douter combien il est bien plus agréable pour la plupart des hommes de vivre sous l'empire de préjugés invincibles, en excluant délibérément toute considération susceptible d'ébranler ou de qualifier leurs croyances chères. « Dieu », dit Emerson, « offre à chaque esprit le choix entre la vérité et le repos. Prenez celui qui vous plaira. Vous ne pourrez jamais avoir les deux. L'un des arguments les plus forts de la religion naturelle repose sur le fait que la vertu échoue si souvent à apporter sa récompense ; sur la croyance si profondément ancrée dans la nature humaine que cela est fondamentalement injuste et qu'il faudra, dans un état futur, y remédier.

Pour de telles raisons, je crois qu'il est impossible d'identifier la vertu avec le bonheur, et les vues de l'école opposée me semblent reposer principalement sur un usage contre nature et trompeur des mots. Même lorsque le lien entre la vertu et le plaisir est le plus étroit, il est vrai, comme le disaient les vieux stoïciens, que si la vertu donne du plaisir, ce n'est pas pour cela qu'un homme bon la pratique ; que le plaisir est le compagnon et non le guide de sa vie ; qu'il n'aime pas la vertu parce qu'elle fait plaisir, mais qu'elle fait plaisir parce qu'il l'aime. [8] Une véritable description de la nature humaine reconnaîtra qu'elle a le pouvoir de viser quelque chose qui est différent du bonheur et quelque chose qui peut être décrit de manière intelligible comme supérieur, et que de la prédominance de ce but plus élevé dépend essentiellement la noblesse de la vie. . Il n'est même pas vrai que la fin de l'homme devrait être de trouver enfin la paix. Il devrait s'agir de faire son devoir et de dire la vérité.

Mais même si cette grande vérité de l'existence d'un but plus élevé que le bonheur doit toujours être maintenue, les relations entre la morale et le bonheur sont étroites et intimes et méritent d'être étudiées. En ce qui concerne les vertus inférieures ou plus communes, il ne peut y avoir aucune erreur. Il est très évident qu'une vie saine, longue et prospère est plus susceptible d'être atteinte par l'industrie, la modération et la pureté que par des voies opposées. Il est bien évident que l'ivresse et la sensualité ruinent la santé et abrègent la vie ; que l'oisiveté, le jeu et les habitudes désordonnées ruinent la prospérité ; que la mauvaise humeur, l'égoïsme et l'envie tuent l'amitié et provoquent des animosités et de l'aversion ; que dans toute société bien réglementée, il existe au moins une coïncidence générale entre la voie du devoir et la voie de la prospérité ; la malhonnêteté, la violence et le mépris des droits d'autrui entraînent naturellement et généralement leur punition soit par la loi, soit par l'opinion publique, soit par les deux. L'évêque Butler a soutenu que la tendance générale de la vertu à conduire au bonheur et la tendance générale du vice à conduire au malheur prouvent que même dans son état actuel, il existe un gouvernement moral du monde, et quelle que soit la controverse qui puisse être soulevée sur la déduction de cet état, Il ne peut au moins y avoir aucun doute sur la vérité substantielle des faits. Le bonheur, comme je l'ai déjà dit, est mieux atteint lorsqu'il n'est pas l'objet direct ou du moins l'objet principal visé. Une vie gaspillée et inactive non seulement est en elle-même désolante, mais elle prive les hommes du plaisir très réel et précis qui naît naturellement de l'activité salutaire de toutes nos forces, tandis qu'une vie d'égoïsme exclut les plaisirs de sympathie qui jouent un si grand rôle dans la vie humaine. bonheur. L'une des leçons que l'expérience enseigne le plus clairement est que le travail, le devoir et la discipline de caractère sont des éléments essentiels d'un bonheur durable. Les plaisirs du vice sont souvent réels, mais ils sont généralement éphémères et laissent derrière eux des héritages de souffrance, de faiblesse ou d'inquiétude. Les plaisirs les plus nobles grandissent et se renforcent pour la plupart avec les années. Les passions de la jeunesse, convenablement réglées, se transforment peu à peu en habitudes, en intérêts et en affections stables, et c'est dans les longues prévisions de la vie que la supériorité de la vertu comme élément du bonheur apparaît le plus clairement.

On a dit avec raison que des mots comme « passe-temps » et « divertissement » appliqués à nos plaisirs sont parmi les plus mélancoliques du langage, car ils sont l'aveu de la nature humaine qu'elle ne peut pas trouver le bonheur en elle-même, mais qu'elle doit chercher quelque chose. cela remplira le temps, couvrira le vide qu'il ressent et détournera les pensées des hommes des conditions et des perspectives de leur propre vie. Combien de plaisirs de la société, et même de tous les divertissements, dépendent de leur pouvoir de nous faire oublier nous-mêmes ! Le substrat de la vie est triste, et peu d'hommes qui réfléchissent aux dangers et aux incertitudes qui l'entourent peuvent le trouver ne serait-ce que tolérable sans beaucoup d'aide extérieure. La première et la plus vitale de ces aides réside dans la création d'intérêts forts. C'est l'une des lois de notre être qu'en recherchant des intérêts plutôt qu'en recherchant des plaisirs, nous pouvons mieux affronter la tristesse de la vie. Mais ceux qui sont de nature désintéressée ont la plus grande efficacité. C'est en jetant toute leur nature dans les intérêts des autres que les hommes échappent le plus efficacement à la mélancolie de l'introspection ; l'horizon de la vie s'élargit ; le développement des sentiments moraux et sympathiques chasse les soucis égoïstes, et par le même paradoxe que nous avons vu dans d'autres parties de la nature humaine, les hommes atteignent mieux leur propre bonheur en s'absorbant dans la poursuite du bonheur des autres.

Les buts et les perspectives d'une vie bien réglée n'ont jamais, je pense, été mieux décrits que dans l'une des lettres de Burke au duc de Richmond. « Il est en effet sage, compte tenu des nombreuses vexations positives et des innombrables déceptions amères du plaisir dans le monde, d'avoir autant de ressources de satisfaction que possible en son pouvoir. Chaque fois que nous concentrons l'esprit sur un seul objet, cet objet et la vie elle-même doivent aller de pair. Mais s'il est juste d'avoir des réserves d'emploi, il faut néanmoins garder un objet principal ; grandement et éminemment; et les autres masses et figures doivent conserver leur juste subordination, pour constituer la grande composition d'une vie importante. [9] Il est également vrai que parmi ces objets, le désintéressé et le désintéressé devraient occuper une place prédominante. Pour certains, cet aspect de leur activité est limité au cercle étroit du foyer ou aux devoirs isolés et aux œuvres caritatives de leur propre quartier. Pour d'autres, elle prend la forme d'un grand intérêt public, d'une participation active à des entreprises sociales, philanthropiques, politiques ou religieuses. Le caractère joue un rôle plus important que l'intellect dans le bonheur de la vie, et cultiver la part désintéressée de notre nature n'est pas seulement l'une des premières leçons de morale mais aussi de sagesse.

Comme la plupart des autres choses, ses difficultés se situent au début, et c'est par une pratique constante qu'elle passe à une nature seconde et instinctive. Le pouvoir de l'homme de modifier organiquement son caractère est très limité, mais dans l'ensemble, l'amélioration du caractère est probablement plus à sa portée que le développement intellectuel. Le temps et l'opportunité manquent à la plupart des hommes pour toute étude intellectuelle approfondie, et même s'il en était autrement, chaque homme trouverait de vastes étendues de connaissances et de pensées totalement extérieures à ses goûts, ses aptitudes et sa compréhension. Mais chacun peut, dans une certaine mesure, apprendre la leçon du sacrifice de soi, pratiquer ce qui est juste, corriger ou du moins atténuer ses défauts dominants. Quels beaux exemples d'abnégation, de courage tranquille, de résignation dans le malheur, d'accomplissement patient d'un devoir douloureux, de magnanimité et de pardon sous l'injure peuvent souvent être trouvés parmi ceux qui sont intellectuellement les plus banals !

La croissance insidieuse de l'égoïsme est une maladie contre laquelle les hommes doivent se méfier le plus ; mais c'est une erreur grave, quoique commune, de supposer que les instincts désintéressés peuvent être satisfaits sans restriction. Il y a cependant ici une distinction importante à noter. Les nombreux et grands maux qui sont nés de charités somptueuses et inconsidérées ne proviennent pas toujours, ni peut-être généralement, d'un excès ou d'une extravagance du sentiment charitable. Ils sont beaucoup plus fréquemment dus à son défaut. L'homme riche qui ne se soucie jamais de s'enquérir du détail des cas qui lui sont soumis ni de réfléchir sérieusement aux conséquences ultérieures de ses actes, mais qui est prêt à donner de l'argent à toute sollicitation et qui considère qu'en agissant ainsi, il a rempli son devoir, est bien plus susceptible de faire du mal de cette manière que l'homme qui se consacre à un travail patient, pénible, de maison en maison parmi les pauvres. Les nombreux hommes et probablement encore plus de femmes qui consacrent une grande partie de leur vie à un tel travail apprennent bientôt à retracer avec une exactitude considérable les conséquences de leurs œuvres de charité et à faire la distinction entre les dignes et les indignes. Que ces personnes deviennent souvent exclusives et unilatérales et acquièrent une sorte de penchant professionnel qui les pousse à subordonner toutes les considérations nationales à leur propre sujet et à perdre de vue la véritable proportion des choses, est sans aucun doute vrai, mais ce ne sera probablement pas le cas. Nous avons constaté chez les meilleurs travailleurs qu'une telle vie tend à intensifier indûment les émotions. Comme Mgr Butler l'a dit avec une profonde vérité, les habitudes actives sont renforcées et les impressions passives affaiblies par la répétition, et une vie passée dans une œuvre caritative active est tout à fait compatible avec beaucoup de sobriété et même de froideur de jugement dans l'évaluation de chaque cas à mesure qu'il se présente. Ce n'est pas le chirurgien continuellement employé à des opérations pour guérir ses malades qui est le plus ému à la vue de la souffrance.

C'est, je crois, dans l'ensemble vrai, mais il est également vrai qu'il existe des maladies graves qui s'attachent particulièrement au côté désintéressé de notre nature, et elles sont particulièrement dangereuses parce que les hommes, sentant que le désintéressé est le plus vertueux et le plus noble. côté de leur être, sont susceptibles de souffrir de ces tendances à fonctionner sans supervision ni contrôle. Pourtant, il est difficilement possible d'exagérer les calamités qui ont surgi d'actions désintéressées et mal jugées. Toute l'histoire des persécutions religieuses l'illustre abondamment, car il ne fait aucun doute qu'une grande partie des persécuteurs recherchaient sincèrement ce qu'ils croyaient être le plus grand bien de l'humanité. Et si cette page sombre de l'histoire humaine est désormais presque fermée, il existe encore de nombreuses autres façons de manifester un mal similaire. Les absurdités, les sentimentalités et les fanatismes se concentrent particulièrement autour du côté altruiste de notre nature, et ils agissent contre le mal de nombreuses manières curieuses et subtiles. Peu de choses ont fait plus de mal dans le monde qu'une compassion disproportionnée. C'est une loi de notre être que nous ne sommes profondément émus que par les souffrances dont nous sommes clairement conscients, et le degré avec lequel les différentes sortes de souffrance font appel à l'imagination n'est pas proportionné à leur ampleur réelle. L'homme le plus bienveillant lira parler d'un tremblement de terre au Japon ou d'une peste en Amérique du Sud avec une insensibilité qu'il ne ferait jamais preuve envers une mort prématurée ou un accident douloureux dans son voisinage immédiat, et en général, la souffrance d'un individu éminent et isolé nous frappe. beaucoup plus de force que celle d'une multitude sans distinction. Peu de décès sont aussi marquants, et donc rares sont ceux qui suscitent une compassion aussi répandue, que ceux de criminels notoires. Il n'est pas exagéré de dire que la mort d'un meurtrier « intéressant » suscitera souvent des sentiments bien plus forts que ceux jamais suscités par la mort de sa victime ; ou par la mort de braves soldats qui périrent de maladie ou par l'épée au cours d'une obscure expédition dans un pays éloigné. Ce mode de jugement agit rapidement sur la conduite. L'esprit humanitaire qui atténue le code pénal et fait de la réhabilitation du criminel un objectif principal est une chose parfaitement juste tant qu'il ne diminue pas le pouvoir dissuasif de la punition au point d'accroître le crime, et tant qu'il ne place pas le criminel est dans une meilleure position de confort que le pauvre innocent, mais lorsque ces conditions ne sont pas remplies, c'est bien plus un mal qu'un bien. Les conséquences lointaines, indirectes et non réalisées de nos actes sont souvent bien plus importantes que celles qui sont manifestes et directes, et il arrive continuellement qu'en extirpant un mal concentré et envahissant, les hommes augmentent ou engendrent une maladie diffuse qui s'étend sur une zone bien plus vaste . . Combien peu, par exemple, de ceux qui partagent la tendance dominante à traiter tous les maux qui apparaissent dans la société par une législation coercitive se rendent compte de manière adéquate du danger d'affaiblir les habitudes robustes, autonomes et ingénieuses dont dépend si largement le bonheur de la société, et à en même temps, en multipliant les fonctions et donc en augmentant les dépenses du gouvernement, imposant des fardeaux nouveaux et écrasants à une industrie en difficulté ! Combien de fois les philanthropes, par un intérêt sincère pour une classe ou un peuple en souffrance, ont-ils préconisé des mesures qui, en attisant, en prolongeant ou en élargissant une grande guerre, créeraient infailliblement des calamités bien plus graves que celles qu'ils répareraient ! Combien de fois de grandes explosions de crimes sauvages, des désordres graves et durables dans l'État, ou des conflits internationaux qui ont coûté des milliers de vies, n'ont-ils pas pu être évités par une sévérité prompte et sans faille devant laquelle une humanité mal avisée a reculé ! Si, en février 1848, Louis Philippe avait permis au maréchal Bugeaud de tirer sur la foule révolutionnaire à une époque où il n'y avait pas de désir révolutionnaire réel et généralisé en France, combien de pages sanglantes de l'histoire française et européenne auraient pu être épargnées !

Les mesures garantissant aux hommes, et plus encore aux femmes, un travail excessif, et les entourant de précautions sanitaires coûteuses, peuvent facilement, si elles sont mal conçues, handicaper un sexe ou un peuple dans la concurrence de l'industrie au point de les chasser des grands domaines. de l'industrie, restreignent leurs moyens de subsistance, abaissent leur niveau de salaire et de confort, et diminuent ainsi sérieusement le bonheur de leur vie. La suppression peu judicieuse d'amusements qui ne sont pas entièrement bons, mais qui procurent de vives jouissances à de grandes masses, manque rarement de donner une impulsion à d'autres plaisirs plus secrets et probablement plus vicieux. Des œuvres caritatives peu judicieuses, ou une administration judiciaire médiocre, extravagante et trop indulgente, découragent inévitablement l'industrie et l'épargne, et augmentent généralement la pauvreté qu'elles étaient censées guérir. Le parent qui hésite à infliger la moindre souffrance à son enfant, ou à lui refuser tout plaisir qu'il désire, ne pose pas les bases d'une vie heureuse, et la bienveillance qui contrecarre ou obscurcit la loi de la nature que conduisent l'extravagance, l'imprévoyance et le vice. naturellement à la ruine, il n'y a pas de véritable bonté ni envers l'homme honnête qui a résisté à la tentation, ni envers l'homme faible dont la vertu tremble douteusement dans la balance. Il n'est pas non plus à long terme dans l'intérêt du monde que des capacités supérieures, une énergie ou une industrie supérieure soient handicapées dans la course à la vie, interdites de courir des risques exceptionnels au nom de récompenses exceptionnelles, réduites par des réglementations à des mesures de travail et de gain destiné au bénéfice de personnages ou de pouvoirs inférieurs.

Le vice fatal de la bienveillance inconsidérée est qu'elle ne s'intéresse qu'aux résultats prochains et immédiats sans considérer ni les alternatives ni les conséquences lointaines et indirectes. Une forme de bienveillance importante et hautement respectable est celle liée au monde animal, et en Angleterre elle est poussée à certains égards jusqu'à un point inconnu sur le continent. Mais quelle étrange forme de compassion que celle qui a longtemps rendu impossible la création d'un Institut Pasteur en Angleterre, obligeant des malades menacés d'une des plus horribles maladies qui puissent affliger l'humanité à se rendre, comme ils sont toujours prêts à le faire, à Paris, pour subir un traitement que ce qu'on appelle le sentiment humain des Anglais leur interdit de recevoir chez eux ! Quelle étrange forme de bienveillance que celle qui, dans un pays où les sports de terrain sont l'amusement habituel des rangs supérieurs de la société, dénonce comme criminelle même les expériences les plus soigneusement limitées et surveillées sur des animaux vivants, et fermerait ainsi le meilleur espoir de trouver des remèdes. pour certaines des pires formes de souffrance humaine, la seule méthode sûre pour tester de prétendus remèdes qui peuvent être mortels ou qui peuvent être d'un bénéfice incalculable pour l'humanité ! En fait, les critiques étrangers vont souvent beaucoup plus loin et estiment que, sous d'autres formes liées à ce sujet, l'opinion publique anglaise est étrangement capricieuse et incohérente. Ils comparent avec étonnement les condamnations qui sont parfois prononcées pour les mauvais traitements infligés à une femme et pour les mauvais traitements infligés à un chat ; ils demandent si les souffrances réelles causées par beaucoup de choses qui sont en Angleterre punies par la loi ou réprouvées par l'opinion sont plus grandes que celles causées par des sports constamment pratiqués sans reproche ; et ils sont susceptibles de trouver beaucoup de choses exagérées, voire fantastiques, dans la grande popularité et l'élaboration de certaines œuvres de bienfaisance pour les animaux. [10] En même temps, dans notre propre pays, les sports de terrain les plus reconnus troublent beaucoup de natures bienveillantes. Je dirai seulement ici que si les bénéfices positifs qu'ils produisent sont grands et manifestes, ceux qui les condamnent oublient constamment quel serait le sort des animaux abattus si de tels sports n'existaient pas, et à quel point le bilan des souffrances est peu augmenté. ou altéré par la destruction d'êtres qui vivent eux-mêmes en détruisant. Comme le dit un poète :

Les poissons exultent quand la mouette meurt,

La mort du saumon préserve mille mouches.

Dans la plupart de ces questions, l'effet sur le caractère humain est une considération plus importante que l'effet sur le bonheur des animaux. La meilleure chose que la législation puisse faire pour les animaux sauvages est d'étendre autant que possible la fermeture aux classes inoffensives, en leur garantissant l'immunité pendant qu'ils produisent et entretiennent leurs petits. C'est là la plus grande bonté, et pour d'autres raisons, elle est particulièrement nécessaire, car le perfectionnement des armes à feu et l'augmentation de la population ont complètement modifié, en ce qui concerne l'homme, l'ancien équilibre entre production et destruction, et menacent, si rien n'est fait, de le faire. , pour conduire à une disparition presque complète de grandes classes du monde animal. Il est mélancolique de constater combien de fois des femmes sensibles qui s'opposent aux sports de plein air et qui dénoncent toute expérimentation sur des animaux vivants se retrouvent à soutenir avec une insensibilité parfaite des modes qui conduisent à la destruction massive de certaines des plus belles espèces d'oiseaux et qui sont en certains cas dépendent d'actes de cruauté très aggravée.

NOTES DE BAS DE PAGE :

[8] Sénèque, *De Vita Beata* .

[9] *Correspondance* de Burke , i. 376, 377.

[10] Au moment où j'écris ces pages, je trouve dans un journal le paragraphe suivant qui peut illustrer mon propos : — « CHIENS' NURSING » . Une affaire a été entendue vendredi au tribunal du comté de Brompton dans

laquelle des preuves suggestives ont été présentées sur le traitement médical des chiens. Le propriétaire d'une infirmerie pour chiens à Tattersall's Corner a poursuivi M. Harding Cox pour la pension et le logement de sept chiens, et le *régime* a été expliqué. Ils sont nourris d'essence de viande, arrosés de porto, et ont pour digestif des œufs battus dans du lait et de l'arrow-root. Des bains médicamenteux et des toniques sont également fournis et, occasionnellement, les animaux bénéficient d'une journée à la campagne. Ce cours d'hygiène nécessitait une dépense de dix shillings par semaine. Le défendeur a plaidé que les accusations étaient excessives, mais le juge a accordé au plaignant 25 £. Combien de patients hospitalisés reçoivent un tel traitement ? » – *Daily Express* , 16 février 1897.

CHAPITRE V

Les illustrations données dans le dernier chapitre suffiront à montrer le danger qu'il y a à laisser le côté désintéressé de la nature humaine se déchaîner sans un contrôle sérieux de la raison et de la volonté. Voir les choses dans leurs vraies proportions, échapper à l'influence grossissante d'une imagination morbide, devrait être l'un des principaux objectifs de la vie, et dans aucun domaine cela n'est plus nécessaire que dans ceux que nous avons passés en revue. En même temps, chaque époque a son propre type moral idéal vers lequel convergent les influences les plus fortes et les meilleures de l'époque. L'histoire de la morale est essentiellement une histoire de changements qui se produisent moins dans notre conception de ce qui est bien et mal que dans la place et l'importance proportionnelles que nous accordons aux différentes vertus et vices. Il existe de grands groupes de qualités morales qui, à certaines époques de l'histoire du monde, ont été considérées comme d'une importance suprême, tandis qu'à d'autres époques, elles sont passées au second plan, et il existe des groupes correspondants de vices qui, à certaines époques, sont traités comme très graves. et dans d'autres comme très trivial. Le type héroïque du paganisme et le type saint du christianisme dans sa forme la plus pure sont constitués en grande partie des mêmes éléments, mais les proportions dans lesquelles ils se mélangent sont tout à fait différentes. Il y a des époques où les vertus militaires et civiques – les qualités qui font de bons soldats et de bons citoyens patriotes – dominent toutes les autres. Le sacrifice de soi des meilleurs hommes coule habituellement par ces canaux. A une telle époque, l'intégrité dans les relations commerciales et les vertus domestiques qui maintiennent la pureté de la famille peuvent être très appréciées, mais elles le sont surtout parce qu'elles sont essentielles au bien-être de l'État. Le soldat qui a atteint au plus haut degré les meilleures qualités de sa profession, le patriote qui sacrifie aux services de l'État son confort, ses ambitions et sa vie, est le modèle suprême, et l'estime dans laquelle il est tenu n'est que peu abaissé, même s'il a pu se rendre coupable, comme Caton, d'atroces cruautés envers ses esclaves, ou, comme certains héros des temps anciens, de formes scandaleuses de débauche privée.

Il est d'autres époques où la vie militaire est considérée avec défaveur par les moralistes et où le patriotisme occupe un rang très bas dans l'échelle des vertus, tandis que la charité, la douceur, l'abnégation, les habitudes de dévotion et la pureté de pensée, de parole et d'action sont inculqué par excellence. Les vertus intellectuelles, elles aussi, qui concernent la vérité et le mensonge, forment un groupe distinct. L'habitude d'esprit qui fait que les hommes aiment la vérité pour elle-même comme l'idéal suprême, et qui se détournent de tout mensonge, exagération, fausse représentation et invention partisane ou sectaire, n'est à aucune époque courante, mais il y a des époques où elle est reconnue et inculquée comme vertu, alors qu'il y en a d'autres dans lesquelles il n'est pas exagéré de dire que toute la tendance de l'enseignement religieux a été de la décourager. Pendant de nombreux siècles, le modèle de vertu ascétique et purement ecclésiastique a complètement dominé. Les vertus domestiques, bien que clairement reconnues, tenaient une place tout à fait subordonnée à ce qui était considéré comme les vertus supérieures du célibataire ascétique. La charité, bien que noblement cultivée et pratiquée, était considérée principalement à travers un médium dogmatique et pratiquée moins pour le bénéfice du bénéficiaire que pour le bien-être spirituel du donateur.

Aux yeux de multitudes, la conception la plus élevée d'une vie sainte consistait en grande partie, sinon principalement, en un détachement complet des intérêts et des affections profanes. Aucun type n'a été plus admiré, et aucun type n'a jamais été plus complètement séparé de tout devoir actif et de toute relation humaine que celui du saint du désert ou du moine d'un des ordres contemplatifs. Mourir au monde; devenir indifférent à ses objectifs, ses intérêts et ses plaisirs ; mesurer toutes choses selon une norme totalement différente du bonheur humain, vivre habituellement pour une autre vie était l'enseignement constant des saints. Dans l'accent mis sur la culture de la vie spirituelle, toute la sphère des devoirs actifs est tombée à un niveau inférieur ; et l'œil de l'esprit était tourné vers le haut et vers l'intérieur et peu tourné vers le monde qui l'entourait. «Heureux», disait un saint, «l'esprit qui ne voit que deux objets, Dieu et soi, dont les conceptions le remplissent d'un souverain délice et l'autre l'abaisse jusqu'au plus extrême découragement.» [11] « Autant d'amour que nous donnons aux créatures, dit un autre saint, autant nous volons au Créateur. » [12] «Je ne demande que deux choses», dit un troisième, [13] «souffrir et mourir». « Abandonne tout, dit Thomas à Kempis, et tu trouveras tout. Laisse le désir et tu trouveras le repos. « À moins qu'un homme ne soit dégagé de l'affection de toutes les créatures, il ne peut pas s'occuper avec liberté d'esprit des choses divines. »

La modification graduelle, silencieuse et à moitié inconsciente du type de morale qui s'est produite après la Réforme n'a certainement pas été le moins important de ses résultats. Si l'on peut l'attribuer dans une certaine mesure à la théologie particulière des Églises protestantes, elle est peut-être davantage due à l'abolition du célibat clérical qui plaçait les enseignants religieux au centre de la vie domestique et en contact étroit avec un large cercle de milieux sociaux. devoirs. Il existe encore aujourd'hui une différence nette entre la morale d'un pays sincèrement catholique et celle d'un pays sincèrement protestant, et cette différence ne réside pas tant, comme nous le diraient les polémistes, dans le plus grand et le moins que dans le type moral, ou, dans d'autres domaines. mots, dans les différents degrés d'importance attachés aux différentes vertus et aux différents vices. Il est probable que nulle part au monde on ne puisse trouver des types plus beaux et plus respectueux que dans certains pays catholiques d'Europe, peu touchés par les mouvements intellectuels de l'époque, mais aucun bon observateur ne peut manquer de remarquer à quel point l'endroit est plus grand. donnés à des devoirs qui reposent entièrement sur des considérations théologiques, et combien même les devoirs naturels sont largement basés sur de telles considérations et régis, limités et parfois même remplacés par elles. Les ecclésiastiques qui, au concile de Constance, incitèrent Sigismond à violer le sauf-conduit qu'il avait donné et, malgré sa promesse solennelle, à condamner Huss à la mort par le feu [14] et les ecclésiastiques qui, à la diète de Worms, tenté en vain d'inciter Charles-Quint à agir avec une perfidie similaire envers Luther, représente une conception de la morale qui prévaut abondamment de nos jours. Il n'est pas exagéré de dire que dans les pays catholiques, l'obligation de véracité dans les cas où elle entre en conflit avec les intérêts de l'Église repose entièrement sur la base de l'honneur et nullement sur la religion. Dans les estimations des dirigeants catholiques, aucun observateur impartial ne peut manquer de remarquer à quel point leur attitude à l'égard des intérêts de l'Église domine toutes les considérations de morale publique et privée.

Dans le passé, c'était bien plus le cas. L'Église occupait dans l'esprit des hommes une place au moins égale à celle de l'État dans la République romaine. Les hommes qui lui avaient fait de grands sacrifices et lui rendaient de grands services étaient considérés, entre tous, comme les hommes bons, et chez ces hommes, les choses que nous devrions considérer comme grossièrement criminelles n'apparaissaient que de vénielles faiblesses. Que quiconque en doute étudie la vie des premiers saints catholiques et les pages encore plus instructives dans lesquelles Grégoire de Tours et d'autres annalistes ecclésiastiques ont décrit les caractères et les actes des personnages les plus marquants de l'histoire profane de leur temps, et il aura bientôt le sentiment d'être entré dans une atmosphère morale et d'avoir affaire à des mesures et des perspectives morales totalement différentes de celles de notre époque. [15]

Dans les époques hautement civilisées, le même esprit peut être clairement retrouvé. Bossuet n'était certes ni un hypocrite ni un courtisans, mais un homme d'une vertu austère et d'un courage incontestable. Il n'hésita pas à réprimander la grossière débauche de la vie de Louis XIV, et bien que ni lui ni aucun des autres religieux catholiques de son époque n'aient protesté sérieusement contre les guerres de pur égoïsme et d'ostentation qui faisaient de ce souverain le fléau de l'Europe et qui a fait tomber sur son peuple des calamités incommensurablement plus grandes que les fautes de sa vie privée - bien qu'il ait effectivement parlé de ces guerres dans un langage d'éloge ravissant et sans réserve [16] - il a au moins eu la grâce de consacrer un chapitre de son ' Politique tirée de l'Écriture Sainte » sur le thème « Dieu n'aime pas la guerre ». Mais aux yeux de Bossuet le fait dominant dans la vie de Louis XIV. Ce fut la révocation de l'édit de Nantes et la persécution sauvage des huguenots, et cela suffisait pour le placer parmi les meilleurs souverains. [17]

Pour ceux qui envisagent franchement le sujet, il n'y a rien là qui doive exciter la surprise. La doctrine selon laquelle l'Église catholique est le guide inspiré, représentant la voix de la Divinité sur terre et décidant avec une autorité absolue de toutes les questions du bien et du mal, a très naturellement conduit à la conviction que rien de ce qui était favorable à ses intérêts ne pouvait être vraiment criminel. et dans tous les domaines de la morale, il réglementait les degrés de louange et de blâme. La doctrine qui est encore si largement professée mais maintenant si vaguement comprise, selon laquelle la première chose essentielle au salut est la croyance orthodoxe, place la conduite sur un plan d'importance inférieur au dogme, tandis que la conviction qu'il est au pouvoir de l'homme d'obtenir une certitude absolue dans la croyance religieuse, que la croyance erronée est aux yeux du Tout-Puissant un crime entraînant la damnation éternelle, et que le professeur d'hérésie est le plus grand ennemi de l'humanité, à la fois justifié aux yeux du croyant, des actes qui semblent aujourd'hui les plus graves. aberrations morales. De nombreux motifs et éléments plus vils se mêlaient sans doute à la longue et hideuse histoire des persécutions religieuses de la chrétienté, mais aux yeux d'innombrables hommes consciencieux, cet enseignement semblait largement suffisant pour les justifier et étouffer tout sentiment de compassion pour les victimes. Les mêmes considérations expliquent l'indifférence absolue avec laquelle tant d'hommes de bien furent témoins de ces persécutions de sorcières qui livrèrent à la torture et à la mort des milliers de femmes âgées, faibles et innocentes.

D'autres illustrations, moins tragiques, pourraient être données. Ainsi, en cas d'accouchement, le médecin se trouve parfois placé dans l'alternative de sacrifier la vie de la mère ou de l'enfant à naître. Dans de tels cas, un médecin protestant ou libre-penseur n'hésiterait pas à sauver la vie adulte, car elle est de loin la plus précieuse. La doctrine catholique est que, dans de telles circonstances, le premier devoir du médecin est de sauver la vie de l'enfant non baptisé. [18] Un grand nombre de transactions commerciales qui sont maintenant universellement reconnues comme parfaitement innocentes et utiles auraient été interdites pendant une longue période en raison de la doctrine catholique de l'usure qui condamnait comme un péché même l'intérêt le plus modéré sur l'argent s'il était exigé. comme le prix du prêt. [19]

Tout système religieux et même philosophique qui a joué un grand rôle dans l'histoire du monde a tendance soit à se former, soit à s'assimiler à un type moral particulier, et aux yeux d'un nombre nombreux et croissant, c'est sur l'excellence de de ce type, et de son succès à le produire, dépend principalement sa supériorité. La superstructure ou l'échafaudage de croyance autour duquel elle est formée leur semble relativement peu important, et il n'est pas rare de trouver des hommes ardemment dévoués à un type particulier longtemps après avoir abandonné les principes auxquels il était autrefois lié. Carlyle, par exemple, parlait parfois de lui-même comme d'un calviniste et utilisait un langage aussi bien en public qu'en privé comme s'il n'y avait pas de différence importante entre lui et les puritains les plus orthodoxes, mais il est très évident qu'il n'a pas cru presque tous les articles de leur credo. Ce qu'il voulait dire, c'est que le calvinisme avait produit dans tous les pays où il dominait réellement un type défini de caractère et une conception de la morale qui était à ses yeux le plus noble qui soit encore apparu dans le monde.

« *Surtout*, mes frères, ne jurez pas. Si, comme on le suppose généralement, il s'agit de l'habitude d'user de serments profanes dans la conversation commune, combien éloignée des idées modernes est la place assignée à ce vice, qui affecte peut-être aussi peu le bonheur humain que tout autre qu'on puisse mentionner, dans le grande échelle de criminalité, et combien curieusement caractéristique est le fait que le vice auquel cette suprématie d'énormité est attribuée a continué à prévaloir aux époques où les influences théologiques étaient les plus puissantes, et a disparu dans toute bonne société par simple obéissance à un tournant de la mode qui le proscrit comme peu gentleman ! Pendant une longue période, des actes le condamnant furent lus à des périodes déterminées dans les églises [20] et l'un d'eux le décrivait comme susceptible, en provoquant la colère de Dieu, d'« augmenter les nombreuses calamités sous lesquelles ces nations souffrent actuellement ». Comme il est curieusement caractéristique de restreindre l'usage courant du terme « immoral » à un seul vice, de sorte qu'un homme qui est menteur, égoïste, cruel ou intempérant pourrait quand même être considéré comme ayant mené « une vie morale » parce qu'il était irréprochable. dans les rapports des sexes ! Dans l'appréciation du caractère des hommes publics, le même jugement disproportionné se retrouve constamment dans l'accent comparé mis sur les fautes privées et les crimes publics les plus gigantesques. Les erreurs de jugement ne sont pas des erreurs de morale, mais tout homme public qui, pour des motifs égoïstes, ambitieux ou partisans, plonge ou aide à plonger son pays dans une guerre injuste ou inutile, subordonne l'intérêt public à son ambition personnelle, s'emploie à stimuler haines de classe, nationales ou provinciales, abaisse le niveau moral de la vie publique, ou soutient une législation dont il sait qu'elle tend ou facilite la malhonnêteté, commet un crime devant lequel, si on le mesure à ses conséquences, les actes les plus graves de simple l'immoralité privée devient insignifiante. Mais combien différemment ces choses-là sont-elles traitées dans le jugement des contemporains, et parfois même dans le jugement de l'histoire, chez les hommes politiques brillants et qui ont réussi !

C'est, je pense, une particularité des temps modernes que les principales influences morales soient beaucoup plus diverses et complexes que par le passé. Il n'existe pas d'empire aussi absolu que celui exercé sur le caractère par l'État à certaines périodes de l'antiquité païenne et par l'Église au Moyen Âge. Notre civilisation est avant tout une civilisation industrielle, et les habitudes industrielles sont probablement celles qui forment le plus fortement le type moral auquel aspire l'opinion publique. L'esclavage, qui jetait un profond discrédit sur l'industrie et sur les qualités qu'elle favorise, est révolu. Le système féodal, qui plaçait l'industrie dans une position inférieure, a été aboli, et la forte tendance moderne à diminuer à la fois les privilèges et l'exclusivité du rang et à accroître l'importance de la richesse va dans le même sens. Une société industrielle a ses vices et ses défauts particuliers, mais elle met naturellement en évidence les qualités morales que l'industrie est le plus apte à développer et dont elle dépend le plus, et elle donne également à l'ensemble de la pensée morale un caractère utilitaire. Ce n'est pas le christianisme mais l'industrialisme qui a introduit dans le monde ce sens aigu de la valeur morale de l'épargne, de l'industrie constante, de la ponctualité dans l'observation des engagements, de la prévoyance constante en vue de parer aux éventualités de l'avenir, qui sont maintenant si caractéristiques de l'humanité. le type moral des nations les plus civilisées.

Mais bien d'autres influences ont contribué à intensifier, à qualifier ou à altérer le type industriel. Le protestantisme a dégagé l'éthique chrétienne primitive de la foule de devoirs superstitieux et artificiels qui la recouvraient, et un processus similaire s'est déroulé dans les pays catholiques sous l'influence de l'esprit rationalisateur et sceptique. L'influence de la théologie dogmatique sur la morale a diminué. Parmi les systèmes religieux vastes et complexes du passé, un esprit éclectique met en avant de manière particulière et toujours croissante les vertus chrétiennes qui sont le plus manifestement en accord avec la religion naturelle et les plus clairement propices au bien-être des hommes sur terre. . La philanthropie ou la charité, qui constitue le centre du système, a également été immensément intensifiée par une connaissance et une prise de conscience accrues des besoins et des chagrins des autres ; par la sensibilité à la douleur, par l'adoucissement des mœurs et par les goûts et les habitudes plus humains et plus raffinés qu'engendre naturellement une civilisation intellectuelle hautement élaborée. Le sens du devoir joue un grand rôle dans la philanthropie moderne, et les motifs inférieurs d'ostentation ou de coutume se mêlent largement à la véritable bonté de sentiment qui l'inspire ; mais dans l'ensemble, il est probable que les hommes d'aujourd'hui, en faisant du bien aux autres, cherchent beaucoup plus exclusivement que par le passé le bénéfice de celui qui les reçoit et beaucoup moins la récompense de leurs actes dans un monde futur. Aussi longtemps que ce bienfait sera atteint, ils diminueront volontiers autant que possible le sacrifice de soi qu'il implique. Un trait éminemment caractéristique de la philanthropie moderne est son lien étroit avec les divertissements. Il fut un temps où une grande œuvre philanthropique était naturellement soutenue par une émission d'indulgences promettant des avantages spécifiques dans un autre monde à tous ceux qui y prenaient part. Dans notre génération, les bals, les bazars, les divertissements théâtraux ou autres donnés au profit de la charité, occupent une place presque correspondante.

En même temps, l'augmentation des connaissances, et en particulier du type de connaissances que la science nous apporte, a largement influencé, à d'autres égards, notre jugement du bien et du mal. La discipline mentale, les habitudes de raisonnement sain et précis, la méfiance à l'égard de la simple autorité et des affirmations et traditions non vérifiées que la science tend à produire, tout cela stimule les vertus intellectuelles, et la science a fait beaucoup pour rectifier le schéma de vie, soulignant davantage clairement les véritables conditions du bien-être humain et révélant beaucoup d'infondés et de nombreuses erreurs dans l'enseignement du passé. On ne peut cependant pas dire que les influences civiques ou militaires aient diminué. Si l'État n'occupe pas tout à fait la même place que dans l'Antiquité païenne, il est au moins certain qu'à l'ère démocratique, les intérêts publics occupent une place extrêmement importante dans la vie des hommes, et qu'il existe une tendance croissante et dangereuse à accroître l'influence de l'État. L'État prime sur l'individu, tandis que le militarisme moderne attire dans son cercle la fleur de l'Europe continentale et fait de l'éducation militaire l'une des influences les plus puissantes dans la formation des caractères et des idéaux.

Je ne crois pas que le monde différera jamais beaucoup sur les éléments essentiels du bien et du mal. Ces choses sont profondément ancrées dans la nature humaine et dans les conditions fondamentales de la vie humaine. Les changements qui s'opèrent et qui semblent devoir se renforcer à l'avenir résident principalement dans l'importance accordée aux différentes qualités.

Ce qui semble être un sacrifice de soi inutile et des souffrances inutiles est évité autant que possible. La tendance sentimentale qui valorisait la souffrance en elle-même comme une chose expiatoire, comme une manière de suivre l'Homme de Douleurs, comme une chose à embrasser, à s'attarder et à prolonger pour elle-même, joue un très grand rôle dans certains des les plus belles vies chrétiennes, et spécialement dans celles qui se sont formées sous l'influence de l'Église catholique. Une vieille légende raconte comment le Christ est apparu un jour comme un homme de douleur à un saint catholique et lui a demandé quelle faveur il désirerait le plus. "Seigneur", fut la réponse, "afin que je souffre le plus." Cette tension traverse profondément toute la littérature ascétique et tout le système monastique du catholicisme, et en dehors du catholicisme, elle s'est parfois manifestée par une réticence à accepter l'aide des anesthésiques, qui supprimaient partiellement ou totalement les souffrances censées avoir été envoyées par la Providence. L'histoire de l'emploi du chloroforme en fournit des illustrations frappantes. Beaucoup de mes lecteurs se souviennent peut-être des moines français qui se consacraient à la culture d'un des endroits les plus pestilentiels de la campagne romaine, associé à une légende ecclésiastique, et qui insistaient inutilement pour y rester pendant la saison où une telle résidence ne signifiait pas grand-chose. moins qu'un lent suicide. Ils avaient, comme ils avaient l'habitude de le dire, leur purgatoire sur terre, et ils y restèrent jusqu'à ce que leurs constitutions soient irrémédiablement brisées et qu'ils soient envoyés mourir dans leur propre pays. On pourrait trouver dans les temps modernes des exemples touchants d'hommes qui, dans les extrêmes extrêmes de la maladie ou de la souffrance, hésitaient, pour des motifs religieux, à recourir aux soulagements les plus simples, [21] et quelque chose du même sentiment se manifeste dans le désir de prolonger jusqu'au dernier moment une maladie désespérée et angoissante. Tout cela est en train de disparaître manifestement et rapidement. Supporter avec patience et résignation les souffrances inévitables ; affronter courageusement les dangers et la souffrance pour une fin digne et utile, occupe en effet un rang aussi élevé que jamais dans l'éthique du siècle, mais la souffrance pour elle-même n'est plus valorisée et elle est considérée comme l'un des premiers objets d'une vie sage pour la restreindre et la diminuer.

Personne, je pense, n'a vu plus clairement ni décrit de manière plus vivante que Goethe la direction dans laquelle coule, à l'époque moderne, le courant moral. Sa philosophie est une philosophie terrestre, et les vieux théologiens auraient dit qu'elle permettait à la seconde Table de la Loi de supplanter ou d'éclipser complètement la première. On disait de lui avec beaucoup de vérité que « la répugnance pour le surnaturel était une partie inhérente de son esprit ». Se détourner des spéculations inutiles et stériles ; retirer constamment nos pensées de l'inconnaissable, de l'inévitable et de l'irréparable ; les concentrer sur le présent immédiat et sur le devoir le plus proche ; ne pas gaspiller d'énergie morale dans une introspection excessive, dans l'humiliation ou dans l'auto-reproche, mais faire de la culture et de l'utilisation judicieuse de tous nos pouvoirs l'idéal suprême et la fin de notre vie ; opposer le travail et l'étude à l'affliction et au regret ; tenir à distance les pensées sombres et les angoisses exagérées ; « voir l'individu en relation et en coopération avec le tout », et considérer l'effort et l'action comme les éléments principaux à la fois du devoir et du bonheur, telle était la leçon qu'il enseignait continuellement. « L'esprit doté de pouvoirs actifs et s'attachant à un objet pratique se rapportant à la tâche la plus proche est le plus digne qui soit sur terre. » « Le caractère consiste dans le fait qu'un homme poursuit avec constance les choses dont il se sent capable. » "Essayez de faire votre devoir et vous saurez ce que vous valez." « La piété n'est pas une fin mais un moyen ; un moyen d'atteindre la plus haute culture par la plus pure tranquillité d'âme. "Nous ne sommes pas nés pour résoudre les problèmes du monde, mais pour découvrir où commence le problème et ensuite rester dans les limites de ce que nous pouvons comprendre."

Cultiver un amour sincère de la vérité et des conceptions claires et définies, et nous débarrasser autant que possible des préjugés, des fanatismes, des superstitions et des exagérations ; adopter une vision large, saine, tolérante et multiforme de la vie est à ses yeux à l'avant-garde de l'éthique. « Efforcez-vous sincèrement d'utiliser des mots coïncidant le plus étroitement possible avec ce que nous ressentons, voyons, pensons, expérimentons, imaginons et raisonnons ; » « supprimer, dans un but simple et honnête, les idées fausses, non pertinentes et futiles. » "La plus vraie libéralité est l'appréciation." « L'amour de la vérité se manifeste en ceci qu'un homme sait trouver et apprécier le bien en toute chose. [22]

Aux yeux de cette école de pensée, l'un des grands vices de l'éthique théologique ancienne était d'être trop négative. Il pensait bien plus à l'évitement du péché qu'à l'accomplissement du devoir. Plus nous avancerons dans la connaissance, plus nous parviendrons à juger les hommes dans l'esprit de la parabole des talents ; c'est-à-dire par le résultat net de leur vie, par leur altruisme essentiel, par le degré auquel ils emploient et les objets vers lesquels ils dirigent leurs capacités et opportunités. L'essentiel de la vie morale devient bien moins une question de petits scrupules, d'examen de soi minutieux, d'accent extrême mis sur les défauts de caractère et de conduite qui ont peu ou pas de rapport avec la vie active. Une vie d'oisiveté sera considérée avec beaucoup moins de tolérance qu'aujourd'hui. Les hommes deviendront moins introspectifs et plus objectifs, et l'action utile deviendra de plus en plus le principe directeur de la morale.

En théorie, cela sera probablement facilement admis, mais tout bon observateur constatera que cela implique un changement considérable de point de vue. Une vie de langueur et d'oisiveté habituelles, sans facultés réellement cultivées, et sans résultat qui fasse manquer un homme après son décès, peut être passée sans aucun acte que le monde appelle vicieux, et est tout à fait compatible avec beaucoup de charme d'humeur. et son comportement et avec une totale liberté de tout égoïsme violent et agressif. Une telle vie, aux yeux de nombreux moralistes, aurait un rang bien plus élevé qu'une vie de travail constant et honorable et dévoué pour le bien des autres, qui était en même temps entachée par un vice positif. Pourtant, la vie qui semble relativement irréprochable a en réalité complètement manqué son chemin, tandis que l'autre vie, malgré tous ses défauts, a largement atteint ce qui devrait être l'objectif principal de la vie humaine, à savoir le plein développement et l'emploi utile de tous les pouvoirs. nous possédons. Il y a des hommes, en effet, chez qui une conscience trop sensible est même une chose paralysante, qui, en suggérant de constants scrupules mesquins et ingénieux, les retient d'une action utile. C'est une infirmité morale correspondant à cette minutie intellectuelle exagérée qui rend si souvent une vie intellectuelle presque entièrement stérile, ou à cette tendance excessive à considérer tous les côtés d'une question et à se rendre compte des dangers et des inconvénients de toute solution, ce qui arrive souvent à certains moments. La difficulté paralyse les actions des hommes publics. Parfois, sous le biais étrange et subtil de la volonté, cette conscience excessive sera inconsciemment entretenue chez des natures inertes et paresseuses, constitutionnellement peu enclines à l'effort. Les grandes lignes du devoir dans les grandes relations de la vie sont suffisamment évidentes, et la casuistique qui multiplie les cas de conscience et invente des devoirs irréels et factices est susceptible d'être plutôt un obstacle qu'un progrès à une vie noble.

Il est probable qu'à mesure que le monde avance, la morale évoluera de plus en plus dans la direction que j'ai décrite. Il y aura en même temps une tendance toujours croissante à juger les qualités morales et les comportements, principalement en fonction de la mesure dans laquelle ils favorisent ou diminuent le bonheur humain. L'enthousiasme et le sacrifice de soi pour un objet qui n'a pas de rapport réel avec le bien-être de l'homme deviendront plus rares et seront moins respectés, et la condamnation des actes reconnus comme mauvais sera beaucoup plus proportionnée qu'aujourd'hui à l'opinion publique. blessures qu'ils infligent. Certaines choses, comme le luxe excessif des dépenses et l'imprévoyance de mettre au monde des enfants pour lesquels aucune disposition n'a été prise, dont on peut difficilement dire aujourd'hui qu'elles entrent dans l'enseignement des moralistes, ou du moins des églises, pourront un jour être prises en compte. considérés comme des délits plus graves que certains qui figurent dans le code pénal.

NOTES DE BAS DE PAGE :

[11] Saint François de Sales.

[12] Saint Philippe Néri.

[13] Sainte Thérèse.

[14] 'Cum dictus Johannes Hus fidem orthodoxe pertinaciter impugnans, se ab omni con ductu et privilegio reddiderit alienum, nec aliqua sibi fides aut promissio de jure naturali divino vel humano, fuerit in præjudicium Catholicæ fidei observanda.' Déclaration du Concile de Constance. Voir l'*Histoire de la papauté* de Creighton , ii. 32.

[15] J'en ai rassemblé quelques illustrations dans mon *Histoire de la morale européenne* , ii. 235-242.

[16] Voir par exemple son oraison funèbre sur Marie Thérèse d'Autriche.

[17] Voir l'éloge enthousiaste de la persécution des huguenots dans son oraison funèbre sur Michel le Tellier. Il conclut : « Épanchons nos cœurs sur la piété de Louis ; poussons jusqu'au ciel nos acclamations, et disons à ce nouveau Constantin, à ce nouveau Théodose, à ce nouveau Marcien, à ce nouveau Charlemagne ce que les six cent trente Pères dirent autrefois dans le Concile de Chalcédoine : "Vous avez affermi la foi ; vous avez exterminé les hérétiques ; c'est le digne ouvrage de votre règne ; c'en est le propre caractère. Par vous l'hérésie n'est plus, Dieu seul a pu faire cette merveille. Roi du ciel, conservez le roi de la terre; c'est le vœu, des Églises; c'est le vœu des Évêques."

[18] Voir Migne, *Encyclopédie Théologique* , « Dict. de Cas de Conscience, art. *Avortement* .

[19] Voir à ce sujet mon *Histoire du rationalisme* , ii. 250-270, et ma *Démocratie et Liberté* , ii., ch. viii.

[20] 21 Jacques I. c. 20 ; 19 Géo. II. c. 21. Les sanctions étaient cependant des amendes, le pilori ou de courtes périodes d'emprisonnement. L'obligation de lire le statut dans les églises fut abolie en 1823, mais la coutume était auparavant tombée en désuétude. En 1772, un vicaire fut (dans un acte de vengeance privée) poursuivi et condamné à une amende pour avoir négligé de le lire. (*Registre annuel* , 1772, p. 115.)

[21] Le beau passage suivant d'un sermon funéraire de Newman en est un exemple : « On aurait dû penser qu'une vie si innocente, si active, si sainte, je pourrais dire si parfaite du début à la fin, aurait pu être épargnée par la visite. de toute pénitence longue et sévère pour y mettre fin ; mais pour nous montrer sans doute combien les meilleurs d'entre nous sont vils et misérables en nous-mêmes... et surtout pour nous donner un modèle sur la façon de supporter nous-mêmes la souffrance, et d'augmenter les mérites et de hâter et d'égayer la couronne de ce fidèle serviteur . de son Seigneur, il a plu à Dieu Tout-Puissant de lui envoyer un désordre qui, au cours des six dernières années, l'a combattu, l'a maîtrisé et l'a finalement détruit, jusqu'à présent, c'est-à-dire que la mort a maintenant le pouvoir de détruire... C'est à ceux qui l'ont approché année après année d'emmagasiner les nombreuses paroles et les actes de résignation, d'amour et d'humilité que cette longue pénitence a suscités. Ces actes méritoires sont écrits dans le Livre de Vie et ils l'ont suivi partout où il est allé. Ils se multiplièrent et grandissaient en force et en perfection au fur et à mesure que son épreuve progressait ; et ils n'ont jamais été aussi frappants qu'à sa fin. Lorsqu'un ami lui rendit visite la semaine

dernière, il s'aperçut qu'il avait eu des scrupules à se laisser mouiller les tempes avec quelques eaux rafraîchissantes, et qu'il avait été difficilement amené à donner son consentement ; il a dit qu'il craignait que ce soit un luxe trop grand. Lorsque le même ami lui offrit un liquide pour apaiser sa soif pénible, sa réponse fut la même. » — Sermon lors des funérailles du très révérend Henry Weedall, pp. 19, 20.

[22] Voir l'excellent petit livre de M. Bailey Saunders, intitulé *The Maxims and Reflections of Goethe* .

CHAPITRE VI

La tendance à considérer la morale plutôt sous ses aspects positifs que négatifs, et à estimer les hommes en fonction du bien qu'ils font dans le monde, est un élément sain de la vie moderne. Un sens aigu de l'obligation d'une vie pleine, active et utile est la meilleure sauvegarde de la morale individuelle et nationale à une époque où la dissolution ou l'affaiblissement des croyances théologiques ébranle les fondements sur lesquels repose la plupart de l'enseignement moral actuel. Dans le domaine moral, l'action tient une place bien plus grande que le raisonnement, une place plus grande même pour élucider nos difficultés et éclairer le chemin que nous devons suivre. C'est par la poursuite active d'un devoir immédiat que la perspective des devoirs futurs devient la plus claire, et ceux qui sont le plus plongés dans des devoirs actifs sont généralement peu troublés par les perplexités de la vie, ou par des scrupules minutieux et paralysants. Une opinion publique qui décourage l'oisiveté et accorde une grande importance au devoir public est particulièrement précieuse à une époque où la tendance à valoriser la richesse et à mesurer la dignité par la richesse s'est considérablement accrue et où la richesse, sous certaines de ses formes les plus importantes, est devenue totalement dissocié des tâches spéciales. Les devoirs du propriétaire qui est entouré d'un fermier pauvre et dans une certaine mesure dépendant, les devoirs du chef d'une grande usine ou d'un magasin qui a un grand nombre d'ouvriers ou de personnes à sa charge, sont suffisamment évidents, bien que même dans ces cas-là. Dans certains domaines, le lien du devoir a été considérablement détendu par l'esprit croissant d'indépendance, qui rend chaque classe de plus en plus jalouse de l'ingérence des autres, et par la tendance croissante de la législation à réglementer toutes les relations commerciales et tous les contrats par une loi définie au lieu de les laisser de côté. , comme par le passé, à l'action volontaire. Mais il existe de grandes classes de fortunes qui sont entièrement ou presque entièrement dissociées de devoirs spéciaux et définis. La multitude, vaste et sans cesse croissante, dont les revenus proviennent de dettes nationales, provinciales ou municipales, ou qui sont actionnaires ou détenteurs d'obligations dans de grandes entreprises commerciales et industrielles, n'a que peu ou pas de contrôle pratique ou d'intérêt dans ceux-ci. dont provient leur fortune. La multiplication de telles fortunes est une des grandes caractéristiques de notre époque et elle entraîne de graves dangers. De telles fortunes offrent des opportunités inégalées d'oisiveté luxueuse, et comme en elles-mêmes elles n'apportent que peu ou pas d'influence ou de position sociale, ceux qui les possèdent sont particulièrement tentés de rechercher une telle position par une ostentation de richesse et de luxe qui a une influence profondément vulgarisante et démoralisante. sur la société. La tendance de l'oisiveté à conduire à l'immoralité est depuis longtemps un lieu commun des moralistes. Peut-être notre époque a-t-elle vu plus clairement que celles qui l'ont précédée que l'oisiveté complète et habituelle *est* une immoralité, et que lorsque les circonstances de sa vie n'attribuent pas à un homme une sphère de travail définie, son premier devoir est de la trouver par lui-même. . On a dit avec bonheur qu'au début du règne de la reine Victoria, en Angleterre, les jeunes hommes très occupés affectaient l'oisiveté, et qu'à la fin du règne, les jeunes gens vraiment oisifs faisaient semblant d'être occupés. A mon avis, une part disproportionnée de l'énergie anglaise prend des formes politiques, et il y a une dangereuse exagération dans la tendance dominante à combattre tous les abus sociaux et moraux par des lois du Parlement. Mais il existe une multitude d'autres domaines de travail, moins envahissants, adaptés à tous les degrés d'intelligence et à de nombreux types de caractère, dans lesquels les hommes qui possèdent le bien inestimable des loisirs peuvent trouver des domaines abondants et utiles pour l'exercice de leurs pouvoirs.

La rectification des jugements moraux est l'un des éléments les plus importants de la civilisation ; c'est de cela que dépend principalement la possibilité d'un progrès moral sur une grande échelle. Peu de choses pervertissent davantage les hommes que l'habitude de considérer comme enviables des personnes ou des qualités préjudiciables à la société. L'exemple le plus évident est l'admiration passionnée accordée à un brillant conquérant, souvent sans tenir compte de la justice de ses guerres et des motivations qui l'ont animé. Ce faux sentiment moral a acquis une telle force qu'une puissance militaire écrasante conduit presque certainement à une carrière ambitieuse. L'opinion publique pervertie en est la principale cause. La gloire, et non l'intérêt, est l'attrait, ou du moins cette dernière serait impuissante si elle n'était pas accompagnée de la première – si l'exécration de l'humanité suivait naturellement une agression sans scrupules.

Un autre exemple, à peine moins flagrant, du culte de faux idéaux se trouve dans la concurrence féroce du luxe et de l'ostentation qui caractérise les villes les plus riches d'Europe et d'Amérique. Il n'est pas exagéré de dire que lors d'un seul festival à Londres ou à New York, des sommes sont souvent dépensées dans l'ostentation la plus vaine et la plus éphémère qui aurait pu relancer l'industrie, ou éteindre le paupérisme, ou soulager les souffrances sur une vaste région. La question des dépenses de luxe est sans aucun doute une question de degré qui ne peut être réduite à une règle stricte, et nombreux sont ceux qui tenteront de justifier les dépenses les plus ostentatoires par l'emploi qu'elles procurent et par d'autres avantages accessoires qu'elles sont censées produire. Mais rien en économie politique n'est plus certain que les dépenses considérables et sans cesse croissantes consacrées au luxe de l'ostentation dans les sociétés modernes, en retirant de grandes masses de capital du travail productif, constituent un grave mal économique, et il n'existe probablement aucune autre forme de dépense qui, proportionnellement à son montant, donne si peu de plaisir réel et confère si peu de bien réel. Son mal en établissant des normes matérielles et basiques d'excellence, en stimulant les pires passions qui naissent d'un amour immodéré de la richesse, en ruinant beaucoup de ceux qui sont tentés par une compétition qu'ils sont incapables de soutenir, ne peut guère être surestimé. Cela se ressent dans tous les rangs en élevant le niveau des dépenses conventionnelles, en excluant de beaucoup de relations sociales beaucoup de ceux qui sont admirablement aptes à les orner, et en introduisant dans toute la société un ton plus bas et plus matériel. Ce ne sont pas non plus les seules conséquences. La richesse dépensée à multiplier et à élaborer des conforts réels, ou même à des plaisirs qui produisent une jouissance proportionnelle à leur coût, n'excitera jamais une indignation sérieuse. C'est le gaspillage colossal des moyens de bonheur humain dans les formes les plus égoïstes et les plus vulgaires de publicité et de compétition sociale qui donne une force et presque une justification aux passions anarchiques qui menacent tout l'avenir de notre civilisation. Ce sont de telles choses qui stimulent les haines de classe et approfondissent les divisions de classe, et si la loi de l'opinion n'intervient pas pour les réprimer, elles entraîneront un jour sur la société qui les encourage une rétribution signalée et bien méritée.

Un exemple plus connu, quoique probablement pas vraiment plus pernicieux, de faux idéaux se trouve dans la glorification du *demi-monde* , si frappante dans certaines sociétés et littératures. Dans un état d'opinion sain, l'apparition publique et ostentatoire de tels personnages, sans aucune dissimulation de leur caractère, dans le grand concours de la mode et parmi les notables de l'État, apparaîtrait comme un scandale intolérable, et cela devient bien pire lorsqu'ils donner le ton à la mode et devenir les centres et les modèles de sections larges et non négligeables de la société. Les maux découlant de cette glorification publique de la classe sont infiniment plus grands que les maux découlant de son existence. Le niveau de la morale populaire est dégradé. La tentation, sous sa forme la plus séduisante, est imposée aux natures inflammables, et la plus pernicieuse de toutes les leçons est enseignée aux femmes pauvres, honnêtes et travailleuses. Il est en effet merveilleux que, dans les sociétés où ce mal prévaut, tant de vertu existe encore parmi les femmes gracieuses et attirantes de la classe des commerçants et des servantes, alors qu'elles voient continuellement devant elles des membres de leur propre classe, en préférant le vice à la vertu, s'élevant aussitôt à la richesse, le luxe et l'oisiveté, et même considérés comme des objets d'admiration ou d'imitation.

Pour juger judicieusement le caractère des hommes, l'une des premières choses à faire est de comprendre leurs idéaux. Essayez de découvrir quel genre d'hommes ou de vie ; quelles qualités, quelles positions leur paraissent les plus désirables. Les hommes ne reconnaissent pas toujours pleinement leurs propres idéaux, car l'éducation et les conventions de la société les obligent à affirmer une préférence pour ce qui n'a en réalité aucune racine dans leur esprit. Mais par un examen attentif, il est généralement possible de déterminer quelles personnes, quelles qualités, quelles circonstances ou quels dons exercent sur eux un pouvoir magnétique authentique, spontané et s'ils accordent réellement une valeur suprême au rang, à la position, à l'argent, à la beauté, à l'intellect ou à la supériorité. de caractère. Si vous connaissez l'idéal d'un homme, vous avez obtenu une véritable clé de sa nature. Les grandes lignes de son caractère, les tendances permanentes de son imagination, sa noblesse ou sa mesquinerie essentielle, se révèlent ainsi plus efficacement que par tout autre moyen. Un homme avec des idéaux élevés, qui admire avec sagesse et noblesse, n'est jamais totalement vil, même s'il peut tomber dans de grands vices. Un homme qui adore les éléments les plus vils est en vérité un idolâtre, même s'il ne s'est jamais incliné devant une image de pierre.

L'esprit humain a bien plus de pouvoir pour distinguer le bien du mal, entre le vrai et le faux, que pour estimer avec exactitude la gravité relative de maux opposés. Il est presque toujours juste de juger entre le bien et le mal. Elle se trompe généralement dans l'estimation des degrés de culpabilité, et la racine de son erreur réside dans l'extrême difficulté de se mettre à la place de ceux dont les caractères ou les circonstances sont radicalement différents des nôtres. Ce manque d'imagination agit largement sur notre jugement de ce qui est bien comme de ce qui est mal. Peu d'hommes ont assez d'imagination pour réaliser des types d'excellence tout à fait différents des leurs. C'est cela, bien plus que la vanité, qui les amène à considérer comme les meilleurs les types d'excellence dont ils se rapprochent eux-mêmes, et les goûts et les habitudes qui sont tout à fait incongrus aux leurs comme futiles et méprisables. Il est peut-être le plus difficile de se rendre compte de la différence de caractère et surtout de sensibilité morale produite par une profonde différence de circonstances. Cette difficulté fausse en grande partie nos jugements sur le passé, et c'est la raison pour laquelle une imagination puissante, permettant de réaliser des personnages très divers et des circonstances très lointaines, est une des premières nécessités d'un grand historien. Les historiens tiennent rarement suffisamment compte de la mesure dans laquelle les jugements et les dispositions, même des meilleurs hommes, sont influencés par le ton moral de l'époque, de la société et de la profession dans laquelle ils vivaient. Il est cependant probable que, dans l'ensemble, nous estimons plus justement les caractères du passé que ceux du présent. Personne ne jugerait les actions de Charlemagne ou de ses contemporains selon les règles strictes de l'éthique du XIXe siècle. Nous pensons que même s'ils ont commis des crimes incontestables, ces crimes sont au moins indéfiniment moins odieux qu'ils ne l'auraient été dans les circonstances et l'atmosphère morale totalement différentes de notre époque. Pourtant, on applique rarement ce mode de raisonnement aux différentes couches d'une même société. Les hommes qui ont eux-mêmes été élevés au milieu de tout le confort et de toutes les influences moralisatrices et restrictives d'une société raffinée jugeront souvent les crimes des misérables parias de la civilisation comme si leurs actes n'étaient en rien atténués par leur position. Ils se disent : « Dans quelle mesure aurais-je été coupable si j'avais fait cela », et leur verdict est tout à fait juste selon cet exposé des faits. Ils réalisent la nature de l'acte. Ils ne parviennent absolument pas à se rendre compte du caractère et des circonstances de l'acteur.

Et pourtant, il n'est guère possible d'exagérer la différence entre la position d'un tel critique et celle des enfants de parents ivres, ignorants et débauchés, nés dans une pauvreté abjecte dans les bidonvilles de nos grandes villes. Dès leur plus tendre enfance, l'ivresse, le blasphème, la malhonnêteté, la prostitution, l'indécence sous toutes ses formes sont leurs expériences les plus familières. Toutes les influences sociales, telles qu'elles existent, sont des influences du vice. En grandissant, la vie ne leur semble offrir guère plus que l'alternative d'un travail dur, mal payé et en même temps précaire, aboutissant probablement à l'hospice, ou du crime avec ses gains plus grands et plus rapides, et ses intervalles. de plaisir grossier probablement, mais pas certainement, suivi de la prison ou d'une mort prématurée. Ils voient en effet, comme des personnages dans un rêve, ou comme des êtres d'un autre monde, les riches et les luxueux dépenser leur richesse et leur temps dans toutes sortes de jouissances, mais pour les très pauvres, le plaisir ne vient guère que sous la forme du palais du gin. ou peut-être le low music-hall. Et dans de nombreux cas, ils sont entrés dans cette atmosphère puante de tentation et de vice avec une nature avilie et affaiblie par une longue succession d'influences héréditaires vicieuses, avec une volonté faible, sans facultés d'esprit ou de caractère capables de répondre à une ambition saine ; avec de puissantes prédispositions innées au mal. La forme même de leurs traits, la forme même de leur crâne, les désigne comme des membres destinés à la classe criminelle. Même ici, il y a sans aucun doute une différence entre le bien et le mal ; il existe une marge pour l'action du libre arbitre ; il y a de justes causes d'éloge et de blâme, et la société se protège avec raison par des peines sévères contre les crimes les plus naturels ; mais quel juge humain peut dûment mesurer l'ampleur de la culpabilité morale ? ou quelle comparaison peut-on faire entre les crimes engendrés par de telles circonstances et ceux qui surgissent dans les foyers au confort raffiné et bien réglé ?

En fait, même dans ce dernier cas, un jugement vraiment précis n'est pas possible. Les hommes naissent au monde avec à la fois une volonté et des passions de force variable, bien que dans la vie adulte, la force ou la faiblesse de chacun soit largement due à sa propre conduite. Selon des caractères différents, la même tentation, opérant dans les mêmes circonstances extérieures, a une force extrêmement différente, et très peu d'hommes peuvent pleinement comprendre la force d'une passion qu'ils n'ont jamais eux-mêmes éprouvée. Pour reprendre une illustration que j'ai déjà utilisée, combien il est difficile pour un homme constitutionnellement sobre de se faire une conception adéquate de la force de la tentation de la boisson pour un dipsomane, ou pour un homme sans passion de concevoir correctement les tentations de la boisson. une nature profondément sensuelle ! J'ai parlé dans un chapitre précédent de la force avec laquelle les conditions corporelles agissent sur le bonheur. Leur influence sur les mœurs n'est pas moins terrible. Il est des maladies bien connues des médecins qui rendent habituellement irritable le caractère le plus placide ; donner un tour morbide aux dispositions les plus saines ; remplissez l'esprit le plus pur de pensées impies. Il y en a d'autres qui détruisent la force de la volonté la plus forte et enlèvent au caractère tout équilibre et toute maîtrise de soi. [23] Il arrive souvent que nous avons longtemps reproché à un homme des défauts manifestes de caractère jusqu'à ce qu'enfin le suicide, ou la révélation de quelque grave maladie physique ou mentale qui a longtemps fonctionné inaperçue, explique ses défauts et transforme notre blâme en pitié. . Dans la folie, le caractère moral tout entier est parfois inversé, et des tendances qui étaient endormies ou réprimées dans une vie saine deviennent soudainement suprêmes. Dans de tels cas, nous reconnaissons tous qu'il n'y a pas de responsabilité morale, mais la folie, avec ses illusions et ses pulsions irrésistibles, et l'idiotie avec sa suspension complète de la volonté et du jugement, ne sont ni l'une ni l'autre, comme le prétendent les juristes, des états clairement définis. , délimité par des frontières nettes et bien tranchées, totalement distinctes de la raison. Il y a des stades naissants ; il y a des approximations graduelles ; il existe des états crépusculaires entre la raison et la folie qui sont clairement reconnus non seulement par les experts mais par tous les hommes sagaces du monde. Il y en a beaucoup qui ne sont pas assez fous pour être enfermés, ou privés de la gestion de leurs propriétés, ou exemptés de peine s'ils ont commis un crime, mais qui, selon l'expression vulgaire et expressive, « ne sont pas tous là », dont les excentricités, les illusions et les caprices sont à la limite de la folie, dont les jugements sont désespérément désordonnés ; dont la volonté, bien que pas complètement atrophiée, est manifestement malade. En matière de propriété, en matière de crime, en matière de composition familiale, de telles personnes causent la plus grave perplexité, et aucun homme sage ne les jugera d'après les mêmes critères moraux que des natures bien équilibrées et bien développées.

La conclusion à tirer de tels faits n'est certainement pas que le libre arbitre et la responsabilité personnelle n'existent pas, ni que nous n'avons pas le pouvoir de juger les actes des autres et de faire la distinction entre nos semblables entre les bons et les mauvais. La véritable leçon est l'extrême faillibilité de nos jugements moraux chaque fois que nous tentons de mesurer les degrés de culpabilité. Parfois les hommes sont même injustes envers leur propre passé à cause de leur incapacité, dans leur âge, à se rendre compte de la force des tentations qu'ils ont éprouvées dans leur jeunesse. D'un autre côté, une connaissance accrue du monde tend à nous rendre plus sensibles aux vastes différences entre les circonstances morales des hommes, et donc moins confiants et plus indulgents dans nos jugements sur les autres. Il y a des hommes dont les cartes dans la vie sont si mauvaises, dont les tentations du vice, soit en raison des circonstances, soit en raison de leur caractère inné, semblent si accablantes que, même si nous pouvons les punir et, dans un certain sens, les blâmer, nous pouvons difficilement les considérer comme plus responsables. qu'une bête sauvage nuisible. Parmi les terribles réalités de la vie, aucune n'est en réalité plus terrible que celle-ci. Tout croyant au sage gouvernement du monde a dû parfois se rendre compte avec une force écrasante ou au moins stupéfiante des terribles injustices de la vie, comme le montrent les énormes différences dans la répartition du bonheur et de la misère imméritées. Mais la disparité des circonstances morales n'est pas moindre. Cela a ébranlé la foi de beaucoup. Cela a même conduit certains à rêver d'un paradis possible pour les vicieux, où ceux qui naissent dans le monde avec une constitution physique les rendant féroces ou cruels, ou sensuels, ou lâches, pourraient être libérés de la nature qui était la cause de leur le vice et leurs souffrances sur terre ; où l'on peut dûment tenir compte des différences de circonstances qui ont plongé un homme de plus en plus profondément dans le crime et permis à un autre, qui n'était ni vraiment meilleur ni pire, de traverser la vie sans défaut grave et de s'élever de plus en plus haut. dans l'échelle morale.

Cependant, imparfait, tout comme notre pouvoir de juger les autres, c'est un pouvoir que nous sommes tous obligés d'exercer. Il est impossible d'exclure du code pénal et de l'administration de la justice les considérations de culpabilité morale et de circonstances atténuantes ou aggravantes, bien qu'on ne puisse pas soutenir trop clairement que le code criminel n'a pas la même extension que le code moral et que de nombreux les choses profondément immorales dépassent sa portée. Dans l'ensemble, elle devrait être limitée autant que possible aux actes par lesquels des hommes causent directement un préjudice à autrui. Dans le cas des hommes adultes, les vices privés, vices par lesquels personne n'est directement affecté que par sa propre volonté, et dans lesquels les éléments de force ou de fraude ne sont pas présents, ne doivent pas être mis à sa portée. Cet idéal, il est vrai, ne peut être pleinement atteint. Le législateur doit tenir compte de la forte pression de l'opinion publique. Il est parfois vrai qu'une loi pénale peut arrêter, restreindre ou empêcher la renaissance de quelque vice privé sans produire aucun mal compensateur. Mais la présomption est contre toutes les lois qui punissent les actes volontaires des hommes adultes lorsque ces actes ne nuisent qu'à eux-mêmes. La censure sociale, ou jugement d'opinion, va à juste titre beaucoup plus loin, bien qu'elle repose souvent sur une connaissance ou une réalisation très imparfaite. Il est probable que, dans l'ensemble, l'opinion juge trop sévèrement les crimes passionnels et de boisson, ainsi que ceux qui naissent de la pression d'une grande pauvreté et s'accompagnent d'une grande ignorance. Les causes de l'anarchie domestique sont généralement d'une nature si intime et impliquent tellement d'éléments d'aggravation ou de palliation inconnus ou imparfaitement compris que, dans la plupart des cas, moins les hommes tentent de les juger, mieux c'est. D'un autre côté, l'opinion publique est généralement beaucoup trop indulgente lorsqu'il s'agit de juger les crimes d'ambition, de cupidité, d'envie, de malveillance et d'égoïsme insensible ; les crimes liés aux richesses mal acquises et mal utilisées, en particulier dans les nombreux cas où ces crimes restent impunis par la loi.

C'est un simple lieu commun de la morale que, dans la voie du mal, c'est le premier pas qui coûte le plus cher. La honte, la répugnance et le remords qui accompagnent le premier crime s'estompent rapidement, et à chaque répétition l'habitude du mal se renforce. Un processus du même genre passe outre nos jugements. Peu de choses sont plus curieuses que d'observer comment l'œil s'adapte à une nouvelle mode vestimentaire, si inconvenante soit-elle ; avec quelle rapidité les hommes, ou du moins les femmes, adopteront un nouveau standard artificiel et admireront ou blâmeront instinctivement et inconsciemment selon ce standard et non selon un véritable sens de la beauté ou l'inverse. Peu de personnes, aussi purs que soient leurs goûts naturels, peuvent vivre longtemps dans un environnement vulgaire et vulgarisant sans perdre quelque chose de la délicatesse de leur goût et sans apprendre à accepter, sinon avec plaisir, du moins avec acquiescement, des choses dont, en d'autres circonstances, elles aurait reculé. De la même manière, les individus et les sociétés ne s'adaptent que trop facilement à des niveaux moraux inférieurs, et une vigilance constante est nécessaire pour détecter les formes ou les directions dans lesquelles le caractère individuel et national se détériore insensiblement.

NOTE DE BAS DE PAGE:

[23] Voir Ribot, *Les Maladies de la Volonté*, pp. 92, 116-119.

CHAPITRE VII

Il est impossible à un médecin de prescrire un régime rationnel à un malade s'il n'a pas formé une conception claire de la nature de sa constitution et des influences morbides auxquelles elle est sujette ; et en jugeant de la sagesse des diverses propositions concernant la gestion du caractère, nous sommes immédiatement confrontés à la controverse initiale sur la bonté ou la dépravation de la nature humaine. C'est un sujet sur lequel des exagérations extrêmes ont prévalu. L'école de Rousseau, qui dominait le continent dans la seconde moitié du XVIIIe siècle, représentait l'humanité comme un être qui naît essentiellement bon, et attribuait tous les maux moraux du monde, non à des tendances innées au vice. mais à la superstition, aux institutions vicieuses, à une éducation trompeuse, à une société mal organisée. C'est une critique évidente que si la nature humaine avait été aussi bonne que ces écrivains l'imaginaient, ces influences corrompues et corruptrices n'auraient jamais pu se développer, ou du moins n'auraient jamais pu obtenir une influence dominante, et cette philosophie a été grandement discréditée lorsque la Révolution française. , qu'elle a tant contribué à produire, s'est terminée par les horreurs indescriptibles du règne de la Terreur et par le gigantesque carnage des guerres napoléoniennes. D'un autre côté, il existe de grandes écoles de théologiens qui représentent l'homme comme totalement et fondamentalement dépravé, « né dans la corruption, enclin au mal, incapable par lui-même de faire le bien » ; totalement détruit et ruiné en tant qu'être moral par la catastrophe d'Eden. Il existe également des philosophes moraux – généralement très étrangers à la théologie – qui nient ou expliquent tous les éléments désintéressés de la nature humaine, représentent l'homme comme simplement gouverné par l'intérêt personnel et soutiennent que tout l'art de l'éducation et du gouvernement consiste en un arrangement judicieux de des motivations égoïstes, faisant coïncider les intérêts de l'individu avec ceux de ses voisins. Il n'est pas exagéré de dire que la société n'aurait jamais pu subsister si cette vision de la nature humaine avait été juste. Le monde aurait été comme une cage pleine de bêtes sauvages, et l'humanité aurait rapidement péri dans une guerre intestine constante.

C'est en effet l'un des faits les plus évidents de la nature humaine qu'une telle vision de l'humanité soit fausse. La jalousie, l'envie, les animosités et l'égoïsme jouent sans doute un grand rôle dans la vie et se déguisent sous bien des formes spécieuses, et le moraliste cynique n'avait pas tout à fait tort lorsqu'il déclarait que « la vertu n'irait pas si loin si la vanité ne lui tenait compagnie ». » et que non seulement nos crimes, mais même nombre de ce qui est considéré comme nos meilleurs actes peuvent être attribués à des motifs égoïstes. Mais il doit avoir eu une expérience étrangement malheureuse du monde qui ne reconnaît pas l'énorme exagération des images de la nature humaine que véhiculent certaines maximes de La Rochefoucauld et de Schopenhauer. On nous dit que l'amitié est un simple échange d'intérêts dans lequel chacun ne cherche qu'à gagner quelque chose de l'autre ; que la plupart des femmes ne sont pures que parce qu'elles ne sont pas tentées et regrettent que la tentation ne se présente pas ; que si nous reconnaissons quelques défauts, c'est pour nous persuader que nous n'en avons pas de plus grands, ou pour, par notre aveu, regagner la bonne opinion de nos voisins ; que si nous louons un autre, c'est simplement pour que nous puissions à notre tour être loués ; que les larmes que nous versons sur un lit de mort, si ce ne sont pas des larmes hypocrites destinées uniquement à impressionner nos voisins, ne sont dues qu'à notre conviction d'avoir nous-mêmes perdu une source de plaisir ou de gain ; que l'envie prédomine tellement dans le monde que seuls les hommes d'intelligence inférieure ou les femmes de beauté inférieure sont sincèrement aimés de leur entourage ; que toute vertu est un calcul égoïste, conscient ou inconscient.

De telles vues sont au moins aussi éloignées de la vérité que les tableaux rosés de Rousseau et de Saint-Pierre. Personne ne peut regarder le monde d'un œil sain sans percevoir l'énorme quantité de bienveillance désintéressée et altruiste qui l'imprègne ; les innombrables vies qui sont passées non seulement de manière inoffensive et inoffensive, mais aussi dans l'accomplissement constant de leurs devoirs ; dans un travail constant et souvent pénible pour le bien des autres. La meilleure section de l'école utilitariste a pleinement reconnu la vérité selon laquelle la nature humaine est ainsi constituée qu'une grande partie de sa jouissance dépend de la sympathie ; ou, en d'autres termes, sur le pouvoir que nous possédons d'entrer et de partager le bonheur des autres. Le spectacle de la souffrance suscite naturellement la compassion. La gentillesse produit naturellement de la gratitude. Les sympathies des hommes penchent naturellement du côté des bons plutôt que du côté des méchants. Cela est vrai non seulement des choses qui nous concernent immédiatement, mais aussi des jugements parfaitement désintéressés que nous portons sur les événements de l'histoire ou sur les personnages de fiction et de poésie. Les grandes démonstrations d'héroïsme et d'abnégation touchent une véritable corde sensible de l'enthousiasme. Les affections du milieu domestique sont la règle et non l'exception ; le patriotisme peut susciter de grands élans de générosité purement désintéressée et inciter des multitudes à risquer ou à sacrifier leur vie pour des causes qui sont tout autres que leurs propres intérêts égoïstes. La nature humaine a en effet ses besoins moraux aussi bien que physiques, et cherche naturellement et instinctivement un objet d'intérêt et d'enthousiasme en dehors d'elle.

Si nous examinons à nouveau les vices et les péchés qui défigurent sans aucun doute le monde, nous trouverons de nombreuses raisons de croire que ce qui est exceptionnel dans la nature humaine n'est pas la mauvaise tendance mais la conscience qui la retient, et que c'est principalement la faiblesse de la qualité typiquement humaine. c'est là l'origine du mal. Il est en effet impossible, avec les connaissances que nous possédons aujourd'hui, de refuser aux animaux une certaine mesure à la fois de raison et de sens moral. En plus des instincts supérieurs d'affection et de dévotion parentales qui sont si clairement développés, nous trouvons chez certains animaux des signes incontestables de remords, de gratitude, d'affection, d'abnégation. Même le point d'honneur qui attache la honte à certaines choses et l'orgueil à d'autres peut être clairement distingué. Personne qui a observé le chien le plus intelligent ne peut remettre en question cela, et beaucoup soutiendront que chez certains animaux, bien que les qualités et les mauvaises qualités soient moins largement développées que chez l'homme, la proportion du bien par rapport au mal est plus favorable chez l'animal. que chez l'homme. En même temps, dans le monde animal, le désir est généralement suivi sans aucune autre contrainte que la peur, tandis que chez l'homme, il est largement, quoique sans doute très imparfaitement, limité par la maîtrise morale de soi. La plupart des crimes ne proviennent pas de quelque chose de mauvais dans le désir originel et primordial, mais de l'imperfection de cet élément supérieur, distinct ou surajouté dans notre nature. Les crimes de malhonnêteté et d'envie, lorsqu'ils sont dûment analysés, ont pour base simplement un désir du désirable – un sentiment naturel et inévitable. Ce qui manque, c'est la retenue qui pousse les hommes à s'abstenir de prendre ou d'essayer de prendre des choses désirables qui appartiennent à autrui. Les défauts sensuels naissent d'une impulsion parfaitement naturelle, mais la retenue qui confine l'action de cette impulsion à des circonstances définies fait défaut. Une grande partie aussi de l'insensibilité et de la dureté du monde est due à un simple manque d'imagination qui nous empêche de réaliser adéquatement les souffrances des autres. Les sentiments prédateurs, envieux et féroces qui troublent l'humanité opèrent sans retenue dans le monde animal, bien que l'intelligence supérieure de l'homme donne à ses désirs un caractère spécial et une portée considérablement accrue, et les introduit dans des sphères inconcevables pour l'animal. Les désirs immodérés et incontrôlés sont à l'origine de la plupart des crimes humains, mais en même temps, la retenue qui limite le désir, ou la recherche de soi, par les droits d'autrui, semble être principalement, mais pas entièrement, la prérogative de l'homme.

Des considérations de ce genre suffisent à remédier à l'extrême exagération de la corruption humaine que l'on entend souvent entendre, mais elles ne sont pas incompatibles avec la vérité selon laquelle la nature humaine est si dépravée qu'elle ne peut jamais être laissée se développer sans entrave sans une législation et une protection sociale fortes. retenue. Il n'est pas nécessaire de chercher des exemples de sa dépravation dans l'enceinte d'une prison ou dans les nombreux exemples que l'on peut trouver en dehors de la population criminelle de souillures morales morbides qui sont souvent aussi clairement marquées qu'une maladie physique. À grande échelle et dans les actions de grands groupes d'hommes, la triste vérité se manifeste abondamment. Dans l'ensemble, le christianisme a bien mieux réussi à influencer les individus que les sociétés. Le simple spectacle d'un champ de bataille avec la masse effroyable de souffrances hideuses infligées délibérément et ingénieusement par l'homme à l'homme devrait suffire à disperser toutes les images idylliques de la nature humaine. C'était autrefois la coutume d'une grande école d'écrivains d'attribuer les guerres injustes uniquement aux dirigeants du monde, qui, pour leurs propres ambitions égoïstes, sacrifiaient sans pitié la vie de dizaines de milliers de leurs sujets. Leur culpabilité a été très grande, mais ils n'auraient jamais poursuivi la voie d'une conquête ambitieuse si les applaudissements des nations ne les avaient pas suivis et encouragés, et rien n'indique que la démocratie, qui a intronisé les masses, ait une réelle tendance à diminuer. guerre.

À l'époque moderne, le danger de guerre réside moins dans les intrigues des hommes d'État que dans les jalousies et antipathies internationales profondément ancrées ; dans des explosions soudaines et volcaniques de passion populaire. Après dix-huit cents ans de profession de foi de paix, la chrétienté est un camp armé. Jamais, ou presque jamais, en temps de paix, les simples préparatifs de guerre n'avaient absorbé une proportion aussi grande de sa population et de ses ressources, et très rarement une part aussi grande de ses capacités a été principalement employée à inventer et à perfectionner des instruments de destruction. Ceux qui regarderont le monde sans illusion seront obligés d'admettre que les principales garanties de sa paix résident bien moins dans des motivations morales que dans des motivations purement égoïstes. Les embarras financiers des grandes nations ; leur profonde méfiance les uns envers les autres ; le coût énorme de la guerre moderne ; les gigantesques désastres commerciaux que cela entraîne inévitablement ; l'extrême incertitude de son issue ; la ruine totale qui peut suivre la défaite – telles sont les véritables influences qui retiennent les passions du tigre et les désirs avares de l'humanité. C'est aussi un des avantages qui accompagnent les nombreux maux du service universel, que les grandes armées de citoyens qui, en temps de guerre, sont retirées de leurs foyers, de leurs familles et de leurs occupations pacifiques, n'ont pas la même soif de se battre qui grandit parmi les hommes purement militaires. des soldats de métier, engagés volontairement et faisant toute leur carrière de la vie militaire. Pourtant, malgré tout cela, quelle confiance pourrait-on placer dans la patience des nations chrétiennes si la voie de l'agression était à la fois facile, lucrative et sûre ? Les jugements des nations face aux agressions de leurs voisins sont, il est vrai, très différents de ceux qu'ils portent sur les agressions de leurs propres hommes d'État ou pour leur propre bénéfice. Mais aucune grande nation n'est irréprochable, et il n'y a probablement aucune nation qui ne pourrait rapidement attraper l'infection de l'esprit guerrier si un conquérant et quelques victoires splendides obscurcissaient, comme c'est presque toujours le cas, les enjeux moraux de la lutte.

La guerre, il est vrai, n'est pas toujours ni totalement mauvaise. Parfois, c'est justifiable et nécessaire. Parfois, cela est prétendument et en partie réellement dû à une forte vague de sentiment philanthropique produite par de grands actes répréhensibles, bien que de toutes les formes de philanthropie, c'est celle qui se détruit le plus naturellement. Même lorsqu'elle est injustifiable, elle met en action de splendides qualités de courage, d'abnégation et d'endurance qui jettent un glamour éblouissant et trompeur sur ses horreurs et sa criminalité. Il fait aussi appel, par-dessus tout, à ce besoin d'excitation, d'aventure et de danger qui est un élément essentiel et impérieux de la nature humaine et qui, bien qu'il ne soit en soi ni une vertu ni un vice, se mêle puissamment à certains de ses aspects. les meilleures comme certaines des pires actions de l'humanité. Il est en effet étrange de constater combien d'hommes de tous âges ont été prêts à risquer ou à sacrifier leur vie pour des causes qu'ils n'ont jamais clairement comprises et qu'il leur serait difficile de décrire avec des mots simples.

Mais la quantité de malveillance pure et presque spontanée dans le monde est probablement bien plus grande que ce que nous imaginons à première vue. Dans la vie publique, les rouages de cet aspect de la nature humaine sont à la fois révélés et agrandis, comme les figures projetées par une lanterne magique sur un écran, à une échelle qu'il est impossible de négliger. Personne, par exemple, ne peut étudier la presse anonyme sans se rendre compte à quel point une grande partie de celle-ci est employée systématiquement, constamment et délibérément à entretenir les haines de classe, de race ou internationales, et souvent à faire circuler des mensonges pour atteindre ce but. Il est notoire que de nombreux journaux dépendent pour leur existence de tels appels et, plus que tout autre instrument, ils attisent et perpétuent les animosités permanentes qui mettent le plus en danger la paix de l'humanité. Le fait que ces journaux deviennent dans de nombreux pays la lecture principale et presque exclusive des pauvres constitue la déduction la plus grave de la valeur de l'éducation populaire. Combien de livres ont atteint la popularité, combien de sièges au Parlement ont été conquis, combien de postes d'influence et de profit ont été atteints, combien de victoires de parti ont été remportées, en faisant appel à de telles passions ! Souvent, ils se déguisent sous les noms nobles de patriotisme et de nationalité, et des hommes dont toute leur vie a été consacrée à semer des haines de classe et à diviser des nations apparentées se font passer pour des patriotes et ont joué un rôle non négligeable sur la scène politique. . La sédition profondément enracinée, les haines de classe et nationales féroces qui parcourent la vie européenne auraient une intensité très différente de celle qu'elles ont malheureusement aujourd'hui si elles n'avaient pas été artificiellement stimulées et entretenues pour des motifs purement égoïstes par des démagogues, des aventuriers politiques et des écrivains publics. .

Certains des actes les plus pires dont l'homme puisse se rendre coupable sont des actes qui sont généralement épargnés par la loi et à peine censurés par l'opinion. Parmi eux, les crimes politiques qu'un sentiment faux et maladif cautionne si volontiers sont particulièrement remarquables. Des hommes qui ont joué pour la richesse et le pouvoir avec la vie et la fortune de multitudes ; des hommes qui, pour leur ambition personnelle, sont prêts à sacrifier les intérêts les plus vitaux de leur pays ; les hommes qui, en période de grand danger et d'excitation nationale, lancent délibérément mensonge sur mensonge dans la presse publique, avec la conviction bien fondée qu'ils accompliront leur mauvaise œuvre avant de pouvoir être contredits, peuvent être accueillis sans vergogne et presque sans censure, dans les parlements et salons. La quantité de fausses déclarations dans le monde qui ne peuvent être attribuées à une simple négligence, à une inexactitude ou à une exagération, mais qui sont manifestement à la fois délibérées et malveillantes, ne peut guère être surestimée. Parfois, cela est dû au simple désir de créer une sensation lucrative, ou de satisfaire une aversion personnelle, ou même à une malveillance non provoquée qui prend plaisir à infliger de la douleur.

Très souvent, il est destiné à des fins de stockjob. Le monde financier en est imprégné. C'est la méthode courante pour augmenter ou déprécier les titres, attirer les investisseurs, s'attaquer aux ignorants et aux crédules, et permettre aux hommes malhonnêtes d'accéder rapidement à la fortune. Lorsque la perspective d'une richesse rapide est en vue, il y en a toujours un grand nombre qui sont parfaitement préparés à suivre des voies entraînant la ruine totale de multitudes, mettant en danger les intérêts internationaux les plus sérieux, et peut-être attirant sur le monde toutes les calamités de la guerre. Il est sans aucun doute vrai que ces hommes ne constituent qu'une minorité, mais il est moins certain qu'ils le seraient si la possibilité d'obtenir des richesses soudaines par des moyens immoraux était ouverte à tous, et ce n'est pas une petite minorité qui a l'habitude de tolérer ces crimes quand ils ont réussi. On peut se demander si les plus grands criminels se trouvent entre les murs des prisons. La malhonnêteté à petite échelle trouve presque toujours sa punition. La malhonnêteté à une échelle gigantesque s'échappe continuellement. Le pickpocket et le cambrioleur manquent rarement de subir leur châtiment mérité, mais dans la gestion des entreprises, dans les grands domaines de l'entreprise industrielle et de la spéculation, des fortunes gigantesques sont acquises par la ruine de multitudes et par des méthodes qui, bien qu'elles échappent aux sanctions légales. , sont essentiellement frauduleux. Dans la majorité des cas, ces crimes sont perpétrés par des hommes instruits qui possèdent tout le nécessaire, la plupart des commodités et de nombreux luxes de la vie, et certains des pires d'entre eux sont puissamment favorisés par les conditions de vie. civilisation moderne. Il n'y a pas de plus grand scandale ou de plus grand mal moral à notre époque que la facilité avec laquelle l'opinion publique les excuse, et l'influence et la position sociale qu'elle accorde à la simple richesse, même lorsqu'elle a été acquise par une malhonnêteté notoire ou lorsqu'elle est dépensée avec un égoïsme absolu. ou d'une manière positivement démoralisante. A bien des égards, le progrès moral de l'humanité me paraît incontestable, mais il est extrêmement douteux qu'à cet égard la moralité sociale, surtout en Angleterre et en Amérique, n'ait pas sérieusement rétrogradé.

En vérité, bien que nier l'immense quantité de bonté authentique, d'abnégation et même d'héroïsme qui existe dans le monde constitue une diffamation grossière envers la nature humaine, il est tout aussi vain de nier la déplorable faiblesse de la retenue, la grande force et l'influence généralisée des passions purement mauvaises dans les affaires des hommes. La méfiance à l'égard du caractère humain que l'expérience de la vie tend à produire est une des principales causes du conservatisme qui se renforce si souvent avec l'âge. On estime de plus en plus que toutes les contraintes imposées par la loi, la coutume et la religion sont essentielles pour maintenir ensemble dans une coopération pacifique les éléments de la société, et les hommes apprennent à considérer avec une tolérance croissante à l'égard des institutions et des opinions qui ne peuvent résister à l'épreuve. de raison pure et peuvent être largement mêlés à des illusions si seulement elles approfondissent les meilleures habitudes et donnent une force supplémentaire aux contraintes morales. Ils apprennent également à apprécier le danger de placer leurs idéaux trop haut et de s'efforcer d' imposer des lignes de conduite bien au-dessus du niveau moyen de la bonté humaine. De telles tentatives, lorsqu'elles prennent la forme d'une action coercitive, ne manquent rarement de produire un recul très préjudiciable à la morale. Dans ce domaine comme dans tous les autres, l'importance du compromis dans la vie pratique est l'une des grandes leçons que l'expérience enseigne.

CHAPITRE VIII

L'expression compromis moral sonne mal et soulève des questions d'éthique pratique qui sont très difficiles et très dangereuses, mais ce sont des questions auxquelles, consciemment ou inconsciemment, chacun est obligé de s'attaquer. Les contrastes entre la rigidité des formules théologiques et la vie réelle sont à ce sujet très grands, bien que dans la pratique, et par les nombreuses subtilités ingénieuses qui constituent la science de la casuistique, de nombreux théologiens aient tenté de les éluder. Un passage saisissant de la plume du cardinal Newman mettra ces contrastes en pleine lumière. « L'Église soutient, écrit-il, qu'il vaudrait mieux que le soleil et la lune tombent du ciel, que la terre s'effondre et que les millions de personnes qui s'y trouvent meurent de faim dans les pires souffrances, dans la mesure où l'affliction temporelle va, que cette âme, je ne dirai pas, devrait être perdue, mais devrait commettre un seul péché véniel, devrait dire un mensonge volontaire, même si cela n'a fait de mal à personne, ou voler un pauvre sou sans excuse. [24]

Il n'est certainement pas exagéré de dire qu'une telle doctrine entraînerait des conséquences absolument incompatibles avec toute vie en dehors d'un ermitage ou d'un monastère. Cela toucherait la racine de toute civilisation, et bien que beaucoup soient prêts à lui donner leur assentiment formel, aucun être humain n'y croit réellement avec le genre de croyance qui devient une influence directrice dans la vie. J'ai insisté sur ce sujet dans un autre livre, et je puis répéter ici quelques lignes que j'écrivais alors. Si « un péché incontestable, même le plus insignifiant, est une chose dans son essence et dans ses conséquences si indescriptiblement terribles que plutôt que de le commettre, il vaudrait mieux endurer toute calamité qui n'entraîne pas de péché », même si la race humaine tout entière devait périr dans les angoisses, il est évident que l'objectif suprême de l'humanité devrait être l'absence de péché, et il est également évident que le moyen d'y parvenir est la suppression absolue des désirs. Élargir le cercle des besoins, c'est nécessairement multiplier les tentations et donc augmenter le nombre des péchés. Aucun avantage matériel et intellectuel, aucun accroissement du bonheur humain, aucune atténuation des souffrances ou de la tristesse de la vie humaine ne peuvent, selon cette théorie, être autre chose qu'un mal s'ils ajoutent, même dans le plus petit degré ou de la manière la plus accidentelle, au bien-être de l'homme. les péchés qui sont commis. « Un souverain, lorsqu'il calcule les conséquences d'une guerre, doit réfléchir qu'un seul péché occasionné par cette guerre, un seul blasphème contre un soldat blessé, le vol d'un seul poulailler, la violation de la pureté d'une seule femme est une calamité plus grande que la ruine de tout le commerce de sa nation, la perte de ses provinces les plus précieuses, la destruction de toute sa puissance. Il doit croire que le mal que représente l'augmentation de l'impudicité qui résulte invariablement de la formation d'une armée est une calamité infiniment plus grande que n'importe quel désastre national ou politique que l'armée peut éventuellement éviter. Il doit croire que les épidémies et les famines les plus effrayantes qui désolent son pays doivent être considérées comme un sujet de joie si elles n'ont que l'influence la plus faible et la plus passagère dans la répression du vice. Il doit croire que si l'agglomération de son peuple dans les grandes villes n'ajoute qu'un seul au nombre de ses péchés, aucun avantage intellectuel ou matériel possible ne peut empêcher que la construction de villes ne soit une calamité effroyable. D'après ce principe, toute élaboration de la vie, tout divertissement qui rassemble des multitudes, presque tout art, tout accès de richesse, qui éveille ou stimule les désirs, est un mal, car tout cela devient la source de certains péchés, et leurs avantages sont pour le en grande partie purement terrestre.

Des considérations de ce genre, si elles sont dûment prises en compte, mettent clairement en évidence le manque de sincérité et l'irréalité d'une grande partie de nos croyances professées. Il est peu probable qu'un homme sensé désire supprimer les jours fériés simplement parce qu'ils sont l'occasion d'un nombre considérable de cas d'ivresse qui, autrement, n'auraient pas eu lieu. Aucun législateur humain n'hésiterait à les supprimer si elles provoquaient un nombre égal de morts ou d'autres grandes calamités physiques. Cette manière de mesurer l'importance relative des choses n'est pas incompatible avec une reconnaissance générale du fait qu'il existe de nombreux divertissements qui produisent une quantité de mal moral qui contrebalance leurs avantages en tant que sources de plaisir, ni avec la grande vérité selon laquelle le moral est la source du plaisir. plus élevé et devrait être la partie dirigeante de notre être. Mais les réalités de la vie ne peuvent être mesurées par des formules théologiques rigides. La vie est une scène dans laquelle différents types d'intérêts non seulement se mélangent, mais se modifient et, dans une certaine mesure, s'équilibrent les uns les autres, et elle ne peut se réaliser que par des compromis constants dans lesquels les lignes de définition sont rarement très clairement marquées et dans lesquelles même l'intérêt le plus élevé ne doit pas entièrement absorber ou supplanter les autres. Nous avons affaire à de bons principes qui ne peuvent pas être poussés jusqu'à leurs pleins résultats logiques ; avec des normes variables qui ne peuvent être soumises à une loi inflexible.

Prenons, par exemple, les nombreuses contrevérités que prescrivent les courtoisies conventionnelles de la société. Certaines d'entre elles sont si purement phraséologiques qu'elles ne trompent personne. D'autres servent principalement à une dissimulation courtoise, comme lorsqu'ils nous permettent de refuser une demande ou de décliner une invitation ou une visite sans révéler si la réticence ou l'incapacité en est la cause. Ensuite, il y a les mensonges à des fins utiles. Peu d'hommes reculeraient devant un mensonge qui était le seul moyen de sauver un patient d'un choc qui entraînerait probablement sa mort. Personne, je suppose, n'hésiterait à tromper un criminel si aucun autre moyen ne pouvait l'empêcher de commettre un crime. Il existe également des cas de suppression de ce que nous croyons être vrai et d'acquiescement tacite ou ouvert à ce que nous croyons être faux, alors qu'une divulgation complète et véridique de nos propres croyances pourrait détruire le bonheur des autres ou renverser des croyances qui sont évidemment nécessaires à leur bien-être moral. Des cas de ce genre se produiront continuellement dans la vie, et un homme bon qui traite chaque cas au fur et à mesure qu'il se présente n'aura probablement pas de grandes difficultés à diriger sa route. Mais les lignes vagues et fluctuantes du compromis moral ne peuvent, sans grave danger moral, être réduites à des règles fixes à appliquer dans toutes leurs conséquences logiques. Les pages immortelles de Pascal suffisent pour montrer jusqu'où la doctrine selon laquelle la fin justifie les moyens a été poussée par les casuistes de l'Église dont le cardinal Newman était un si grand ornement.

Un champ vaste et difficile de compromis moral s'ouvre dans le cas de la guerre, qui implique nécessairement une suspension complète de grandes parties de la loi morale. Ce n'est pas seulement le cas dans les guerres injustes ; cela s'applique également, bien qu'à un moindre degré, à ceux qui sont les plus nécessaires et les plus justes. La guerre n'est pas, et ne pourra jamais être, l'accomplissement sans passion d'un devoir douloureux. Il est dans son essence, et c'est une condition principale de son succès, d'allumer parmi de grandes masses d'hommes des passions destructrices et combatives, des passions aussi féroces et aussi malveillantes que celle avec laquelle le chien chasse le renard jusqu'à sa mort. ou bien le tigre se jette sur sa proie. La destruction est l'une de ses principales fins. La tromperie est l'un de ses principaux moyens, et l'un des grands arts d'un général habile est de tromper pour détruire. Quels que soient les autres éléments qui peuvent se mêler à la guerre et lui donner de la dignité, cela du moins n'est jamais absent ; et aussi réticents que soient les hommes à entrer dans la guerre, aussi consciencieusement qu'ils s'efforcent de l'éviter, ils doivent savoir que lorsque la scène du carnage s'est ouverte, ces choses doivent être non seulement acceptées et tolérées, mais stimulées, encouragées et applaudies. Il serait difficile de concevoir une disposition plus éloignée de la morale de la vie ordinaire, sans parler des idéaux chrétiens, que celle avec laquelle les soldats les plus animés du feu et de la passion qui conduisent à la victoire se précipitent pour frapper l'ennemi à la baïonnette.

En effet, la guerre, absolument indispensable à notre stade actuel de civilisation, a sa propre morale, très différente de celle de la vie paisible. Pourtant, il existe peu de domaines dans lesquels, sous l'influence de motivations morales, de plus grands changements ont été opérés. Au début de l'histoire de l'humanité, c'était simplement une question de pouvoir. Il n'y a pas de distinction entre la piraterie et la guerre régulière, et les incursions dans un État voisin sans provocation et dans le seul but de pillage n'entraînent aucun blâme moral. Porter en esclavage les habitants d'un pays conquis ; massacrer toute la population d'une ville assiégée ; détruire sur de vastes étendues chaque ville, village et maison, et mettre à mort chaque prisonnier, figuraient parmi les incidents ordinaires de la guerre. Ces choses se faisaient sans reproche dans les meilleures époques de la civilisation grecque et romaine. Dans bien des cas, ni l'âge ni le sexe n'ont été épargnés ! [25] À Rome, le général vaincu fut étranglé ou mourut de faim dans la prison Mamertine. Des dizaines de milliers de captifs furent condamnés à périr dans des spectacles de gladiateurs. Jules César, dont la clémence a été tant vantée, « exécuta tout le sénat des Vénètes ; permis un massacre des Usipètes et des Tencteri ; vendu comme esclaves 40 000 indigènes de Genabum ; et il a coupé la main droite à tous les braves hommes dont le seul crime était d'avoir tenu jusqu'au bout contre lui leur ville d'Uxellodunum. [26] Aucun massacre dans l'histoire n'est plus terrible que celui qui eut lieu à Jérusalem sous le général qui était appelé « le délice du genre humain », et lorsque le dernier spasme de résistance eut cessé, Titus envoya des captifs juifs, hommes et femmes. femelles, par milliers, dans les amphithéâtres de province pour être dévorées par les bêtes sauvages ou abattues comme gladiateurs.

Pourtant, dès une période très ancienne, des lignes ont été tracées pour former un code de morale militaire clair, quoique quelque peu arbitraire. En Grèce, une large distinction était faite entre les guerres contre les États grecs et contre les Barbares, ces dernières étant considérées comme presque hors du champ de la considération morale. C'est une distinction qui, en réalité, n'était pas très différente de celle que les nations chrétiennes ont continuellement faite en pratique entre les guerres à l'intérieur des frontières de la chrétienté et les guerres avec des nations sauvages ou païennes. Les moralistes grecs, et peut-être encore plus romains, ont beaucoup écrit sur les justes causes de la guerre. Beaucoup d'entre eux condamnent toutes les guerres injustes, agressives, voire inutiles. Certains d'entre eux insistent sur le devoir des États de s'efforcer toujours, par des conférences, ou même par des arbitrages, d'éviter la guerre, et bien que ces préceptes, comme ceux correspondants des religieux chrétiens, aient été souvent violés, ils n'étaient certainement pas sans quelque influence sur les affaires. Il n'est sans doute pas exagéré de dire qu'à cet égard les guerres romaines ne se comparent pas défavorablement à celles des périodes chrétiennes. Il est remarquable de constater combien une grande partie des meilleurs ouvrages chrétiens sur l'éthique de la guerre repose sur les préceptes de moralistes païens, et bien que dans l'Antiquité comme dans les temps modernes la véritable cause de la guerre était souvent très différente des prétextes, le sens de la justice en temps de guerre était aussi clairement marquée à l'époque romaine que dans la plupart des périodes chrétiennes. [27]

Une grande importance a été accordée à l'obligation d'une déclaration formelle de guerre précédant les hostilités. Polybe mentionne la réprobation qui fut attachée en Grèce aux Étoliens pour avoir négligé cette coutume. C'était universel à l'époque romaine et, à l'époque médiévale, la coutume consistant à lancer un défi à la puissance ennemie était soigneusement observée. Dans les temps modernes, les déclarations formelles de guerre sont devenues largement obsolètes. Les hostilités entre l'Angleterre et l'Espagne sous Elizabeth et l'invasion de l'Allemagne par Gustave Adolphe ont commencé sans une telle déclaration, et il y en a eu de nombreux cas par la suite. [28]

Le traitement des prisonniers a été profondément modifié. Le quartier, il est vrai, a été très souvent refusé dans les guerres modernes aux rebelles, aux soldats mutinés, aux esclaves révoltés, aux sauvages qui eux-mêmes ne faisaient pas de quartier. Elle a été souvent – peut-être généralement – refusée aux soldats irréguliers comme les Francs-tireurs français de la guerre de 1870, qui, sans uniforme, s'efforçaient de défendre leurs foyers contre l'invasion. Elle fut longtemps refusée aux soldats qui, ayant rejeté les conditions de la reddition, continuaient à défendre une place indéfendable, mais cette sévérité au cours des trois derniers siècles a été généralement condamnée. Mais, dans l'ensemble, le traitement réservé au soldat vaincu s'est progressivement amélioré. À un moment donné, il a été tué. Dans une autre, il fut conservé comme esclave. Ensuite, il fut autorisé à se libérer moyennant le paiement d'une rançon ; maintenant, il est simplement maintenu en détention jusqu'à ce qu'il soit échangé ou libéré sur parole, ou jusqu'à la fin de la guerre. Dans la seconde moitié du siècle actuel, de nombreuses réglementations élaborées et bénéfiques pour la préservation des hôpitaux et le bon traitement des blessés ont été sanctionnées par des accords internationaux. La distinction entre population civile et combattants est de plus en plus observée. En règle générale, les non-combattants, s'ils ne font pas obstacle à l'ennemi, ne subissent aucun autre préjudice que celui du paiement des contributions de guerre et d'autres moyens pour subvenir à la subsistance des envahisseurs. La destruction gratuite de la propriété privée a été de plus en plus évitée. Un acte tel que la dévastation du Palatinat sous Louis XIV. serait désormais universellement condamnée dans une guerre européenne, bien que la destruction massive de villages dans nos propres guerres frontalières avec l'Inde et les méthodes employées des deux côtés dans la guerre civile à Cuba semblent y avoir beaucoup ressemblé. Dans le traitement des marchands, la règle de réciprocité énoncée dans la Magna Charta est largement respectée, et la Conférence de Bruxelles de 1874 a déclaré contraire aux lois de la guerre le bombardement d'une ville non fortifiée. La grande guerre civile en Amérique n'a probablement pas peu contribué à élever le niveau de l'humanité en temps de guerre ; Car si peu de guerres longues ont été menées avec autant de détermination ou au prix d'autant de vies humaines, très peu ont été menées avec une abstinence aussi scrupuleuse d'actes de barbarie gratuite.

De nombreuses règles restrictives ont également été acceptées, tendant dans une faible mesure à atténuer les opérations de guerre réelles, et elles ont eu une réelle influence dans cette direction, bien qu'il ne soit pas possible de justifier le code militaire sur un principe clair d'éthique ou de logique. . Assassinat et encouragement à l'assassinat ; l'utilisation de poison ou d'armes empoisonnées ; la violation de la libération conditionnelle ; l'usage trompeur d'un drapeau de trêve ou de la croix rouge ; le massacre des blessés ; la violation des termes de la capitulation ou d'autres accords distincts, sont absolument interdites, et en 1868 les représentants des puissances européennes réunis à Saint-Pétersbourg ont convenu d'abolir l'emploi à la guerre de balles explosives d'un poids inférieur à 14 onces et d'interdire la propagation dans un pays ennemi d'une maladie contagieuse comme instrument de guerre. Il pose le principe général selon lequel le but de la guerre se limite à neutraliser l'ennemi et que les armes destinées à infliger des souffrances inutiles, au-delà de ce qui est nécessaire pour atteindre ce but, devraient être interdites. En même temps, les obus explosifs, les mines dissimulées, les torpilles et les embuscades relèvent pleinement des moyens de guerre autorisés. On peut recourir à la famine, à la coupure de l'approvisionnement en eau, ou à la destruction de cet approvisionnement en y mélangeant quelque chose qui n'est pas absolument toxique et qui le rend imbuvable. Il est permis de tromper un ennemi par des dépêches fabriquées prétendant venir de son propre côté ; en falsifiant les messages télégraphiques ; en diffusant de fausses informations dans les journaux ; en envoyant de prétendus espions et des déserteurs pour lui donner de faux rapports sur le nombre ou les mouvements des troupes ; en employant de faux signaux pour l'attirer dans une embuscade. L'utilisation du drapeau et de l'uniforme d'un ennemi à des fins de tromperie a donné lieu à une certaine controverse, mais cette idée est soutenue par la haute autorité militaire. [29] L'emploi d'espions est pleinement autorisé, mais l'espion, s'il est découvert, est exclu des droits de guerre et passible d'une mort ignominieuse.

Outre les questions que j'ai évoquées, il existe une autre catégorie de questions liées à la guerre qui présentent de grandes difficultés. Les hommes ont le droit d'abdiquer leur jugement privé en entrant dans la profession militaire. Dans les petites nations, cette question n'a pas beaucoup d'importance, car les guerres y sont très rares et visent généralement la légitime défense. Dans un grand empire, c'est totalement différent. Presque personne n'aura assez confiance dans la vertu de ses dirigeants pour croire que chaque guerre que son pays mène dans toutes les parties de ses domaines, avec des populations non civilisées comme avec des populations civilisées, est juste et nécessaire, et ce n'est certainement pas à première *vue* conformément à une moralité idéale selon laquelle les hommes devraient s'engager absolument, pour la vie ou pour une durée de plusieurs années, à tuer sans aucun doute, sur ordre de leurs supérieurs, ceux qui ne leur ont personnellement fait aucun tort. Pourtant, cette obéissance inconditionnelle est l'essence même de la discipline militaire, et sans elle l'efficacité des armées et la sécurité des nations seraient irrémédiablement détruites. Il est nécessaire aux grands intérêts de la société et, par conséquent, il est maintenu, renforcé par l'obligation d'un serment et, plus efficacement encore, par un code d'honneur qui est l'une des influences les plus contraignantes par lesquelles les hommes peuvent être gouvernés.

Ce n'est cependant pas tout à fait absolu et diverses distinctions et compromis ont été faits. Il y a une différence entre l'homme qui s'engage dans l'armée de son propre pays et celui qui s'engage dans le service extérieur, soit de manière permanente, soit pour la durée d'une seule guerre. Si un homme prend inutilement une part active à une lutte entre deux pays autres que le sien, on peut au moins exiger qu'il soit animé, non pas par un simple esprit d'aventure ou d'ambition personnelle, mais par une conviction forte et raisonnée que la cause qu'il soutient est juste. La conduite d'un homme qui s'enrôle dans une armée étrangère susceptible d'être utilisée contre son propre pays, et qui au moins s'oblige à obéir absolument à des chefs qui n'ont aucune autorité naturelle sur lui, a été fortement condamnée, mais même dans ce cas, des circonstances spéciales doivent être pris en compte. Je suppose que peu de personnes pourraient sérieusement blâmer les catholiques irlandais du XVIIIe siècle qui remplissaient les armées de France, d'Autriche, d'Espagne et de Naples à une époque où des lois les excluant, en raison de leur religion, de l'armée britannique et de presque toutes les voies. d'ambition à la maison. Il y a peut-être aussi une distinction entre la situation d'un soldat obligé de servir et celle d'un soldat dans un pays où l'enrôlement est volontaire, et aussi entre la situation d'un officier qui peut renoncer à son grade sans enfreindre la loi et celle d'un soldat qui ne peut abandonner son drapeau sans commettre une infraction grave à la loi. Au début de la guerre de la Révolution américaine, certains officiers anglais quittèrent l'armée plutôt que de servir une cause qu'ils croyaient injuste. Il était en leur pouvoir de le faire, mais probablement aucun d'entre eux n'aurait souhaité que des soldats privés, qui n'avaient aucun choix légal en la matière, suivent leur exemple et deviennent des déserteurs des rangs.

Il existe cependant des cas extrêmes dans lesquels la violation du serment militaire et la désobéissance à la discipline militaire sont justifiées. Plus d'une fois dans l'histoire de France, un usurpateur ou son agent a ordonné aux soldats de contraindre ou de tirer sur les représentants de la nation. Dans de tels cas, on a dit que « la conscience du soldat est la liberté du peuple », et le refus des soldats privés d'obéir à un ordre manifestement illégal sera généralement applaudi, quoique pas universellement. Cependant, dans tous ces cas, il y a beaucoup d'obscurité et d'incohérence dans les jugements. La règle selon laquelle la responsabilité morale incombe exclusivement à celui qui donne l'ordre, et que le privé n'a ni voix ni responsabilité, sera même ici maintenue par certains. Un simple soldat aurait-il dû refuser de participer à une exécution comme celle du duc d'Enghien ou au *coup d'État* de Napoléon III ? Doit-il refuser de tirer sur une foule s'il doute de la légalité de l'ordre de son supérieur ? Dans de tels cas, il y a parfois un conflit direct entre la loi civile et la loi militaire, et il y a eu des cas où un soldat pouvait être puni devant la première pour des actes qui étaient absolument imposés par la seconde. [30]

Le cas le plus fort de désobéissance justifiable qui puisse être allégué est peut-être celui où un soldat reçoit l'ordre de faire quelque chose qui implique l'apostasie de sa foi, bien que même dans ce cas, il serait difficile de montrer, à la lumière de la raison pure, qu'il s'agit d'une chose plus grave. que de tuer des innocents pour une cause injuste. Dans l'Église primitive, certains soldats martyrs ont souffert la mort parce qu'ils estimaient que porter les armes était incompatible avec leur foi, ou parce qu'on leur avait demandé d'accomplir des actes qui ressemblaient à de l'idolâtrie. L'histoire de la légion thébaine qui aurait été martyrisée sous Dioclétien ne repose sur aucune autorité digne de confiance, mais elle illustre le sentiment de l'Église sur le sujet. Josèphe raconte comment les soldats juifs refusèrent, malgré toutes les punitions, d'apporter de la terre avec les autres soldats pour la réparation du Temple de Bélus à Babylone. Des conflits entre le devoir militaire et le devoir religieux n'ont pas dû surgir rarement au cours des guerres de religion du XVIe siècle, et au cours de notre propre siècle et dans notre propre armée, il y a eu des cas de soldats refusant, pour des motifs religieux, d'escorter ou de protéger des processions idolâtres en Inde. ou encore pour présenter les armes dans les pays catholiques lors du passage de l'hostie. Les opinions quakers sur la guerre sont absolument incompatibles avec le service obligatoire qui prévaut dans presque tous les pays européens, et les scrupules religieux concernant la conscription ont été parmi les motifs qui ont amené les Raskolniks russes en collision avec le pouvoir civil.

L'un des exemples les plus graves de conflit de devoirs à notre époque est fourni par la grande mutinerie des Cipayes de 1857. Depuis l'époque de Clive, les soldats cipayes ont servi sous le drapeau britannique avec une fidélité admirable, et la mutinerie de Vellore en 1806. , qui était la seule exception, était due, comme celle de 1857, à la conviction que le gouvernement britannique interférait avec leur foi. Peu de choses dans l'histoire de la grande mutinerie sont aussi touchantes que la profonde croyance des commandants anglais des régiments de cipayes dans la loyauté inaltérable de leurs soldats. Beaucoup d'entre eux ont perdu la vie à cause de cette croyance, refusant même jusqu'au dernier moment et malgré toutes les preuves de l'abandonner. Ils furent trompés et, dans l'explosion d'indignation qui suivit, la conduite des soldats cipayes fut qualifiée de trahison la plus noire et la moins provoquée.

Pourtant, aucune accusation n'était assurément moins vraie. Des agitateurs, dans leurs propres desseins égoïstes, avaient effectivement agi sur les troupes, mais des recherches récentes ont pleinement prouvé que la cause réelle aussi bien que la cause apparente de la mutinerie étaient les cartouches graissées. On croyait que les cartouches récemment distribuées aux régiments de Cipayes étaient enduites d'un mélange de graisse de vache et de graisse de porc, l'un de ces ingrédients étant tout à fait impur aux yeux des Hindous et l'autre aux yeux des Musulmans. . Mordre ces cartouches détruirait la caste des Hindous et entraînerait la perte de tout ce qui lui était le plus cher et le plus sacré, tant dans ce monde que dans l'autre. Aux yeux des musulmans et des hindous, c'était le crime le plus grave et le plus irréparable, détruisant tout espoir dans un monde futur, et pourtant ce crime, selon eux, leur était imposé comme une question de devoir militaire par leur officiers. C'était comme si les soldats puritains du XVIIe siècle avaient reçu l'ordre de leurs commandants d'abjurer leurs espoirs de salut et de répudier et d'insulter la foi chrétienne.

Il est vrai que l'existence de ces ingrédients nocifs dans les nouvelles cartouches a été solennellement niée, mais la sincérité de la croyance des cipayes est incontestable, et le général Anson, commandant en chef, après avoir examiné les cartouches, a été contraint d'admettre qu'elles était très plausible. [31] « Je ne suis pas tellement surpris », écrivit-il à Lord Canning, « de leurs objections à l'égard des cartouches, après les avoir vues. Je ne savais pas qu'ils contenaient, ou plutôt étaient enduits d'une telle quantité de graisse, qui ressemble exactement à de la graisse. Après avoir enfoncé la balle, on en recouvre la bouche du mousquet.

Malheureusement, ce n'est pas un exposé complet de l'affaire. C'est une vérité honteuse et terrible que, en ce qui concerne les faits, les Cipayes avaient parfaitement raison dans leur croyance. Selon les mots de Lord Roberts, « les recherches récentes de M. Forrest dans les archives du gouvernement indien prouvent que le mélange lubrifiant utilisé dans la préparation des cartouches était en réalité composé d'ingrédients répréhensibles, de graisse de vache et de saindoux, et qu'un mépris incroyable Les préjugés religieux des soldats se sont manifestés dans la fabrication de ces cartouches. [32] Cela n'était certainement pas dû, comme l'imaginaient les Cipayes, à une quelconque volonté des autorités britanniques de détruire les castes ou de préparer la voie à la conversion des Cipayes au christianisme. Il s'agissait simplement d'un exemple flagrant de l'indifférence, de l'ignorance et de l'incapacité dont faisaient trop souvent preuve les administrateurs britanniques face à des croyances et à des types de caractère totalement différents des leurs. Ils ne parvinrent pas à comprendre qu'une croyance qui leur paraissait si puérile pouvait avoir quelque profondeur, et ils provoquèrent en conséquence une mutinerie qui ébranla pour un temps la puissance anglaise en Inde jusqu'à ses fondements.

Les horreurs de Cawnpore — qui étaient dues à un seul homme — enlevèrent bientôt au public britannique tout pouvoir de juger sainement le conflit, et une lutte dans laquelle aucun quartier n'était accordé était naturellement marquée par une extrême sauvagerie ; mais en y repensant, les écrivains anglais doivent reconnaître avec humiliation que, si jamais la mutinerie est justifiable, aucune justification plus forte ne pourrait être donnée que celle des troupes de cipayes.

Beaucoup de mes lecteurs se souviendront d'un petit poème exquis intitulé « La recrue forcée », dans lequel Mme Browning décrit un jeune soldat vénitien qui fut forcé par la conscription de servir contre ses compatriotes dans l'armée autrichienne à Solférino, et qui s'avança allègrement pour mourir sous les canons italiens, tenant à la main un mousquet qui n'avait jamais été chargé. Un tel chiffre, une telle violation du droit militaire réclameront la sympathie de tous, mais un jugement bien différent devrait être porté sur ceux qui, entrés volontairement dans l'armée, trahissent leur confiance et leur serment au nom du patriotisme. Dans le mouvement Fenian en Irlande, l'un des principaux objectifs des conspirateurs était de corrompre les soldats irlandais et de briser ce sens élevé de l'honneur militaire pour lequel le peuple irlandais s'est distingué de tous temps et dans de nombreuses armées. « L'épidémie » [de désaffection], se vante un écrivain très mêlé aux conspirations de l'époque, « n'était pas l'affaire d'individus, mais de compagnies et de régiments entiers. Tenter de mettre en accusation tous les militaires Fenians devant des cours martiales aurait été plonger l'Angleterre dans la panique, sinon précipiter une effroyable mutinerie et inviter une invasion étrangère. [33]

Je ne cite pas ces mots comme une déclaration vraie. Il s'agit, je crois, d'une grossière exagération et d'une grossière calomnie à l'encontre des soldats irlandais, et je ne doute pas non plus que la plupart, sinon la totalité, des soldats qui ont pu être incités autour d'un verre de whisky ou grâce aux convictions d'un agitateur rusé , prêter serment aux Fenians aurait, si un conflit réel avait éclaté, se révéler des soldats parfaitement fidèles à la reine. Cependant, la perversion de la morale, qui considère comme louables de telles violations du devoir militaire, n'a pas été limitée aux écrivains de la trempe de M. O'Brien. Un exemple frappant en est fourni par une récente biographie américaine. Parmi les premiers conspirateurs féniens se trouvait un jeune homme nommé John Boyle O'Reilly. C'était un véritable passionné, doté d'un réel talent littéraire ; dans les dernières années de sa vie, il gagna l'affection et l'admiration d'hommes très honorables, et je n'aurais certainement pas envie de considérer trop durement les erreurs de jeunesse qui étaient le résultat d'un enthousiasme malavisé si elles avaient été reconnues comme telles. En fait, cependant, il commença sa carrière par un acte qui, selon tous les bons principes de moralité, de religion et d'honneur séculier, était au plus haut degré coupable. Fenian assermenté, il entra dans un régiment de hussards, prit l'uniforme de la reine et prêta serment d'allégeance dans le but exprès de trahir sa confiance et de séduire les soldats de son régiment. Il fut découvert et condamné aux travaux forcés, et il s'enfuit finalement en Amérique, où il prit une part active au mouvement fenian. Après sa mort, sa biographie a été écrite sous la forme d'un éloge sans réserve, mais le biographe a honnêtement et pleinement divulgué les faits que j'ai relatés. Ce livre a une introduction écrite par le cardinal Gibbons, l'un des théologiens catholiques les plus éminents des États-Unis. Le lecteur sera peut-être curieux de voir comment l'acte de trahison et de parjure aggravé qu'il a révélé a été jugé par un personnage qui occupe presque la position la plus élevée dans une Église qui prétend être le professeur de morale suprême et inspiré. Pas un mot dans cette introduction n'implique qu'O'Reilly ait commis un acte dont il devrait avoir honte. Il est décrit comme « un homme grand et bon », et la seule allusion à son crime est dans les termes suivants : « Dans sa jeunesse, son cœur se tourmente à cause de ce roman le plus triste et le plus étrange de toute l'histoire – les torts et les malheurs de sa patrie – qui Niobé des Nations. À l'âge adulte, parce qu'il a osé souhaiter sa libération, il se retrouve un criminel condamné, un forçat exilé, dans ce qu'il appelle lui-même le monde des enfers. étant avec ses influences bénies, a fourni ses plus nobles idéaux de pensée et de conduite.... Le pays de son adoption rivalise avec la terre de sa naissance en témoignant de la droiture de sa vie.... Avec toutes ces voix, je mêle la mienne , et en leur nom je dis que le monde est plus brillant pour l'avoir possédé. [34]

NOTES DE BAS DE PAGE :

[24] *Les difficultés anglicanes* de Newman , p. 190.

[25] Voir Grotius, *de Jure* , livre III. ch. iv. Sur les notions juives à ce sujet, voir Deut. ii. 34 ; vii. 2, 16 ; XX. 10-16 ; Psaume cxxxvii. 9 ; 1 Sam. XV. 3. J'ai rassemblé quelques faits supplémentaires à ce sujet dans mon *Histoire de la morale européenne* .

[26] Correspondance de Tyrrell et Purser *sur Cicéron* , vol. vice-président xlvii.

[27] Voir Grotius, *de Jure Belli et Pacis* .

[28] On trouvera de nombreuses informations sur ce sujet dans une brochure remarquable (qui aurait été corrigée par Pitt) intitulée « Enquête sur la manière dont les différentes guerres en Europe ont commencé au cours des deux derniers siècles, par l'auteur de l'histoire et le fondement du droit des gens en Europe »(1805).

[29] Voir *Martial Law and the Custom of War* de Tovey , partie 2, pp. 13, 29. Un exemple frappant d'utilisation trompeuse d'un drapeau s'est produit en 1781, lorsque les Anglais, après avoir capturé Saint-Eustache aux Hollandais, autorisèrent le pavillon hollandais devait encore flotter sur son port afin que les navires hollandais, français, espagnols et américains qui ignoraient la capture puissent être attirés dans le port et saisis comme prises. Certains auteurs sur le droit militaire soutiennent que cela faisait partie des droits de la guerre.

[30] Voir *History of the Criminal Law* de Fitzjames Stephen , i. 205.

[31] *Quarante et un ans* de Lord Roberts en Inde , i. 94.

[32] *Ibid.* p. 431.

[33] *Contemporary Review* , mai 1897. Article de William O'Brien, « Le fénianisme a-t-il jamais été formidable ? »

[34] *Vie de John Boyle O'Reilly* par Roche , avec introduction du cardinal Gibbons. Depuis la publication de ce livre, le cardinal Gibbons a écrit une lettre à la *Tablette* (2 décembre 1899), dans laquelle il dit : « Je pense qu'il est dû à moi-même et aux intérêts de la vérité de déclarer que jusqu'à ce que je lise les critiques de M. Lecky Je ne savais pas que M. O'Reilly avait jamais été un soldat fenian ou britannique, ni qu'il avait tenté de détourner d'autres soldats de leur allégeance. En fait, jusqu'à présent, je n'ai jamais lu une ligne de la biographie dont j'ai écrit l'introduction... Ma seule connaissance de l'histoire de M. O'Reilly avant son arrivée en Amérique était la vague information que j'avais selon laquelle, pour quelque délit politique dont je n'ai pas connu la nature exacte, il avait été exilé de son pays natal dans une colonie pénitentiaire, d'où il s'est ensuite évadé.

J'accepte volontiers cette assurance du cardinal Gibbons, bien que je sois surpris qu'il n'ait même pas jeté un coup d'œil au livre qu'il a présenté et qu'il ait absolument ignoré l'événement le plus remarquable de la vie qu'il a vécu dès sa plus tendre jeunesse. a suscité une admiration sans réserve. Je regrette également qu'il n'ait pas profité de cette lettre pour condamner une forme de perversion morale largement répandue parmi ses coreligionnaires irlandais, et que ses propres paroles ne risquent que trop de renforcer. Il n'y a que peu de temps qu'un député nationaliste irlandais, accusé d'avoir autrefois servi la reine en tant que volontaire, s'est justifié en disant qu'il n'avait porté que le manteau que portaient Lord Edward Fitzgerald et Boyle O'Reilly ; tandis qu'un autre député nationaliste irlandais, lors d'une réunion publique à Dublin, et sous les acclamations de son auditoire, exprimait son espoir que dans la guerre d'Afrique du Sud, les soldats irlandais sous drapeau britannique tireraient sur les Anglais plutôt que sur les Boers.

CHAPITRE IX

Le chapitre précédent aura suffisamment montré à quel point dans une profession grande et nécessaire l'élément de compromis moral doit entrer dans une large mesure, et montrera la nature de certaines des difficultés morales qui l'accompagnent. On retrouve des illustrations à peu près du même genre dans le métier d'avocat. Dans l'intérêt d'une bonne administration de la justice, il est de la plus haute importance que chaque cause, aussi défectueuse soit-elle, et chaque criminel, aussi grave soit-il, soit pleinement défendu, et il est donc indispensable qu'il y ait une classe d'hommes chargée de cette tâche. devoir. Il appartient au juge et au jury de décider du fond de l'affaire, mais pour qu'ils puissent s'acquitter de cette fonction, il est nécessaire que les arguments des deux côtés leur soient présentés sous la forme la plus solide. L'intérêt évident de la société l'exige, et une norme d'honneur et d'étiquette professionnelle est établie dans le but de réglementer l'action de l'avocat. Inexactitudes dans les faits ou dans le droit ; citations erronées de documents ; Les fortes expressions d'opinions personnelles et certains autres moyens permettant d'obtenir des verdicts sont condamnés ; il y a des cas qu'un honorable avocat n'adoptera pas, et il y a de rares cas dans lesquels, au cours d'un procès, il trouvera de son devoir de présenter son mémoire.

Mais si nécessaire et honorable que soit la profession, elle a certains aspects qui sont loin d'être conformes à un code austère de morale idéale. Il est vain de supposer qu'un maître dans l'art du plaidoyer se bornera simplement à exposer calmement et impartialement les faits et les arguments de son camp. Il utilisera inévitablement tous ses pouvoirs de rhétorique et de persuasion pour faire paraître vraie la cause pour laquelle il défend une cause, même s'il sait qu'elle est fausse ; il affectera une chaleur qu'il ne ressent pas et une conviction qu'il n'a pas ; il profitera habilement de toute erreur ou omission de son adversaire ; de toute règle technique pouvant exclure des preuves dommageables ; de toutes les ressources que la subtilité juridique et un contre-interrogatoire sévère peuvent fournir pour confondre des questions dangereuses, pour obscurcir ou minimiser des faits gênants, pour discréditer des témoins hostiles. Il fera appel à tous les préjugés qui peuvent aider sa cause ; il s'identifiera pour le moment si complètement à elle qu'il fera de son succès son objectif suprême et absorbant tout ; et il ne manquera guère de ressentir un frisson de triomphe si, par la force d'un plaidoyer ingénieux et éloquent, il a sauvé le coupable de son châtiment ou a arraché un verdict au mépris de l'évidence.

Il n'est pas surprenant qu'une profession qui conduit inévitablement à de telles choses ait excité des scrupules chez beaucoup de bons hommes. Swift décrivait très grossièrement les avocats comme « une société d'hommes élevés dès leur jeunesse dans l'art de prouver par des mots, multipliés à cet effet, que le blanc est noir et que le noir est blanc, selon qu'ils sont payés ». Le Dr Arnold a exprimé à plusieurs reprises son aversion, voire son horreur, à l'égard de la profession d'avocat. Selon lui, cela conduit inévitablement à une perversion morale, impliquant, comme cela se produit, la défense aveugle du bien et du mal et, dans de nombreux cas, la suppression consciente de la vérité. Macaulay, qui peut difficilement être considéré comme accro aux raffinements d'une morale trop exigeante, passant en revue les règles professionnelles reconnues en Angleterre, se demande « s'il est juste que non seulement croyant, mais sachant qu'une affirmation est vraie, il devrait faites tout ce qui peut être fait par sophisme, par rhétorique, par affirmation solennelle, par exclamation indignée, par geste, par jeu de traits, en terrifiant un témoin honnête, en embarrassant un autre, pour amener un jury à penser que cette déclaration est fausse. Bentham a dénoncé dans un langage encore plus fort la méthode habituelle de « l'avocat salarié » consistant à contre-interroger un témoin honnête mais défavorable, et il a déclaré qu'il existe à Westminster Hall un code de moralité génériquement différent du code de la vie ordinaire, et directement calculé pour détruire l'amour de la véracité et de la justice. D'un autre côté, Paley a reconnu parmi les mensonges qui ne sont pas des mensonges parce qu'ils ne trompent personne, la déclaration « d'un avocat affirmant la justice ou sa croyance en la justice de la cause de son client ». Le Dr Johnson, en réponse à certaines objections de Boswell, argumente longuement, mais, je pense, avec quelque sophisme, en faveur de la profession. « Vous ne devez pas, dit-il, tromper votre client avec de fausses représentations de votre opinion. Vous ne devez pas mentir au juge, mais vous ne devez avoir aucun scrupule à vous attaquer à une affaire que vous croyez mauvaise ou à affecter une chaleur que vous ne ressentez pas. Vous ne savez pas que votre cause est mauvaise jusqu'à ce que le juge la détermine.... Un argument qui ne vous convainc pas peut convaincre le juge, et, s'il le convainc, vous avez tort et il a raison.... Tout le monde sait que vous êtes payé pour faire preuve de chaleur envers votre client, et ce n'est donc pas une dissimulation. Basil Montagu, dans un excellent traité sur le sujet, souligne qu'un avocat est simplement un officier assistant à l'administration de la justice, avec l'impression que la vérité est mieux révélée et que les difficultés sont plus efficacement démêlées par les déclarations opposées d'hommes capables. Il est un élément indispensable d'une machine qui, dans son résultat net, agit dans l'intérêt réel de la vérité, même s'il « peut professer des sentiments qu'il ne ressent pas et soutenir une cause qu'il sait être fausse », et bien que son plaidoyer est « une espèce d'agir sans avouer qu'il agit ».

Il est bien sûr possible d'adopter les principes des Quakers et de condamner comme antichrétienne toute participation aux tribunaux, et bien que l'Église catholique n'ait jamais adopté cet extrême, elle semble avoir instinctivement reconnu une certaine incompatibilité entre la profession d'un avocat et le caractère saint. Renan remarque le fait significatif que saint Yves, saint de Bretagne, semble être le seul avocat qui ait trouvé place dans son hagiologie, et les fidèles avaient l'habitude de chanter lors de sa fête « Advocatus et non latro — Res miranda populo ». ' Il est en effet évident que de nombreux compromis moraux doivent être faits dans ce domaine, et les normes du bien et du mal qui ont été adoptées varient considérablement. Dans quelle mesure, par exemple, un avocat peut-il soutenir une cause qu'il estime erronée ? Dans certaines législations anciennes, les avocats étaient obligés de jurer qu'ils ne défendraient pas des causes qu'ils croyaient ou découvraient injustes. [35] Saint Thomas d'Aquin a établi en termes catégoriques que tout avocat qui entreprend la défense d'une cause injuste commet un péché grave. Il est illégal, affirme-t-il, de coopérer avec quiconque fait le mal, et un avocat conseille et assiste clairement celui dont il défend la cause. Les casuistes catholiques modernes ont traité le sujet dans le même esprit. Ils admettent, en effet, qu'un avocat peut entreprendre la défense d'un criminel qu'il sait coupable, afin de mettre en lumière toutes circonstances atténuantes, mais ils soutiennent qu'aucun avocat ne devrait entreprendre une cause civile sans un examen préalable et minutieux. il s'est convaincu qu'elle est juste ; qu'aucun avocat ne peut sans péché entreprendre une cause qu'il sait ou croit fermement être injuste ; que s'il l'a fait, il est lui-même tenu en conscience de restituer la partie qui a été lésée par son plaidoyer ; que si, au cours d'un procès, il découvre qu'une cause qu'il croyait juste est injuste, il doit essayer de persuader son client de renoncer, et s'il n'y parvient pas, il doit abandonner lui-même la cause, mais sans en informer la partie adverse de la conclusion à laquelle il était arrivé; qu'en conduisant sa cause, il doit s'abstenir de nuire à la réputation de son voisin ou de tenter d'influencer les juges en leur soumettant des méfaits de son adversaire qui ne sont pas liés et ne sont pas essentiels à l'affaire. [36] Pas plus tard qu'en 1886, un ordre fut émis de Rome, avec l'approbation expresse du Pape, interdisant à tout catholique, maire ou juge, de prendre part à une affaire de divorce, le divorce étant absolument condamné par l'Église. [37]

Il y a eu, et il y a peut-être encore, des cas où des avocats ont tenté de limiter leur pratique aux cas qu'ils croyaient justes. Sir Matthew Hale est un exemple frappant, mais il a reconnu avoir considérablement assoupli sa règle sur le sujet, après avoir constaté dans deux cas que des cas qui, à première vue, semblaient très inutiles, étaient en réalité bien fondés. En règle générale, les avocats anglais ne font aucune discrimination pour ce motif en acceptant des mémoires, à moins que l'injustice ne soit très flagrante, et ils ne feront pas non plus, sauf dans des cas très extrêmes, à leur client le grand préjudice de rejeter un mémoire qu'ils ont une fois accepté. Ils soutiennent qu'en agissant de cette manière, l'administration de la justice est, à long terme, mieux servie, et c'est dans ce fait qu'ils trouvent sa justification.

Dans la conduite d'une affaire, il existe des règles analogues à celles qui distinguent la guerre honorable de la guerre déshonorante, mais elles sont moins clairement définies et moins universellement acceptées. Dans les poursuites pénales, une distinction remarquable, quoique très explicable, est établie entre le procureur et le défenseur. C'est l'étiquette de la profession que le premier est tenu de viser uniquement la vérité, sans opposer aucun argument contre le prisonnier, ni retenir aucun fait qui lui est favorable, ni utiliser aucun argument qu'il ne croit pas lui-même juste. Le défenseur n'est cependant pas lié, selon l'étiquette professionnelle, par de telles règles. Il peut utiliser des arguments qu'il sait mauvais, dissimuler ou exclure par des objections techniques des faits qui joueront contre ses clients et, sous réserve de certaines restrictions larges et vagues, il doit faire de l'acquittement de son client son premier objectif. [38]

Parfois, des cas d'extrême difficulté surviennent. Le cas le plus connu est probablement celui de Courvoisier, le valet de chambre suisse, qui a assassiné Lord William Russell en 1840. Au cours du procès, Courvoisier a informé son avocat, Phillips, qu'il était coupable du meurtre, mais a en même temps ordonné à Phillips continuer à le défendre jusqu'à la dernière extrémité. Comme il existait des preuves accablantes selon lesquelles le meurtre devait avoir été commis par quelqu'un qui dormait dans la maison, la seule défense possible était qu'un degré égal de soupçons pesait sur la femme de ménage et la cuisinière qui en étaient les autres occupants. Le premier jour du procès, avant de connaître de sa propre bouche la culpabilité de son client, Phillips avait contre-interrogé la femme de chambre, qui avait découvert le meurtre, avec une grande sévérité et dans le but évident de jeter les soupçons sur elle. Quelle voie doit-il maintenant suivre ? Il arriva qu'un juge éminent siégeait sur le banc avec le juge qui devait juger l'affaire, et Phillips prit ce juge dans sa confiance, lui exposa en privé les faits qui s'étaient produits et lui demanda son avis. Le juge a déclaré que Phillips était tenu de continuer à défendre le prisonnier, dont la cause aurait été désespérée si son propre avocat l'avait abandonné, et qu'en le défendant, il était tenu d'utiliser tous les arguments justes découlant de la preuve. Le discours de Phillips était un chef-d'œuvre d'éloquence dans des circonstances extraordinairement difficiles. Une grande partie était consacrée à la contestation de la véracité des témoins à charge. Il déclara solennellement qu'il ne lui appartenait pas de dire qui avait commis le meurtre, et qu'il n'avait aucune envie de jeter aucune imputation sur les autres domestiques de la maison, et il s'abstenait scrupuleusement de donner une opinion personnelle sur la question ; mais le sens de son argument était que Courvoisier était victime d'un complot, la police ayant caché parmi ses vêtements des objets compromettants, et qu'il n'y avait aucune circonstance claire distinguant les soupçons contre lui de ceux contre les autres domestiques. [39]

La conduite de Phillips dans cette affaire a, je crois, été justifiée par la prépondérance de l'opinion professionnelle, même si, lorsque les faits ont été connus, l'opinion publique extérieure à la profession l'a généralement condamnée. Certains avocats ont poussé le devoir de défense à un point qui a suscité de nombreuses protestations même dans leur propre profession. « L'avocat », a déclaré Lord Brougham dans son grand discours devant la Chambre des Lords pour défendre la reine Caroline, « par le devoir sacré qu'il doit à son client, ne connaît dans l'exercice de cette fonction qu'une seule personne au monde : ce client et aucun autre. Sauver ce client par tous les moyens opportuns, protéger ce client à tous risques et à tous les coûts pour tous les autres, et entre autres pour lui-même, est le plus élevé et le plus incontestable de ses devoirs ; et il ne doit pas considérer l'alarme, la souffrance, le tourment, la destruction qu'il peut causer à autrui. Bien plus, séparant même les devoirs d'un patriote de ceux d'un avocat, et les jetant, s'il le faut, aux oubliettes, il devra continuer, sans se soucier des conséquences, si son destin devait malheureusement être d'entraîner son pays dans la confusion pour la protection de son client.

Cette doctrine a été catégoriquement répudiée par certains éminents avocats anglais, mais tant dans la pratique que dans la théorie, la profession diffère considérablement selon les tribunaux, les époques et les pays. Dans quelle mesure, par exemple, est-il permis, lors d'un contre-interrogatoire, d'intimider ou de confondre un témoin honnête mais timide et peu compétent ? tenter de discréditer le témoignage d'un témoin sur un fait évident qu'il n'avait aucun intérêt à dissimuler, en exhumant contre lui quelque scandale moral de sa prime jeunesse qui n'avait aucun rapport avec l'objet du procès ; ou, en poursuivant une telle ligne de contre-interrogatoire, exclure de la barre des témoins des témoins importants qui sont conscients que leurs vies passées ne sont pas irréprochables ? Jusqu'où est-il juste ou permis d'insister sur des aspects juridiques techniques par opposition à une justice substantielle ? Il est probable que la plupart des avocats, s'ils sont parfaitement honnêtes, conviendront que ces choses sont dans une certaine mesure inévitables dans leur profession, et que la véritable question est une question de degré et, par conséquent, n'est pas susceptible d'une définition positive. Il existe une sorte d'esprit qui devient tellement épris des subtilités et des aspects techniques du droit qu'il se réjouit des résultats inattendus et involontaires auxquels elles peuvent conduire. J'ai entendu un juge anglais dire d'un autre défunt depuis longtemps qu'il éprouvait, grâce à ce sentiment, un plaisir positif dans l'injustice, et un avocat, étranger à ce pays, m'a avoué un jour l'amusement qu'il tirait à briser les condamnations des criminels de son État en découvrir des failles techniques dans leurs actes d'accusation. Il y a une classe d'esprit qui se réjouit dans des cas comme celui de l'acte légal qui a été invalidé parce que les lettres AD ont été placées avant la date au lieu de la formule "l'année de Notre-Seigneur", ou celle d'un escroc qui a été victime s'enfuir avec son butin parce que, dans le mandat d'arrêt qui a été émis pour son arrestation, par erreur de copiste, le mot « shérif » a été écrit à la place de « shérifs », ou celui d'une dame qui a été privée d'une succession de 14 000 £ par an parce que par une simple erreur du cédant, un mot important a été omis du testament, bien que la preuve la plus claire possible ait été présentée démontrant les souhaits du testateur. [40] Ces avocats soutiennent que dans les cas de testament, « la véritable question n'est pas de savoir ce que le testateur avait l'intention de faire, mais quelle est la signification des mots du testament » et que la balance des avantages penche en faveur d'un strict respect des dispositions du testament. la construction de la peine et les aspects techniques de la loi, même si, dans des cas particuliers, cela peut conduire à de graves injustices.

Il faut en effet reconnaître que jusqu'à une époque lointaine du XIXe siècle, les avocats qui adoptaient la conception la plus technique de leur profession agissaient pleinement conformément à son esprit. Jusqu'au milieu de ce siècle, peu de départements de la législation et de l'administration anglaises, voire aucun, n'étaient aussi scandaleusement mauvais que ceux liés à l'administration du droit civil et criminel, et en particulier à la Cour de chancellerie. L'ensemble du domaine était couvert d'un réseau de technicités obscures, complexes et archaïques ; inutile, sauf dans le but d'accumuler les coûts, de tergiverser les décisions, de placer les procédures juridiques les plus simples au-delà de la compétence de tout autre que des experts qualifiés, de donner des facilités infinies à la fraude et à l'évasion ou à la défaite de la justice, de transformer une affaire judiciaire en un jeu de société. le hasard et l'habileté avaient souvent une influence bien plus grande que les mérites substantiels. Lord Brougham n'a probablement aucunement exagéré lorsqu'il a décrit de grandes parties du droit anglais comme « une épée à double tranchant entre les mains de l'artisanat et de l'oppression », et une grande autorité en matière de droit de la chancellerie a déclaré en 1839 que « aucun homme, comme les choses maintenant debout, peut engager une action en chancellerie avec tout espoir raisonnable d'être en vie à son terme s'il a un adversaire déterminé. [41]

Les difficultés morales liées à l'administration d'un tel système étaient très grandes et, dans de nombreux cas, les jurys anglais, pour y faire face, adoptèrent leur propre code de morale approximatif. Bien qu'ils aient juré de trancher chaque cas conformément à la loi telle qu'elle leur était énoncée et aux preuves qui leur étaient présentées, ils refusaient fréquemment de suivre des formalités juridiques qui conduiraient à une injustice substantielle, et ils refusaient encore plus fréquemment rendre des verdicts fondés sur des preuves alors qu'en agissant ainsi, ils condamneraient un prisonnier à une punition sauvage, excessive ou injuste. Certains des pires abus de la loi anglaise furent atténués par les parjures des jurys qui refusèrent de la mettre en vigueur.

Les grandes réformes juridiques du dernier demi-siècle ont supprimé la plupart de ces abus et ont en même temps introduit un esprit plus large et plus juste dans l'administration pratique de la loi. Pourtant, même aujourd'hui, les différents juges diffèrent parfois considérablement dans l'importance qu'ils attachent à la justice substantielle et aux détails techniques du droit ; et même aujourd'hui, l'un des avantages du procès devant jury est qu'il amène le bon sens masculin et le sens simple de la justice d'hommes non professionnels dans des domaines qui autrement seraient souvent déformés par des subtilités ingénieuses. C'est cependant bien moins dans la position du juge que dans celle de l'avocat que se posent les questions morales les plus difficiles de la profession juridique. La différence entre un avocat sans scrupules et un avocat gouverné par un sens élevé de l'honneur et de la moralité est très manifeste, mais au mieux il doit y avoir beaucoup de choses dans la profession devant lesquelles une conscience très sensible reculerait, et les choses doivent être dites et un fait qui ne peut guère être justifié si ce n'est par le motif que l'existence de cette profession et les méthodes prescrites pour son action sont, à long terme, indispensables à une honnête administration de la justice.

La même méthode de raisonnement s'applique à d'autres grands domaines de la vie. En politique, c'est particulièrement nécessaire. Dans les pays libres, le gouvernement de parti est le meilleur, sinon le seul, moyen de diriger les affaires publiques, mais il est impossible de le faire sans un grand nombre de compromis moraux ; sans un abandon fréquent de jugement et de volonté privés. Un homme bon choisira son parti pour des motifs désintéressés et avec la ferme et honnête conviction qu'il représente la ligne politique la plus bénéfique pour le pays. Il affirmera dans des occasions graves son indépendance de parti, mais dans la grande majorité des cas, il devra agir aux côtés de son parti, même si celui-ci suit dans une certaine mesure des orientations contraires à son propre jugement.

Tous ceux qui sont activement engagés en politique – et particulièrement tous ceux qui sont membres de la Chambre des communes – doivent bientôt apprendre que si l'indépendance absolue du jugement individuel était poussée à l'extrême, l'anarchie politique s'ensuivrait. La concordance totale d'un grand nombre de jugements indépendants dans une mesure complexe est impossible. Si l'on veut maintenir un gouvernement de parti, il doit y avoir un compromis perpétuel, tant au Cabinet qu'au Parlement. La première condition de son succès est que le gouvernement ait derrière lui un soutien stable, permanent et discipliné, et pour que cela soit obtenu, chaque député doit, dans la plupart des cas, voter pour son parti. Parfois, il doit soutenir une mesure qu'il sait mauvaise, parce que son rejet entraînerait un changement de gouvernement qui, à son avis, serait un mal encore plus grand que son acceptation, et pour éviter ce mal, il peut être amené à voter directement contre. à une résolution contenant une déclaration qu'il croit vraie. En même temps, s'il est un honnête homme, il ne sera pas un simple esclave du parti. Parfois se pose une question qu'il considère d'une telle importance qu'il se détache de son parti et s'efforce à tout prix de l'emporter ou de le vaincre. Bien plus fréquemment, soit il s'abstiendra de voter, soit il votera contre le gouvernement sur une question particulière, mais seulement s'il sait qu'en agissant ainsi, il émet simplement une protestation qui n'entraînera aucune complication politique sérieuse. Sur la plupart des grandes mesures, il existe une minorité dissidente au sein du parti gouvernemental, et elle exerce souvent une influence très utile en représentant l'opinion indépendante et en apportant dans la mesure des modifications et des compromis qui apaisent l'opposition, satisfont les minorités et atténuent les divergences. Mais l'action de cette partie sera régie par de nombreux motifs autres que la simple considération du fond de l'affaire. Il ne suffit pas de dire qu'ils doivent voter pour chaque résolution qu'ils croient vraie, pour chaque projet de loi ou article de projet de loi qu'ils croient juste, et qu'ils doivent voter contre chaque projet de loi, article ou résolution au sujet duquel ils se prononcent. jugement contraire. Parfois, ils essaieront en privé d'empêcher l'introduction d'une mesure, mais lorsqu'elle sera introduite, ils estimeront qu'il est de leur devoir soit de la soutenir positivement, soit du moins de s'abstenir de protester contre elle. Parfois, ils voteront contre ou s'abstiendront du tout, mais seulement lorsque la majorité est si grande qu'ils seront sûrs d'être adoptés. Parfois, leur conduite sera le résultat d'un marché : ils voteront pour une partie d'un projet de loi qu'ils désapprouvent parce qu'ils ont obtenu du gouvernement une concession sur une autre qu'ils jugent plus importante. La nature de leur opposition dépendra largement de la force ou de la faiblesse du gouvernement, de la taille de la majorité, de la mesure dans laquelle un changement de ministère affecterait la politique générale du pays, de la probabilité de la mesure à laquelle ils s'opposent. jusqu'à ce qu'elle soit définitivement éteinte, ou qu'elle revienne dans une autre année, soit sous une forme améliorée, soit sous une forme plus dangereuse. Les questions de proportion, de degré et de conséquences ultérieures les influenceront continuellement. Les mesures suscitent souvent des oppositions, non pas en raison de leurs mérites intrinsèques, mais en raison des précédents qu'elles pourraient créer ; d'autres mesures qui pourraient en découler ou être justifiées par eux.

Il n'est pas rare qu'une partie du parti dominant soit profondément mécontente de la politique du gouvernement sur une question qu'elle juge de grande importance. Ils se trouvent incapables d'opposer une quelconque opposition directe et victorieuse, mais leur mécontentement se manifestera sur une autre mesure gouvernementale sur laquelle les voix sont plus également partagées. Il est possible qu'ils s'opposent à cette mesure. Plus probablement, ils n'assisteront pas régulièrement aux divisions, ou exerceront leur jugement indépendant sur les clauses d'une manière qu'ils ne l'auraient pas fait si leur allégeance à un parti avait été inébranlable. Et cette conduite n'est pas une simple vengeance. Il s'agit d'une méthode de pression sur le gouvernement afin d'obtenir des concessions sur des questions qu'il juge d'une importance capitale. De la même manière, ils chercheront à gagner des partisans par le biais d'alliances politiques. Peu de choses dans un gouvernement parlementaire sont plus dangereuses ou plus susceptibles de conduire à la corruption que les marchés que les Américains appellent le « log-rolling » ; mais il est inévitable qu'un membre qui a reçu de l'aide d'un collègue, ou peut-être d'un adversaire, l'aide sur une question qu'il estime de la plus haute importance, sera disposé à lui rendre cette aide dans un cas où ses propres sentiments et les opinions ne sont pas fortement sollicitées.

Il faut aussi considérer la grande place que joue l'obstruction dans le gouvernement parlementaire. Il arrive constamment qu'une mesure contre laquelle presque personne ne s'oppose soit débattue de manière excessivement longue, dans le seul but d'empêcher la discussion d'une mesure qui suscite beaucoup d'objections. Les mesures peuvent se heurter à des votes hostiles, mais elles sont souvent combattues avec beaucoup plus d'efficacité par des retards calculés, par des amendements ou des discours multipliés, par certains des nombreux dispositifs qui peuvent être employés pour encombrer la machine législative. Il existe de nombreuses catégories de mesures sur lesquelles les gouvernements ou les parlements estiment souhaitable de ne pas donner d'avis, ou du moins pas d'avis immédiat, bien qu'ils ne puissent empêcher leur introduction, et de nombreuses méthodes sont employées dans le but réel, bien que non avoué et ostensible, d'empêcher un vote ou même une déclaration ministérielle à leur sujet. Parfois, le Parlement est tout à fait prêt à reconnaître la justice abstraite d'une proposition, mais ne pense pas qu'elle soit mûre pour une législation. Dans de tels cas, la deuxième lecture du projet de loi sera probablement acceptée, mais, à l'indignation et à l'étonnement de ses partisans à l'extérieur de la Chambre, il sera entravé, retardé ou rejeté en commission avec l'assentiment, ou la connivence, ou même l'aide réelle de certains de ceux qui avaient voté pour. Certaines mesures, aux yeux de certains membres, impliquent des questions de principe si sacrées qu'elles ne permettent aucun compromis sur l'opportunité, mais la plupart des mesures sont considérées comme ouvertes au compromis et sont acceptées, rejetées ou modifiées pour certains des nombreux motifs que j'ai décrits.

Tout ce curieux et indispensable mécanisme de gouvernement de parti est compatible avec un sens élevé et authentique du devoir public, et à moins qu'un tel sens ne domine en dernier ressort toutes les autres considérations, la vie politique déclinera inévitablement. En même temps, il est évident que beaucoup de choses doivent être faites devant lesquelles une nature très rigide et austère reculerait. Soutenir un gouvernement lorsqu'il le juge erroné, ou s'opposer à une mesure qu'il estime juste ; se rendre complice d'évasions qui ne sont que de simples prétextes, et de retards qui reposent sur des motifs qui ne sont pas ouvertement avoués, est parfois, et même assez souvent, un devoir parlementaire. Un député doit souvent se sentir dans la position d'un simple soldat dans une armée, ou d'un joueur dans un jeu, ou d'un avocat dans une affaire judiciaire. Sur de nombreuses questions, chaque parti représente et défend les intérêts particuliers de certaines classes particulières du pays. Lorsqu'il existe deux solutions plausibles qui divisent l'opinion publique, l'opposition est presque obligée, par sa position, de faire valoir les mérites de la solution opposée à celle adoptée par le gouvernement. En théorie, rien ne pourrait paraître plus absurde qu'un système de gouvernement dans lequel, comme on l'a dit, les hommes les plus capables au Parlement sont divisés en deux classes, l'un étant chargé du devoir de diriger le gouvernement et l'autre de celui de les obstruant et les opposant dans leur tâche, et dans lequel, sur une grande multitude de questions sans rapport, ces deux grands corps d'hommes très compétents, avec les mêmes faits et arguments devant eux, se réunissent habituellement dans des lobbys opposés. Dans la pratique cependant, le gouvernement parlementaire par de grands partis, dans les pays où il est pleinement compris et pratiqué, se révèle admirablement efficace pour représenter toutes les variétés d'opinions politiques ; en assurant une surveillance et une critique constantes des hommes et des mesures ; et en formant une soupape de sécurité à travers laquelle les humeurs dangereuses de la société peuvent se développer sans nuire à la communauté.

Toutefois, cela n'est possible qu'au prix de compromis constants qui sont rarement réussis sans une longue expérience nationale. Le parti doit exister. Elle doit être maintenue comme condition essentielle d'un bon gouvernement, mais elle doit être subordonnée à l'intérêt public et, dans l'intérêt public, elle doit être suspendue dans de nombreux cas. Il est des sujets qui ne peuvent être introduits sans le plus grand danger dans l'arène des controverses partisanes. La politique indienne en est un exemple frappant et, bien que la politique étrangère ne puisse y rester totalement en dehors, les dangers liés à son traitement partisan sont extrêmement grands. De nombreuses mesures de nature différente sont menées avec le concours des deux premières banquettes. Une union cordiale sur de larges catégories de questions entre les chefs des partis rivaux est l'une des premières conditions d'un gouvernement parlementaire réussi. Le chef de l'opposition doit avoir son mot à dire dans la conduite des affaires, sur les questions qui devraient être soulevées et sur les questions qu'il est dans l'intérêt public de garder de côté. Il est le leader officiel de l'opposition systématique et organisée au gouvernement, mais il est sur un grand nombre de questions son allié le plus puissant. Il doit fréquemment entretenir des relations confidentielles avec eux, et l'une de ses fonctions les plus utiles est d'empêcher des sections de son parti de tenter de s'approprier les avantages du parti par des voies qui pourraient mettre en danger les intérêts publics. Pour que le pays soit bien gouverné, il doit y avoir une grande continuité dans sa politique ; certaines conditions et certains principes d'administration doivent être maintenus de manière inflexible, et dans les grandes urgences nationales, toutes les parties doivent s'unir.

Dans les questions qui sont au cœur de la politique des partis, un certain degré de compromis est également généralement obtenu. Le débat ne suscite pas seulement des opinions mais suggère également des alternatives et des compromis, et très peu de mesures sont adoptées par une majorité qui ne portent pas de traces claires de l'action de la minorité. La ligne est constamment déviée tantôt d'un côté, tantôt de l'autre, et (généralement sans trop se soucier de la cohérence logique) des sentiments divers et opposés sont dans une certaine mesure satisfaits. Si les lignes de parti sont tracées avec une rigidité inflexible ; et si la majorité insiste sur le plein exercice de ses pouvoirs, le gouvernement parlementaire peut devenir un despotisme aussi écrasant que la pire des autocraties – un despotisme qui est peut-être d'autant plus dangereux que le sens des responsabilités est diminué par la division. Si, au contraire, la latitude accordée à l'opinion individuelle est excessive, le Parlement se divise inévitablement en groupes et le gouvernement parlementaire perd beaucoup de sa vertu. Lorsque des coalitions de minorités peuvent à tout moment renverser un ministère, toute la force du gouvernement est perdue. La tentation de corrompre les négociations avec des sections particulières est considérablement accrue, et le déclin du contrôle des deux premiers bancs sera rapidement suivi d'une diminution du sens des responsabilités et de l'influence accrue d'opinions violentes, excentriques et exagérées. Il est de la plus haute importance que la politique d'une opposition soit guidée par ses hommes les plus importants, et spécialement par des hommes qui ont eu l'expérience et la responsabilité d'une charge, et qui savent qu'ils peuvent avoir à nouveau cette responsabilité. Mais la saine latitude de l'opinion et de l'expression individuelles dans un parti est, comme la plupart des choses que nous examinons maintenant, une question de degré et n'est pas susceptible d'une définition claire et précise.

D'autres questions d'une nature quelque peu différente, mais impliquant de graves considérations morales, découlent des relations entre un député et ses électeurs. À l'époque où les petits bourgs étaient ouvertement achetés sur le marché, cela était parfois défendu en invoquant la complète indépendance de jugement qu'elle accordait à l'adhérent acheteur. Romilly et Henry Flood auraient tous deux acheté leur siège dans le but exprès d'assurer une telle indépendance. Dans la philosophie politique de Burke, aucune doctrine n'est plus clairement appliquée que celle selon laquelle un membre du Parlement est un représentant mais non un délégué ; qu'il doit à ses électeurs non seulement son temps et ses services, mais aussi l'exercice de son jugement indépendant et sans entrave ; que, tout en reflétant l'orientation générale de leur politique, il ne doit jamais se laisser réduire à un simple porte-parole, ni accepter des instructions contraignantes prescrivant pour chaque mesure particulière la voie qu'il peut suivre ; qu'après son élection, il doit se considérer comme membre d'un parlement impérial plutôt que comme représentant d'une localité particulière, et doit subordonner les intérêts locaux et particuliers aux intérêts plus larges et plus généraux de la nation entière.

Les conditions de la vie politique moderne ont considérablement réduit cette liberté de jugement. Dans la plupart des circonscriptions, un député ne peut entrer au Parlement qu'entraîné par de nombreuses promesses relatives à des mesures spécifiques, et à chaque tournant politique, des sections de ses électeurs tenteront de dicter sa ligne d'action. Certaines promesses importantes et générales précèdent naturellement et à juste titre son élection. Il est choisi comme partisan ou adversaire du Gouvernement ; il se déclare partisan de certaines grandes lignes politiques et il représente également, à un degré particulier, les intérêts et le type d'opinion distinctif de la classe ou de l'industrie qui domine dans sa circonscription. Mais même au moment de l'élection, il constate souvent que sur telle question particulière qui intéresse beaucoup ses électeurs, il diffère d'eux, bien qu'ils consentent malgré cela à l'élire ; et, au cours d'un long Parlement, d'autres peuvent surgir à l'improviste. Des changements politiques se produisent qui mettent au premier plan des questions qui, au moment des élections, semblaient très lointaines, ou bien engendrent de nouvelles questions, ou encore donnent lieu à des combinaisons de partis, à des développements et à des tendances imprévus. Il arrive souvent qu'en ces occasions un député pense différemment de la majorité de ses électeurs, et il doit se demander dans quelle mesure il doit sacrifier son jugement au leur, et dans quelle mesure il peut utiliser l'influence que leurs votes lui ont conférée. agir à l'encontre de leurs souhaits et peut-être même de leurs intérêts. Burke, par exemple, s'est retrouvé dans cette situation lorsque, étant député de Bristol, il estimait qu'il était de son devoir de soutenir la concession du libre-échange à l'Irlande, même si ses électeurs avaient, ou pensaient avoir, un vif intérêt dans les restrictions commerciales et monopole. De nos jours, il est arrivé que des membres représentant les districts manufacturiers du Lancashire se soient trouvés inopinément appelés à voter sur une mesure visant à paralyser ou à étendre les manufactures rivales en Inde ; pour avoir ouvert de nouveaux marchés par une agression très douteuse dans un pays lointain ; ou pour limiter le travail des enfants employés dans la fabrication locale ; et ces membres ont souvent cru que la bonne voie était une voie qui répugnait extrêmement à une grande partie de leurs électeurs.

Parfois aussi, un député est élu sur des questions purement laïques, mais au cours du Parlement, une de ces violentes et soudaines tempêtes de sentiment religieux, auxquelles l'Angleterre est parfois sujette, déferle sur le pays, et il se trouve complètement hors de propos. sympathie avec une grande partie de sa circonscription. Dans d'autres cas, le parti qu'il a soutenu au Parlement poursuit, sur une question grave, une ligne politique qu'il estime être gravement erronée, et il s'oppose partiellement ou même complètement et amèrement. Des différends de ce genre ont souvent surgi lorsqu'il n'est pas question de motivation intéressée ayant influencé le député. Parfois, dans de tels cas, il a démissionné de son siège et s'est adressé à ses électeurs pour être réélu. Dans d'autres cas, il reste au Parlement jusqu'aux prochaines élections. Chaque cas, cependant, doit être laissé au jugement individuel, et aucune ligne morale claire, définie et inébranlable ne peut être tracée. Le député considérera l'ampleur de la question litigieuse, tant à ses propres yeux qu'à ceux de ceux qu'il représente ; son caractère permanent ou transitoire, le nombre et l'importance de la majorité opposée à ses opinions, le temps qui risque de s'écouler avant qu'une dissolution ne le mette face à face avec ses électeurs. Dans les questions qu'il ne considère pas comme très urgentes ou très importantes, il sacrifiera probablement son propre jugement à celui de ses électeurs, au moins jusqu'à s'abstenir de voter ou d'imposer ses propres vues. Dans les domaines plus graves, il est de son devoir d'affronter hardiment l'impopularité, ou peut-être même de prendre la mesure extrême de démissionner de son siège.

Les cas dans lesquels un député estime de son devoir de soutenir une mesure qu'il estime positivement mauvaise, sous prétexte que son rejet entraînerait de plus grands maux, ne sont heureusement pas très nombreux. Il peut se sortir de bien des difficultés morales en s'abstenant parfois de voter ou d'exprimer ses véritables opinions, et la plupart des mesures sont d'un caractère composite dans lequel les éléments bons et mauvais se combinent et peuvent dans une certaine mesure être séparés. Dans de telles mesures, il est souvent possible d'accepter le principe général tout en s'opposant à des détails particuliers, et il existe une marge considérable de compromis et de modification. Mais les cas dans lesquels un député est contraint de voter pour des mesures dont il n'a aucune réelle connaissance ni conviction sont très nombreux. Des foules de mesures d'un caractère très complexe et technique, touchant des domaines de la vie avec lesquels il n'a aucune expérience, se rapportant aux innombrables industries, intérêts et conditions d'un grand peuple, lui sont présentées dans des délais très brefs ; et aucune intelligence, si puissante soit-elle, aucune industrie, si grande soit-elle, ne peut les maîtriser. Il est tout à fait impossible que de simples connaissances improvisées, l'écoute d'un court débat, la brève étude qu'un député peut donner sur un nouveau sujet, puissent le placer à un niveau réel de compétence auprès de ceux qui peuvent y apporter une connaissance permanente ou de l'expérience.

Un député se rendra vite compte qu'il doit choisir une catégorie de sujets qu'il peut maîtriser lui-même, tandis que sur bien d'autres, il doit voter aveuglément avec son parti. Les deux ou trois mesures capitales au cours d'une session sont débattues avec une telle ampleur que la Chambre et le pays deviennent tout à fait compétents pour les juger, et dans ces cas, la prépondérance de l'argumentation aura un grand poids. Un ministère puissant et un parti fortement organisé peuvent malgré tout adopter une telle mesure, mais ils seront obligés d'accepter des amendements et des modifications, et s'ils persistent dans leur politique, leur position à la Chambre et dans le pays sera tôt ou tard compromise. être inévitablement modifié. Mais un grand nombre de mesures ont un intérêt plus restreint et sont beaucoup moins bien comprises. La Chambre des communes est riche en connaissances spécialisées et peu de sujets lui sont soumis que certains de ses membres ne comprennent pas parfaitement ; mais dans un grand nombre de cas, la majorité qui décide de la question est obligée de le faire sur la base de connaissances les plus superficielles. Très souvent, il est physiquement impossible pour un membre d'acquérir les connaissances dont il a besoin. L'enquête la plus importante et la plus détaillée a eu lieu dans une commission à laquelle il n'appartenait pas, ou bien il est détenu ailleurs pour des affaires parlementaires importantes pendant que le débat se poursuit. Même lorsque ce n'est pas le cas, presque personne n'a la force physique ou mentale qui lui permettrait d'assister intelligemment à tous les débats. Tous les députés connaissent la scène où, après un débat mené devant des bancs presque vides, la cloche de la division sonne et les députés se précipitent pour décider de la question. Il y a un moment d'incertitude. Les questions « De quel côté sommes-nous ? » 'De quoi s'agit-il?' peut être entendu encore et encore. Puis le Président se lève et, d'une seule phrase magique, met la situation au clair. C'est la phrase dans laquelle il annonce que les scrutateurs pour le oui ou le non, selon le cas, sont les whips du gouvernement. Ce n'est pas un argument, ce n'est pas une éloquence, c'est cette seule phrase qui, dans d'innombrables cas, détermine le résultat et façonne la législation du pays. De nombreux membres, il est vrai, ne sont pas présents dans le lobby de la division, mais ils sont généralement par paires, c'est-à-dire qu'ils ont pris parti avant le début de la discussion ; peut-être sans même savoir quel sujet sera abordé, peut-être pour toutes les nombreuses questions prévues et imprévues qui peuvent surgir au cours de longues périodes de session.

C'est un processus étrange, et pour un nouveau membre qui s'est efforcé tout au long de sa vie de peser les arguments et les preuves avec un soin scrupuleux et de considérer la formation et l'expression des opinions comme un devoir sérieux, cela est au début très douloureux. Il se rend compte qu'on lui demande sans cesse de donner une voix efficace au grand conseil de la nation, sur des questions de grave importance, avec une légèreté de conviction avec laquelle il n'agirait pas dans les affaires les plus insignifiantes de la vie privée. Aucun médecin ne prescrirait pour la moindre maladie ; aucun avocat ne conseillerait dans le cas le plus simple ; aucun homme sage n'agirait dans les transactions les plus simples d'affaires privées, ni même ne donnerait une opinion à son voisin lors d'un dîner sans avoir une connaissance plus approfondie du sujet que celle sur laquelle un membre du Parlement est souvent obligé de voter. Mais il découvre bientôt que, pour le meilleur ou pour le pire, ce système est absolument indispensable au fonctionnement de la machine. Si personne ne votait que sur des questions qu'il comprend et qui lui tient vraiment à cœur, les quatre cinquièmes des questions décidées par la Chambre des communes le seraient par de simples fractions de ses membres, et dans ce cas, le gouvernement parlementaire, sous le régime des partis, serait impossible. Les majorités stables et disciplinées sans lesquelles il ne pourra jamais être mené efficacement prendraient fin. Ceux qui refusent d'accepter les conditions de la vie parlementaire devraient s'abstenir d'y accéder.

Il est évident que la seule justification de ce système réside dans la croyance que le gouvernement parlementaire, tel qu'il fonctionne en Angleterre, est dans l'ensemble une bonne chose, et que c'est la condition indispensable de son existence. Probablement aussi, chez la plupart des hommes, cela renforce la disposition à soutenir le gouvernement sur des questions qu'ils ne comprennent pas et dans lesquelles de graves problèmes de parti ne sont pas impliqués. Ils savent que ces questions mineures ont au moins été soigneusement examinées selon leurs mérites par des hommes responsables et avec l'aide des meilleures connaissances spécialisées disponibles.

Ce fait nous rapproche largement de la tendance à donner aux gouvernements un monopole presque total dans l'initiative des lois, si évidente dans la vie parlementaire moderne. Dans le passé, de nombreuses lois utiles ont été le fruit de députés privés et indépendants, mais les chances que des projets de loi présentés par ces députés deviennent une loi diminuent régulièrement. Cela n'est pas dû à un changement constitutionnel reconnu, mais à la pression toujours croissante des affaires du gouvernement sur l'heure de la Chambre, et surtout à ce qu'on appelle la règle de midi, qui termine les débats à minuit.

C'est une règle qui est manifestement sage, car elle limite, dans les occasions ordinaires, la durée du travail parlementaire à une période correspondant aux forces d'un homme moyen. Le gouvernement parlementaire présente de nombreux aspects douteux, mais il ne semble jamais pire que dans les cas qu'on peut encore parfois voir lorsqu'un gouvernement juge bon d'imposer une mesure importante par des séances toute la nuit, et lorsqu'une Chambre lasse et irritée qui a siégé puisque trois ou quatre heures de l'après-midi sont appelées à une heure correspondante du petit matin pour se prononcer sur des questions de principe graves et difficiles et pour s'occuper des intérêts sérieux de grandes classes. L'incapacité totale et la plus naturelle de la Chambre, à une telle heure, de soutenir une discussion soutenue ; son souci que chaque amendement successif soit expédié en cinq minutes ; la promptitude avec laquelle, dans cette atmosphère fatiguée et fiévreuse, des surprises et des coalitions peuvent être réalisées et des solutions acceptées, ce que la Chambre dans son état normal n'aurait guère écouté, doit être évidente pour tout observateur. Les scènes de ce genre comptent parmi les plus grands scandales du Parlement, et la règle qui les rend impossibles sauf dans les dernières semaines de la session a été l'un des plus grands progrès du travail parlementaire moderne. Mais son inconvénient est qu'il a considérablement limité la possibilité d'une législation d'initiative parlementaire. C'est au cours de séances tardives et rapides que la plupart des mesures de ce genre ont atteint leur phase finale, et depuis que la règle de midi a été adoptée, un nombre beaucoup plus restreint de projets de loi présentés par des députés se retrouvent dans les lois.

NOTES DE BAS DE PAGE :

[35] O'Brien, *L'avocat* , p. 169, 170.

[36] *Dictionnaire de Cas de Conscience* , Art. 'Avocat;' Migne, *Encyclopédie Théologique* , i. série, tome XVIII.

[37] *Revue de Droit International* , XXI. 615.

[38] Voir *General View of the Criminal Law of England de* Sir James Stephen , pp. 167, 168.

[39] La défense de Phillips concernant sa propre conduite se trouve dans une brochure intitulée « Correspondance de S. Warren et C. Phillips relative au procès Courvoisier ». On a souvent dit que Phillips avait affirmé dans son discours qu'il croyait pleinement à l'innocence de son client, mais cela est démenti par la déclaration de CJ Tindal, qui a jugé l'affaire, et du baron Parke, qui a siégé sur le banc. CJ Denman a également déclaré que le discours de Phillips était irréprochable. Un article compétent et intéressant sur cette affaire rédigé par M. Atlay se trouve dans le *Cornhill Magazine* , mai 1897.

[40] Voir ces affaires dans Warren's *Social and Professional Duties of an Attorney* , pp. 128-133, 195, 196.

[41] Voir l'admirable article du Lord Justice Bowen sur « The Administration of the Law » dans Ward's *Reign of Queen Victoria* , vol. je.

CHAPITRE X

Il ressort clairement des considérations exposées dans le chapitre précédent que les limites morales et les conditions dans lesquelles un député ordinaire est obligé de travailler sont loin d'être idéales. Un homme honnête s'efforcera consciencieusement, dans ces conditions, de faire de son mieux pour la cause de l'honnêteté et pour le bien de son pays, mais il ne peut pas essentiellement les modifier, et elles présentent de nombreuses tentations et tendent à bien des égards à brouiller les lignes qui séparent les autres. le bien du mal. Il se trouvera pratiquement engagé à soutenir son parti dans des mesures qu'il n'a jamais vues et dans des politiques qui ne sont pas encore développées ; voter dans certains cas contrairement à sa véritable conviction et dans de nombreux cas sans réelle connaissance ; d'agir tout au long de sa carrière politique pour de nombreux motifs autres qu'une conviction motivée du bien-fondé de la question en cause.

J'ai insisté sur les questions difficiles qui se posent lorsque les souhaits de ses électeurs sont en contradiction avec ses propres opinions sincères. Une autre question, plus vaste, est de savoir dans quelle mesure il est tenu de faire de ce qu'il considère comme les intérêts de la nation son phare et dans quelle mesure il doit subordonner ce qu'il croit être leurs intérêts à leurs préjugés et à leurs souhaits. L'une des premières leçons que tout homme politique actif doit apprendre est qu'il est un administrateur tenu d'agir pour des hommes dont les opinions, les objectifs, les désirs et les idéaux sont souvent très différents des siens. Aucun homme qui occupe le poste de député ne devrait se priver de cette considération, même si elle s'applique à différentes catégories de députés à des degrés divers. Un simple député ne doit pas l'oublier, mais en même temps, étant élu avant tout et spécialement pour représenter un élément particulier de la vie nationale, il concentrera plus exclusivement son attention sur un cercle étroit, tout en ayant en même temps plus de latitude. d'exprimer des opinions impopulaires et de défendre des causes non mûres et impopulaires qu'un membre qui prend une part importante et officielle au gouvernement de la nation. Les premiers rangs de l'opposition occupent une position quelque peu différente. Ils sont les représentants spéciaux et organisés d'un parti particulier et de ses idées, mais le fait qu'ils peuvent être appelés à tout moment à entreprendre le gouvernement de la nation dans son ensemble et que, même lorsqu'ils sont dans l'opposition, ils prennent une grande part à la modelant sa politique générale, leur impose des limitations et des restrictions dont un simple membre privé est dans une large mesure exempté. Lorsqu'un parti arrive au pouvoir, sa position est à nouveau légèrement modifiée. Ses dirigeants ne sont certainement pas détachés de la politique de parti qu'ils préconisaient dans l'opposition. L'un des principaux objectifs du parti est d'incorporer certaines opinions politiques et les intérêts de certaines sections de la communauté dans un corps organisé qui constituera une force politique constante et permanente. C'est par ce moyen que les opinions politiques ont le plus de chance de triompher ; que les intérêts de classe sont protégés le plus efficacement possible. Mais un gouvernement ne peut pas gouverner uniquement dans l'intérêt d'un parti. C'est un administrateur de la nation entière, et l'un de ses premiers devoirs est de vérifier et de respecter autant que possible les vœux ainsi que les intérêts de toutes les sections.

Des exemples concrets montreront peut-être plus clairement que des déclarations abstraites le genre de difficultés que je décris. Prenons, par exemple, la vaste série de propositions visant à limiter la vente de boissons fortes par des méthodes telles que le veto local ou la fermeture des débits de boissons le dimanche. Une classe de politiciens adopte la position d'opposants intransigeants au commerce des boissons. Ils soutiennent que les boissons fortes sont sans aucun doute en Angleterre la principale source de la misère, du vice, de l'avilissement des pauvres ; que non seulement cela ruine directement des dizaines de milliers de personnes, corps et âmes, mais qu'il apporte également une masse de misère qu'il est difficile d'exagérer sur leurs familles innocentes ; que le besoin de boisson de l'ivrogne se reproduit souvent comme une maladie héréditaire chez ses enfants ; et qu'un législateur ne peut avoir aucun objectif plus élevé ni aucun devoir plus évident que d'abattre par tous les moyens disponibles le principal obstacle au bien-être moral et matériel du peuple. Le principe de contrainte, comme on dit avec raison, s'étend de plus en plus à tous les secteurs de l'industrie. Il est vain de prétendre que l'État qui, tout en interdisant d'autres formes de commerce dominical, accorde un privilège spécial au plus pernicieux de tous, n'a pas le droit de le limiter ou de le retirer, et que le législateur qui prélève des sommes considérables sur l'ensemble communauté pour l'entretien de la police ainsi que pour les hospices, les prisons et l'administration criminelle, devrait sûrement, dans l'intérêt de la communauté tout entière, faire tout ce qui est en son pouvoir pour supprimer la cause principale du paupérisme, du désordre et du crime. .

Une autre catégorie de politiciens aborde la question d'un point de vue totalement différent. Ils s'opposent catégoriquement à l'idée d'imposer aux hommes adultes un système de restrictions morales qui est très justement imposé aux enfants. Ils soutiennent que les hommes adultes qui ont assumé tous les devoirs et responsabilités de la vie, et qui ont même une voix dans le gouvernement du pays, devraient réglementer leur propre conduite, dans la mesure où ils n'interfèrent pas directement avec leurs voisins, sans restriction légale. supportant eux-mêmes les conséquences de leurs erreurs ou de leurs excès. C'est, disent-ils, le premier principe de la liberté, la première condition de la formation de caractères forts et virils. Un homme pauvre qui désire, lors de son excursion dominicale, se procurer un rafraîchissement modéré comme il aime pour lui-même ou pour sa famille, et qui se rend au pub, probablement dans la plupart des cas pour rencontrer ses amis et discuter des potins du village autour d'un verre de vin. la bière - ne porte en aucun cas atteinte à la liberté de ses voisins. Il ne fait rien de mal ; rien qu'il n'ait un droit parfait de faire. Personne ne refuse au riche l'accès à son club le dimanche, et il ne faut pas oublier que le pauvre n'a ni les caves privées, ni les maisons confortables et spacieuses des riches, et a infiniment moins de possibilités de récréation. Parce que certains hommes abusent de ce droit et ne peuvent pas boire de l'alcool avec modération, faut-il interdire à tous les hommes d'en boire, ou au moins d'en boire le dimanche ? Parce que deux hommes acceptent de ne pas en boire, ont-ils le droit d'imposer la même obligation à un tiers réticent ? Ceux qui n'entrent jamais dans un cabaret, et qui, de par leur position dans la vie, n'ont jamais besoin d'y entrer, ont-ils le droit, s'ils sont en majorité, d'en fermer les portes à ceux qui en usent ? Pour ces raisons, ces hommes politiques considèrent avec une extrême défaveur toute cette législation restrictive comme étant injuste, partielle et incompatible avec la liberté.

Cependant, très peu d'entre eux seraient prêts à pousser l'un ou l'autre ensemble d'arguments jusqu'à leurs conséquences logiques. Peu d'hommes ayant une expérience pratique dans la gestion des hommes préconiseraient une suppression complète du commerce des boissons, et encore moins seraient ceux qui le poseraient sur la base d'un libre-échange complet, totalement exempté de restrictions législatives spéciales. Pour les hommes politiques responsables, la voie à suivre dépendra principalement des conditions fluctuantes de l'opinion publique. Des restrictions seront imposées, mais seulement quand et dans la mesure où elles sont soutenues par une véritable opinion publique. Il ne doit pas s'agir d'une simple majorité, mais d'une large majorité ; une majorité constante ; une véritable majorité représentant un désir réel et sérieux, et surtout dans les classes les plus directement concernées ; non pas une simple majorité factice comme celle qui est souvent créée par une organisation et une agitation habiles ; par l'enthousiasme de quelques-uns face à l'indifférence du plus grand nombre. Dans les États libres et démocratiques, l'un des arts politiques les plus nécessaires, mais aussi les plus difficiles, consiste à tester l'opinion publique, en distinguant ce qui est réel, croissant et permanent et ce qui est éphémère, artificiel et en déclin. Comme le disait un écrivain français : « Le grand art en politique consiste non pas à entendre ceux qui parlent, mais à entendre ceux qui se taisent. » Sur des questions comme celles que j'ai mentionnées, nous pouvons trouver le même homme d'État, sans aucune incohérence réelle, soutenant les mêmes mesures dans une partie du royaume et s'y opposant dans une autre ; les soutenir à un moment donné parce que l'opinion publique est fortement en leur faveur ; les opposer à un autre parce que cette opinion publique s'est affaiblie.

L'un des pires maux moraux qui se développent dans les pays démocratiques est la tendance excessive à la peine de prison et à la chasse à la popularité, et le danger est d'autant plus grand que, dans un certain sens, ces deux choses sont une nécessité et même un devoir. Leur qualité morale dépend principalement de leur motivation. La question qui se pose est de savoir si un homme politique agit pour des raisons personnelles ou simplement de parti, ou pour des raisons publiques honorables. Chaque homme d'État doit se faire une idée si une tendance dominante est favorable ou opposée aux intérêts réels du pays. Cela dépendra de ce jugement s'il s'efforcera de l'accélérer ou de le retarder ; s'il cédera lentement ou facilement à sa pression, et il y a des cas dans lesquels, à tout prix en termes de popularité et d'influence, il devrait s'y opposer inexorablement. Mais à long terme, sous des gouvernements libres, les systèmes et les mesures politiques doivent être adaptés aux souhaits des diverses couches du peuple, et cet ajustement est la grande œuvre de l'art politique. En jugeant une mesure proposée, un homme d'État doit continuellement se demander si le pays est mûr pour cette mesure - si son introduction, aussi souhaitable soit-elle, ne serait pas prématurée, l'opinion publique n'y étant pas encore préparée ? être une mauvaise mesure, il n'est pas dans l'ensemble préférable de voter pour, comme la nation le désire manifestement ?

Le même genre de raisonnement s'applique à la difficile question de l'éducation, et notamment de l'éducation religieuse. Quiconque s'intéresse à ce sujet a sa propre conviction quant au type d'éducation qui est en soi le meilleur pour le peuple, et aussi le meilleur que le gouvernement puisse entreprendre. Il préférera peut-être que l'État se limite à une éducation purement laïque, laissant tout l'enseignement religieux aux organismes bénévoles ; ou il peut approuver le type d'enseignement religieux non confessionnel de la Commission scolaire anglaise ; ou bien il peut être un fervent partisan d'une des nombreuses formes d'éducation confessionnelle nettement accentuée. Mais lorsqu'il agit en législateur responsable, il doit sentir que la question n'est pas seulement de savoir ce qu'il *considère* comme le meilleur, mais aussi de savoir ce que désirent le plus les parents des enfants. Il est vrai que l'autorité des parents n'est pas absolument reconnue. La conviction que certaines choses sont essentielles aux enfants, au bien-être et à la vigueur de l'État, et la conviction que les parents ne sont souvent pas les meilleurs juges en la matière, font que les législateurs, sur certains sujets importants, passent outre les souhaits. des parents. Les restrictions sévères imposées au travail des enfants ; la mesure, malheureusement aujourd'hui fortement assouplie, prévoyant la vaccination des enfants ; et la législation protégeant les enfants contre les mauvais traitements de la part de leurs parents en sont des exemples, et la plus vaste et la plus profonde de toutes les exceptions est l'éducation. Après beaucoup de réticences, les deux parties au sein de l'État sont arrivées à la conclusion qu'il est essentiel pour l'avenir des enfants, et essentiel également pour le maintien de la position relative de l'Angleterre dans la grande compétition des nations, qu'au moins les rudiments de l'éducation doit être universelle, et ils sont également convaincus que c'est une des vérités que les parents parfaitement ignorants sont les moins capables de comprendre. D'où le système d'enseignement obligatoire qui, ces dernières années, s'est si rapidement étendu.

De nombreuses nations sont allées plus loin et ont revendiqué pour l'État le droit de prescrire absolument le genre d'éducation qui devrait être autorisé, ou du moins le genre d'éducation qui serait exclusivement financé par les fonds de l'État. En Angleterre, ce n'est pas le cas. Une grande variété de formes d'éducation correspondant aux souhaits et aux opinions des différentes classes de parents bénéficient de l'aide de l'État, sous réserve de se soumettre à certains tests d'efficacité éducative et d'une clause de conscience protégeant les minorités contre toute ingérence dans leur foi.

Un cas qui causa autrefois beaucoup de chagrin moral parmi les hommes bons fut la dotation, par l'État, du Maynooth College, qui est entièrement sous le contrôle du sacerdoce catholique romain et destiné à éduquer ses étudiants en théologie dans la foi catholique romaine. La dotation datait de la période de l'ancien Parlement protestant irlandais ; et lorsque, lors de la dissolution de l'Église irlandaise, cette subvention a pris fin, elle a été remplacée par une importante subvention en capital du Fonds de l'Église irlandaise, et c'est grâce aux intérêts de cette subvention que le Collège est toujours soutenu. Cette concession fut dénoncée par beaucoup d'hommes excellents, sous prétexte que l'État était protestant ; qu'il avait une croyance religieuse définie sur la base de laquelle il était tenu en conscience d'agir ; et que c'était une apostasie coupable que de financer à même les deniers publics l'enseignement de ce que tous les protestants croient être une superstition, et ce que beaucoup de protestants croient être une erreur idolâtre et destructrice d'âme. La force de ce genre de sentiment en Angleterre est démontrée par l'extrême difficulté qu'il a été de persuader l'opinion publique d'accepter une quelconque forme de ce don concurrent de religions qui existe si largement et fonctionne si bien sur le continent.

Beaucoup, encore une fois, qui n'ont aucune objection à la politique consistant à subventionner l'éducation théologique des prêtres par des subventions de l'État, estiment qu'il est extrêmement préjudiciable à la fois à l'État et à la jeunesse que l'enseignement séculier — et en particulier l'enseignement séculier supérieur — de la population catholique irlandaise devrait être placée sous leur contrôle total et que, grâce à leur influence, les catholiques irlandais devraient être strictement séparés pendant la période de leur éducation de leurs compatriotes d'autres religions. Aucune croyance, à mon avis, n'est plus fondée que celle-là. Si toutefois ceux qui le détiennent constatent qu'il existe un grand nombre de parents catholiques qui désirent avec persistance ce contrôle et cette séparation ; qui ne se contentera pas de la suppression des handicaps et de l'influence sectaire dans les systèmes d'éducation commune ; qui s'opposent à toute éducation mixte et non confessionnelle au motif que leurs prêtres l'ont condamnée et qu'ils sont tenus en conscience de suivre les ordres de leurs prêtres, et qui en conséquence refusent à leurs enfants l'éducation qu'ils leur auraient autrement donnée , de tels hommes auront, à mon avis, tout à fait raison de modifier leur politique. Par souci d'opportunité, ils diront qu'il vaut mieux que ces catholiques reçoivent une éducation universitaire médiocre plutôt que pas du tout ; et qu'il est extrêmement souhaitable que ce qui est considéré comme un grief par de nombreux hommes honnêtes, droits et loyaux soit supprimé. En principe, ils soutiennent que dans un pays où l'enseignement supérieur est largement et diversement financé par des sources publiques, c'est un véritable grief qu'il y ait une grande partie de la population qui ne puisse tirer que peu ou pas de bénéfice de ces dotations. Il ne suffit pas de dire que l'objection des parents catholiques n'est dans la plupart des cas pas spontanée, mais qu'elle est due aux ordres de leurs prêtres, car nous avons affaire à des hommes qui croient que c'est une question de conscience sur de telles questions de obéissez à leurs prêtres. Il ne suffit pas non plus, je pense, de soutenir — comme le feront de très nombreux hommes éclairés — que tout ce qui pourrait être le moins du monde répugnant à la foi d'un catholique a été éliminé de l'éducation qui leur est imposée dans les universités existantes ; que tous les postes d'honneur, d'émoluments et de pouvoir leur ont été ouverts ; que pendant des générations ils ont suivi avec plaisir les cours de l'Université de Dublin, et qu'ils sont encore aujourd'hui autorisés par leurs ecclésiastiques à suivre ceux d'Oxford et de Cambridge ; que, la nation ayant adopté le principe général d'une éducation non sectaire ouverte à tous, aucune secte n'a droit à un traitement exceptionnel, bien que chaque secte ait incontestablement le droit d'établir à ses propres frais l'éducation qui lui plaît. La réponse est que l'objection d'une certaine classe de catholiques romains en Irlande ne concerne pas les abus qui peuvent avoir lieu dans le cadre du système d'éducation mixte et non confessionnelle, mais le système lui-même, et que le type particulier d'éducation dont seul un Une classe considérable de contribuables peut consciencieusement en profiter, n'a été créée que par un effort volontaire et n'est qu'insuffisamment et indirectement dotée par l'État. [42] Lentement et à contrecœur, les gouvernements anglais en sont venus à reconnaître le fait que la tendance de l'opinion catholique en Irlande va aussi clairement dans le sens du confessionnalisme que la tendance de l'opinion anglaise non-conformiste est dans le sens du non-confessionnalisme, et qu'il est Il est impossible de poursuivre l'éducation d'un peuple catholique dominé par les prêtres sur le même modèle que celle d'un peuple protestant. L'enseignement primaire est devenu presque entièrement confessionnel et, directement ou indirectement, une foule de dotations sont accordées à des institutions exclusivement catholiques. C'est pour ces raisons que nombre de ceux qui nourrissent la plus forte antipathie à l'égard du contrôle sacerdotal de l'enseignement supérieur sont prêts à préconiser l'augmentation des dotations d'une université ou d'un collège distinctement sacerdotal, tout en soutenant vigoureusement, parallèlement à cela, les institutions non confessionnelles qu'ils croient être incomparablement meilleurs, et auxquels ont actuellement recours non seulement tous les protestants, mais aussi un groupe non négligeable de catholiques irlandais.

Beaucoup de mes lecteurs parviendront probablement à une conclusion opposée sur cette question très difficile. Le but de ce que j'ai écrit est simplement de montrer le processus par lequel un homme politique peut consciencieusement préconiser la création et la dotation d'une chose qu'il croit intrinsèquement mauvaise. On dit que Sir Robert Inglis, un excellent représentant d'une vieille école de torysme extrême mais très consciencieux, a dit qu'il ne voterait jamais un sou de l'argent public à des fins qu'il ne jugeait pas justes et bonnes. ' L'impossibilité d'appliquer un tel principe doit être évidente pour quiconque a vraiment compris la nature du gouvernement représentatif et le devoir d'un député d'agir comme administrateur de toutes les classes de la communauté. Dans l'exercice de cette fonction, tout membre consciencieux est obligé de voter continuellement de l'argent à des fins qui ne lui plaisent pas. Dans le cas particulier que je viens de donner, le processus de raisonnement que j'ai décrit est purement désintéressé, mais bien entendu ce n'est pas par un tel processus de raisonnement pur qu'une telle question sera résolue. Les députés anglais et écossais devront considérer les effets de leur vote sur leurs propres circonscriptions, où se trouvent généralement de larges sections d'électeurs qui connaissent très peu les circonstances particulières de l'éducation irlandaise, mais qui ont des sentiments très forts à l'égard de l'Église catholique romaine. Les hommes d'État devront considérer les diverses manières ultérieures dont leur politique peut affecter l'ensemble de la situation sociale et politique de l'Irlande, alors que l'écrasante majorité des membres irlandais sont élus par de petits agriculteurs et des ouvriers agricoles qui n'ont jamais pu bénéficier d'une éducation universitaire. et qui, sur toutes les questions relatives à l'éducation, agissent aveuglément sous la dictée de leurs prêtres.

L'incohérence n'est pas nécessairement une condamnation d'un homme politique, et les partis ainsi que les hommes d'État l'ont abondamment démontré. Cela m'entraînerait trop loin, dans un livre où les difficultés morales de la politique ne forment qu'une seule subdivision, que d'entrer dans l'histoire des partis anglais ; mais ceux qui le feront se convaincront facilement qu'il n'est guère de principe d'action politique qui n'ait été abandonné dans l'histoire des partis, et qu'il n'est pas rare que des partis en soient venus à préconiser à une époque de leur histoire les mêmes mesures qui, à une autre époque, ils résistèrent le plus vigoureusement. Les changements de circonstances, la croissance ou le déclin des tendances intellectuelles, la stratégie des partis, l'influence individuelle, ont tous contribué à ces mutations, et la plupart d'entre elles sont dues à des motifs très mêlés de patriotisme et d'intérêt personnel.

Pour juger de la qualité morale des changements de dirigeants des partis, l'élément temporel sera généralement d'une importance capitale. Les revirements violents et soudains de politique ne sont jamais effectués par un parti sans une grande perte de poids moral ; bien qu'il y ait des circonstances dans lesquelles ils ont été impérativement requis. Personne ne contestera désormais l'intégrité des motifs qui ont poussé le duc de Wellington et Sir Robert Peel à promouvoir l'émancipation des catholiques en 1829, lorsque les élections de Clare avaient amené l'Irlande au bord de la révolution ; et la conduite de Sir Robert Peel en faveur de l'abrogation des Corn Laws n'était certainement pas due à un quelconque motif d'ambition personnelle ou de parti, bien qu'on puisse affirmer avec force qu'à une époque où il était encore le chef du parti protectionniste son esprit s'était manifestement orienté vers le libre-échange et que la famine irlandaise, bien que n'étant pas un simple prétexte, n'était pas entièrement la cause de la capitulation. Dans chacun de ces cas, un ministère s'est engagé à résister à une mesure particulière introduite et l'a appliquée, et ce, sans aucun appel aux électeurs. La justification était que la mesure était devenue à leurs yeux absolument nécessaire au bien public, et que l'état de la politique ne leur permettait ni de la mettre en œuvre par une dissolution, ni de confier la tâche à d'autres mains. Si Sir Robert Peel avait démissionné de ses fonctions ou dissous le Parlement après l'élection de Clare en 1828, il est fort probable que la mesure d'émancipation catholique n'aurait pas pu être adoptée, et son report, selon lui, aurait plongé l'Irlande dans une dangereuse rébellion. Peu de malheurs plus graves ont frappé un gouvernement de parti que l'échec des Whigs à former un ministère en 1845. S'ils l'avaient fait, l'abolition des Corn Laws aurait été adoptée par des hommes d'État qui étaient dans une certaine mesure soutenus par le parti du libre-échange, et non pas par des hommes d'État qui avaient obtenu leur pouvoir en tant que représentants spéciaux des intérêts agricoles.

Un autre cas qui, du point de vue du parti, a eu plus de succès, mais qui, à mon avis, devrait être jugé beaucoup plus sévèrement, était le projet de loi de réforme de 1867. Le parti conservateur, sous la direction de M. Disraeli, a rejeté le projet de loi de réforme de M. Gladstone. principalement au motif qu'il s'agissait d'un pas excessif vers la démocratie. La victoire les installa au pouvoir, et ils déclarèrent alors que, la question étant posée, ils devaient s'en occuper eux-mêmes. Ils ont présenté un projet de loi portant le suffrage à un niveau beaucoup plus bas que celui proposé par le dernier gouvernement, mais ils l'ont entouré d'un certain nombre de dispositions garantissant une représentation supplémentaire à des classes et des intérêts particuliers qui auraient matériellement modifié son caractère démocratique.

Sans ces dispositions de sauvegarde, le parti n'aurait certainement pas toléré l'introduction d'une telle mesure, et pourtant, face à l'opposition, son chef les a abandonnées une à une comme sans importance capitale, et, par une direction qui était un chef-d'œuvre d'une habileté sans scrupules , a réussi à amener son parti à adopter une mesure bien plus démocratique que celle qu'il avait dénoncée et rejetée quelques mois auparavant. On a soutenu que la question devait être réglée ; qu'elle doit être placée sur une base permanente et durable ; qu'il ne fallait plus tolérer qu'il soit une arme entre les mains des Whigs, et que le projet de loi de réforme tory, bien qu'il ait été reconnu comme un « saut dans l'obscurité », a eu au moins pour résultat de « déstabiliser les Whigs ». ' Il ne fait aucun doute que cela était conforme aux véritables convictions de Disraeli. Il appartenait à une école politique dont Bolingbroke, Carteret et Shelburne et, à certaines périodes de sa carrière, Chatham, étaient des représentants antérieurs qui n'avaient aucune sympathie réelle pour la prépondérance de l'élément aristocratique dans l'ancien parti conservateur, qui avait une Il était décidé à faire appel franchement au soutien démocratique et croyait qu'un exécutif fort reposant sur une large base démocratique était le véritable avenir du torysme. Il a remarquablement anticipé l'école de pensée politique qui a triomphé de nos jours, bien qu'il n'ait pas vécu pour être témoin de son triomphe. En même temps, on ne peut nier que le projet de loi de réforme de 1867, dans la forme sous laquelle il fut finalement adopté, était aussi éloigné que possible des souhaits et de la politique de son parti au début de la session, et aussi incohérent qu'une politique puisse l'être. être avec leur langage et leur conduite lors de la séance qui l'a précédé.

Un gouvernement parlementaire choisi selon le système des partis est, comme nous l'avons vu, à la fois le dépositaire de la nation entière, tenu en tant que tel de faire du bien-être de l'ensemble sa fin suprême, et aussi le représentant spécial de classes particulières, le gardien spécial. de leurs intérêts, objectifs, souhaits et principes. Les deux points de vue ne sont pas les mêmes et il faut souvent se heurter à de graves difficultés, tant éthiques que politiques, pour tenter de les harmoniser. Il n'est bien sûr pas vrai que l'objet d'un parti soit simplement une question de lieu ou de pouvoir et, bien entendu, une chose différente d'un objet patriotique. Le sens même du mot parti est que les hommes publics considèrent certains principes de gouvernement, certaines lignes de politique, la protection et le développement d'intérêts particuliers, comme d'une importance capitale pour la nation, et ils sont donc, pour des raisons purement publiques, pleinement justifiés d'en faire un objectif principal. s'opposent à ce que le gouvernement du pays soit confié à leur parti. Toutefois, l'importance du maintien d'un parti particulier au pouvoir varie considérablement. Dans de nombreuses périodes, et probablement dans la plupart, de l'histoire anglaise, un changement de gouvernement n'implique aucun changement violent ou profond de la politique. Cela signifie simplement que certaines tendances de la législation seront quelque peu relâchées pendant un certain temps, tandis qu'une autre série de tendances s'intensifiera quelque peu ; que les intérêts d'une classe seront un peu plus importants et ceux d'une autre classe un peu moins pris en compte ; que le rythme du progrès ou du changement sera légèrement accéléré ou retardé. Parfois, cela signifie encore moins que cela. Les opinions des deux premiers bancs sont si proches qu'un changement de gouvernement signifie principalement la destitution pour un temps de leurs fonctions de ministres qui ont commis quelques erreurs administratives isolées ou qui ont subi une certaine impopularité individuelle, indépendamment de leur politique partisane. Cela signifie que les ministres blasés et quelque peu épuisés par plusieurs années de travail continu, et dont le pays s'était lassé, sont remplacés par des hommes capables d'apporter à cette tâche un esprit et une énergie plus frais ; ce favoritisme dans toutes ses branches étant depuis quelques années allé principalement à un parti, c'est maintenant à l'autre parti que c'est son tour. Il y a des périodes où le pays est très satisfait de la politique générale d'un gouvernement mais pas des hommes qui la mènent. Des ministres dotés d'excellents principes se révèlent inefficaces, maladroits ou malheureux, ou des querelles et des jalousies surgissent entre eux, ou des négociations difficiles sont en cours avec des nations étrangères, qui peuvent être mieux menées à bien si elles sont placées entre les mains d'hommes nouveaux, non engagés. et libérés de leur passé. Le pays veut un changement de gouvernement mais pas un changement de politique, et dans de telles circonstances, la tâche d'une opposition victorieuse est bien moins de marcher dans de nouvelles directions que de marquer le pas, de diriger les affaires de la nation sur les mêmes lignes. mais avec une plus grande compétence administrative. Dans de telles périodes, l'importance des objectifs du parti est considérablement diminuée et une politique qui vise simplement à maintenir un parti au pouvoir devrait être sévèrement condamnée.

Il arrive cependant parfois qu'un parti s'engage à adopter une mesure particulière que ses adversaires considèrent comme extrêmement dangereuse, voire ruineuse pour le pays. Dans ce cas, il devient d'une importance capitale de maintenir ce parti hors du pouvoir, ou, s'il est au pouvoir, de le maintenir dans une position de faiblesse permanente jusqu'à ce que ce dangereux projet soit abandonné. Dans de telles circonstances, les hommes d'État ont raison de pousser les objectifs du parti et la législation purement partisane bien plus loin qu'à d'autres époques. Renforcer leur propre parti ; gagner pour lui la plus grande popularité; gagner le soutien des différentes factions de la Chambre des communes, devenir un grand objet public ; et, pour le réaliser, des sacrifices de politique et, dans une certaine mesure, de principe, l'acceptation de mesures auxquelles le parti s'était autrefois opposé, et l'ajournement ou l'abandon de mesures auxquelles il s'était engagé, ce qui aurait été autrefois très correctement condamné, devient justifiable. L'intérêt suprême de l'État est la fin et la justification de sa politique, et des alliances se forment qui, dans des circonstances moins pressantes, auraient été impossibles, et qui, une fois établies, changent parfois profondément le caractère permanent de la politique des partis. Ici, comme dans presque toutes les questions politiques, l'attention portée aux proportions et au degré, le sacrifice du moins pour atteindre le plus grand, marquent le chemin à la fois de la sagesse et du devoir.

Les tentations des politiciens des partis sont de toutes sortes et varient considérablement selon les différents stades de développement politique. Le pire est la tentation de la guerre. La guerre entreprise sans nécessité, ou du moins sans justification sérieuse, est, selon toute saine éthique, le plus grave des crimes, et parmi ses causes, on peut souvent déceler des motifs du genre de ceux que j'ai indiqués. De nombreuses guerres ont été commencées ou prolongées pour consolider une dynastie ou un parti ; afin de lui donner de la popularité ou du moins de le sauver de l'impopularité ; afin de détourner l'esprit des hommes de questions intérieures devenues dangereuses ou embarrassantes, ou d'effacer le souvenir des querelles, des erreurs ou des crimes passés. [43] L'expérience ne montre malheureusement que trop clairement avec quelle facilité les passions combatives des nations peuvent être éveillées et combien de popularité peut être acquise par une guerre réussie. Même dans ce cas, il est vrai que la guerre appauvrit généralement le pays qui la mène, mais il existe de grandes classes pour qui elle n'est en aucun cas une calamité. Le niveau élevé des prix agricoles ; les brillantes carrières ouvertes aux métiers militaires et navals ; les nombreuses industries spéciales qui sont immédiatement stimulées ; la hausse du taux d'intérêt ; les opportunités de richesse qui naissent des violentes fluctuations de la Bourse ; même l'attrait accru des journaux, tout cela tend à intéresser des classes particulières à son maintien. Parfois, cela est étroitement lié aux sympathies partisanes. Pendant les guerres françaises d'Anne, le fait que Marlborough était whig et que l'électeur de Hanovre, qui était l'espoir du parti whig, était en faveur de la guerre, contribua très sensiblement à retarder la paix. Un état de grande inquiétude intérieure est souvent une tentation de guerre, non pas parce qu'il y conduit directement, mais parce que les dirigeants considèrent qu'une guerre étrangère est le meilleur moyen de détourner les énergies dangereuses et perturbatrices vers de nouveaux canaux, et en même temps de renforcer l'armée. et des éléments faisant autorité dans la communauté. La transformation réussie de l'anarchie de la grande Révolution française en une carrière de conquête en est un exemple typique.

Dans les gouvernements aristocratiques comme celui qui existait en Angleterre au XVIIIe siècle, les tentations de corruption étaient particulièrement fortes. Construire un vaste système d'influence parlementaire par des bourgs pourris et, en accordant systématiquement des honneurs à ceux qui pouvaient les contrôler, gagner le soutien des grandes entreprises et des grandes professions en favorisant leurs intérêts et en s'abstenant de tout effort pour les réformer, était une erreur. élément essentiel de l'art politique de l'époque. Des privilèges de classe sous de nombreuses formes ont été créés, étendus et maintenus, et dans certains pays – bien que beaucoup moins en Angleterre que sur le continent – le fardeau de la fiscalité était très inéquitablement réparti, tombant principalement sur les pauvres.

Dans les gouvernements démocratiques, les tentations sont d'une autre nature. La popularité y est la principale source du pouvoir, et le tribunal suprême est constitué de chiffres comptés par la tête. Le bien-être de la grande masse du peuple est la véritable fin de la politique, mais il ne s'ensuit pas nécessairement que l'opinion de la majorité la moins instruite soit le meilleur guide pour l'obtenir. En m'attardant sur les tentations des hommes politiques soumis à un tel système, je ne fais pas simplement référence à l'agitateur ou au démagogue sans scrupules qui cherche le pouvoir, la notoriété ou la popularité en excitant les envies et les animosités de classe, en dressant les pauvres contre les riches et en prêchant l'évangile de l'opinion publique. pillage; Je ne m'étendrais pas non plus sur les méthodes si largement employées aux États-Unis pour accumuler, grâce à une machine électorale savamment conçue, de grandes masses de pouvoir électoral tirées des électeurs les plus ignorants et les utiliser à des fins de corruption. Je m'attarderais plutôt sur le parti pris qui oblige presque inévitablement le chef du parti à mesurer la législation principalement en fonction de sa popularité immédiate et du succès qui en résulte en termes d'augmentation de sa force électorale. Dans certains pays, cette tendance se manifeste par des dépenses somptueuses en travaux publics qui fournissent de l'emploi à de grandes masses d'ouvriers et donnent une grande popularité immédiate dans une circonscription, laissant à la postérité un lourd fardeau de dettes accumulées. Une grande partie de l'embarras financier de l'Europe est due à cette source, et dans la plupart des pays, l'extravagance des dépenses publiques est plus populaire que l'économie. Parfois elle se manifeste par une législation qui ne considère que les effets prochains ou immédiats, et néglige entièrement ceux qui sont lointains et obscurs. Une politique clairvoyante sacrifiant le présent à un avenir lointain devient plus difficile ; des mesures impliquant de nouveaux principes, mais qui résolvent les embarras actuels ou assurent une popularité immédiate, sont lancées sans se soucier des précédents qu'elles établissent et des changements plus importants qui peuvent suivre à leur suite. Les conditions de travail sont modifiées au bénéfice des ouvriers existants, peut-être au prix d'un détournement du capital d'une grande forme d'industrie, ce qui rend impossible la résistance à la concurrence étrangère et, à long terme, restreint l'emploi et porte gravement préjudice à la classe elle-même. qui auraient dû en bénéficier.

Lorsqu'un parti a introduit une mesure de ce genre, l'autre est très tenté de surenchérir, et sous la pression de la concurrence et par crainte d'être distancés dans la course à la popularité, les deux partis finissent souvent par aller beaucoup plus loin que l'un ou l'autre ne l'avait fait. initialement prévu. Lorsque les droits de quelques-uns s'opposent aux intérêts du plus grand nombre, il existe une tendance constante à préférer ces derniers. Il se peut que seuls quelques-uns aient bâti une industrie ; qui ont supporté tous les risques et tous les coûts, et qui ont de loin le plus grand intérêt à sa réussite. Le simple fait qu'ils soient peu nombreux détermine la partialité des législateurs. Il existe une tendance constante à modifier même des droits clairement définis et garantis si, ce faisant, il est possible de concilier une large classe d'électeurs.

La vie parlementaire a de nombreux mérites, mais elle a une tendance manifeste à encourager les visions courtes. L'intérêt immédiat du parti devient si absorbant que les hommes ont du mal à regarder au-delà de cet intérêt. Le désir d'un débatteur habile d'utiliser les sujets qui influenceront le plus l'auditoire devant lui, ou le désir d'un chef de parti de suivre la voie la plus susceptible de réussir dans une compétition immédiatement imminente, l'emportera souvent sur toutes les autres considérations, et le Toute la tendance de la vie parlementaire est de concentrer son attention sur des points de repère qui ne sont pas très éloignés, sans se soucier de ce qui se trouve au-delà.

Une grande cause de l'incohérence des partis réside dans la nécessité absolue d'assimiler les législations. Beaucoup, par exemple, estiment que la tendance actuelle à introduire des réglementations et des ingérences gouvernementales dans tous les départements est pour le moins très exagérée, et qu'il serait de loin préférable de laisser un plus grand domaine à l'action individuelle et aux contrats libres. Mais si de grands secteurs de l'industrie ont été soumis au système de réglementation, il est pratiquement impossible de laisser des industries analogues sous un système différent, et les hommes qui détestent le plus cette tendance sont souvent eux-mêmes obligés de l'étendre. Ils ne peuvent résister à l'affirmation selon laquelle certaines protections législatives ou autres faveurs spéciales ont été accordées à une classe d'ouvriers et qu'il n'y a aucune raison réelle de distinguer leur cas de celui des autres. La tendance dominante va donc naturellement s'étendre, et tout mouvement législatif considérable en entraîne irrésistiblement d'autres à sa suite.

La pression de cette considération se fait sentir le plus douloureusement dans le cas d'une législation qui semble non seulement inopportune et imprudente, mais clairement malhonnête. Dans la législation relative aux contrats, une distinction éthique claire doit être établie. Il est pleinement dans le droit moral des législateurs de réglementer les conditions des contrats futurs. C'est une chose très différente de rompre des contrats existants, ou de prendre la mesure encore plus extrême de modifier leurs conditions au profit d'une partie sans le consentement de l'autre, laissant cette autre partie liée par ses restrictions.

Dans la Constitution américaine, il existe une clause spéciale qui interdit à tout État d'adopter une loi violant les contrats. En Angleterre, malheureusement, une telle disposition n'existe pas. L'exemple le plus frappant et le plus incontestable de ce genre se trouve dans la législation foncière irlandaise qui a été commencée par le ministère de M. Gladstone, mais qui a été largement étendue par le parti qui, à l'origine, s'y était le plus vigoureusement opposé. Il y a sans doute beaucoup à dire pour l'atténuer : la dépression agricole ; la demande excessive de terres ; le fait qu'en Irlande les améliorations étaient généralement réalisées par les locataires (qui connaissaient pourtant parfaitement les conditions dans lesquelles ils les réalisaient et dont les loyers étaient proportionnellement inférieurs) ; la prévalence dans certaines régions d'Irlande de coutumes foncières non sanctionnées par la loi ; l'existence d'un grand mouvement révolutionnaire qui avait plongé le pays dans une anarchie honteuse. Mais lorsque tout cela a été admis, il reste incontestable pour tout esprit clair et honnête que le droit anglais a supprimé sans compensation des biens incontestablement légaux et rompu des contrats incontestablement légaux. Un propriétaire terrien plaçait un fermier sur sa ferme en location annuelle, mais s'il désirait exercer son droit légal de la reprendre à la fin de l'année, il était obligé de payer une indemnité « pour dérangement », qui pouvait s'élever à sept fois le loyer annuel. Un propriétaire louait sa terre à un agriculteur pour une période plus longue en vertu d'un contrat écrit clair portant le cachet du gouvernement, et ce contrat définissait le loyer à payer, les conditions dans lesquelles la ferme devait être détenue et le nombre d'années pendant lesquelles il devait être aliéné à son propriétaire. La clause fondamentale du bail stipulait clairement qu'à l'expiration du terme assigné, le locataire devait restituer cette ferme au propriétaire de qui il l'avait reçue. La loi est intervenue et a déterminé que le loyer que cet agriculteur s'était engagé à payer sera réduit par un tribunal gouvernemental sans l'accord du propriétaire et sans donner au propriétaire la possibilité de résilier le contrat et de chercher un nouveau locataire. Elle est allée plus loin et a prévu qu'à la fin du bail, le locataire ne restituera pas le terrain au propriétaire selon les termes de son contrat, mais restera pour toute période future l'occupant, sous réserve seulement d'un loyer fixe et périodiquement révisé, indépendamment de la volonté du propriétaire, par un tribunal indépendant. De vastes masses de propriétés en Irlande avaient été vendues en vertu de la loi sur les successions grevées par un tribunal gouvernemental agissant en tant que représentant du Parlement impérial, et chaque acheteur obtenait de ce tribunal un titre parlementaire le rendant propriétaire absolu du sol et de tous les bâtiments qui s'y trouvaient. , sous réserve uniquement des locations existantes au planning. Aucun récit de l'histoire antérieure de la propriété ne lui fut remis, car, sauf en vertu des termes des baux qui n'étaient pas encore expirés, il n'avait aucune responsabilité pour quoi que ce soit dans le passé. Le titre qu'il a reçu était jugé si inattaquable que dans un cas mémorable, où par erreur une partie des biens d'un homme avait été incluse dans la vente des biens d'un autre homme, la Cour d'appel a décidé que l'injustice ne pouvait être réparée. , car il était impossible, sauf en cas de fraude intentionnelle, de se glisser derrière les titres parlementaires. [44] Dans les cas où les terrains étaient loués à bas loyers, et dans les cas où les locataires détenaient des baux qui allaient bientôt expirer, la possibilité d'augmenter les loyers était constamment spécifiée par l'autorité de la Cour comme une incitation aux acheteurs.

Qu'est devenu ce titre parlementaire ? Les améliorations, si elles avaient été faites ou étaient présumées avoir été faites par les locataires avant la vente, ont cessé d'être la propriété de l'acheteur, et il a été en même temps privé de certains des droits les plus évidents et les plus inséparables. de propriété. Il a perdu le pouvoir de disposer de ses fermes sur le marché libre, de réglementer les termes et conditions dans lesquels il les loue, de renvoyer un fermier qu'il juge inadapté, de reprendre la terre en main à l'expiration du terme fixé. un bail était expiré, de profiter de la plus-value qu'une guerre ou une période de grande prospérité, ou quelque autre circonstance exceptionnelle, avait pu donner à sa propriété. Il est devenu simple contribuable sur les terres qui, par héritage ou par achat, lui appartenaient incontestablement, et le montant de son loyer est fixé et révisé périodiquement par un tribunal devant lequel il n'a pas voix au chapitre et qui a reçu un jugement. pouvoir absolu sur sa succession. Il a acheté ou hérité d'un droit exclusif. La loi en a fait une double propriété. Un droit de locataire qui, au moment où il a obtenu sa propriété, était totalement inconnu de la loi et n'était généralement reconnu par la coutume que dans une seule province, a été retranché dans cette propriété. Le fermier qui se trouvait en occupation au moment de la promulgation de la loi peut, sans le consentement du propriétaire, vendre à un autre le droit d'occuper la ferme au prix du loyer en vigueur. Dans de nombreux cas, ce droit de locataire a plus de valeur que le fief simple de la ferme. Dans de nombreux cas, un agriculteur qui avait ardemment supplié d'être locataire moyennant un loyer spécifié s'est ensuite adressé au tribunal foncier et a vu ce loyer réduit, puis a procédé à la vente du droit de fermage pour une somme bien plus que équivalente à la différence entre les deux loyers. Dans de nombreux cas, cela s'est produit alors qu'il ne pouvait être question d'améliorations de la part du locataire. Le droit de fermage des petites exploitations a augmenté régulièrement à mesure que le loyer diminuait. Dans de nombreux cas, sans aucun doute, le prix excessif du droit de fermage peut être attribué à la soif de terre ou à la passion pour la spéculation foncière si courante en Irlande, ou à quelque cause exceptionnelle incitant un agriculteur à donner un prix extravagant pour le droit de fermage d'un particulier. ferme. Mais bien que dans de tels cas le prix du droit de fermage soit un critère trompeur, le mouvement, lorsqu'il est général, est une preuve claire que la réduction du loyer n'a pas représenté une baisse équivalente de la valeur marchande du terrain, mais a été simplement un transfert gratuit, par l'État, de biens d'une personne à une autre. Ayant d'abord transformé la propriété exclusive du propriétaire en une simple société, le tribunal entreprit, au mépris de toute équité, de rejeter tout le fardeau de la dépression agricole sur l'un des deux associés. La loi réservait, il est vrai, au propriétaire le droit de préemption, c'est-à-dire le droit d'acquérir le droit du locataire lorsqu'il était en vente, à un prix à déterminer en justice, et devenant ainsi une seule fois. plus le propriétaire absolu de sa ferme. La somme fixée par la Cour était généralement d'environ seize ans de rachat du loyer judiciaire. En payant cette somme importante, il pourra récupérer la propriété qui, il y a quelques années, lui appartenait incontestablement, qu'il détenait sous le titre le plus sûr connu par le droit anglais, et qui lui a été enlevé, sans aucune procédure honnête. achat, mais par un acte de simple confiscation législative.

Quelles que soient les palliations d'opportunité que l'on puisse alléguer, la véritable nature de cette législation ne peut raisonnablement être mise en doute, et elle a créé un précédent qui ne manquera pas de s'accroître. Mais le point sur lequel je voudrais particulièrement insister est que le parti même qui s'y est le plus fortement opposé et qui a le plus clairement exposé sa malhonnêteté grossière et essentielle s'est trouvé, ou s'est cru obligé non seulement de l'accepter, mais pour le prolonger. Ils ont soutenu que, d'un point de vue politique pratique, il est impossible d'accorder de tels privilèges à une catégorie de fermiers agricoles et de les refuser aux autres. Le principal prétexte de cette législation dans ses premiers stades était qu'elle était en faveur de locataires très pauvres, incapables de conclure leurs propres marchés, et que la fixité d'occupation que la loi accordait aux locataires annuels tant qu'ils payaient leur loyer leur avaient été très généralement données volontairement par de bons propriétaires. Mais la mesure fut bientôt étendue par un gouvernement unioniste aux fermiers, qui constituent la classe d'agriculteurs la plus nombreuse et la plus indépendante, et qui détenaient leurs terres pour une durée déterminée et dans le cadre d'un contrat écrit distinct. Ce sont en réalité bien plus les agriculteurs les plus avisés et les plus riches que les agriculteurs pauvres et impuissants que cette législation a principalement bénéficié.

Les cas de ce genre, dans lesquels un fort opportunisme ou une nécessité politique absolue entre en conflit apparent avec les principes élémentaires du bien et du mal, sont parmi les plus difficiles auxquels un homme politique ait à faire face. Il doit gouverner le pays et le maintenir dans un état d'ordre tolérable, et il se persuade parfois que sans capitulation devant l'anarchie, sans attaques contre la propriété et sans violations des contrats, cela est impossible. Que la nécessité soit aussi absolue ou l'opportunité aussi justement calculée qu'il le supposait, cela peut en effet être sujet à de nombreuses questions, mais il ne fait aucun doute que la plupart des hommes d'État anglais qui ont adopté la législation agraire irlandaise y croyaient sincèrement, et certains d'entre eux ils imaginaient qu'ils donnaient une sécurité et une finalité à la propriété qui restait, qui indemniserait les propriétaires pillés. Peut-être que, dans de telles circonstances, tout ce que l'on puisse dire, c'est que des législateurs avisés s'efforceront, en encourageant l'achat à grande échelle, de restaurer progressivement la propriété absolue et la validité du contrat qui ont été détruits, et en même temps de compenser indirectement, s'ils ne peuvent le faire directement, les anciens propriétaires pour la partie de leurs pertes qui n'est pas due à de simples causes économiques, mais à des actes du législateur qui étaient manifestement frauduleux.

Il existe d'autres tentations d'un autre type auxquelles les dirigeants des partis doivent faire face. L'une des plus graves est la tendance à imposer des questions pour lesquelles il n'y a pas de véritable désir, afin de restaurer l'unité ou le zèle d'un parti divisé ou découragé. Comme tous les politiciens le savent, le désir d'un programme attrayant et d'un cri électoral populaire est l'un des plus forts en politique et, comme ils le savent aussi bien, il existe une opinion publique fabriquée et une agitation artificiellement stimulée. Des questions sont soulevées et poussées, non pas parce qu'elles sont à l'avantage du pays, mais simplement pour des raisons de parti. Les dirigeants n'ont souvent que peu ou pas de pouvoir de résistance. La pression de leurs partisans, ou d'une partie de leurs partisans, devient irrésistible ; des espoirs inconsidérés sont suscités ; des promesses irréfléchies sont extorquées et le parti dans son ensemble s'engage. De nombreuses lois prématurées et malveillantes peuvent être attribuées à de telles causes.

Une autre question très difficile est celle de la manière dont les gouvernements devraient traiter les actes des fonctionnaires qui sont destinés au service public, mais qui, dans certains de leurs aspects, sont moralement indéfendables. Très peu des grandes acquisitions des nations ont été réalisées par des moyens absolument irréprochables, et dans un grand empire qui a affaire à des populations non civilisées ou semi-civilisées, les actes de violence ne sont certainement pas rares. Ni dans nos jugements sur l'histoire ni dans nos jugements sur les contemporains, il n'est possible d'appliquer toute la rigueur de la morale privée aux cas d'hommes occupant des postes de grande responsabilité et de grand danger au milieu des tempêtes de révolution, de panique ou de guerre civile. Compte tenu des vastes intérêts confiés à leurs soins et des terribles dangers qui les entourent, des mesures doivent souvent être prises qui ne peuvent être entièrement ou du moins légalement justifiées. D'un autre côté, les hommes dans de telles circonstances ne sont que trop prêts à accepter le principe de Machiavel et de Napoléon et à traiter la politique comme si elle n'avait absolument aucun rapport avec la morale.

Les cas de ce genre doivent être considérés séparément et avec un examen attentif des motivations de l'acteur et de l'ampleur des dangers qu'il a dû courir. Il faut tenir compte de l'atmosphère morale dans laquelle il évolue, et sa carrière doit être considérée dans son ensemble, et non seulement dans ses parties les plus limitées. Dans le procès de Warren Hastings et dans les jugements que les historiens ont portés sur la vie des autres grands aventuriers qui ont bâti l'Empire, des questions de ce genre surgissent continuellement.

De nos jours également, ils ont été très fréquents. Le *coup d'État* du 2 décembre 1851 en est un exemple extrême. Louis Napoléon avait juré d'observer et de défendre la Constitution de la République française, établie en 1848, et cette Constitution, entre autres articles, déclarait inviolables la personne des représentants du peuple ; déclarait que tout acte du président qui dissolvait l'Assemblée ou la prorogeait, ou l'entrave de quelque manière que ce soit dans l'exercice de ses fonctions, était une haute trahison, et garantissait la plus entière liberté d'écriture et de discussion. « Le serment que je viens de prêter, dit le président en s'adressant à l'Assemblée, commande ma conduite future. Mon devoir est clair ; Je l'accomplirai en homme d'honneur. Je considérerai comme ennemis de la patrie tous ceux qui s'efforceront de changer par des moyens illégaux ce que toute la France a établi. Dans plus d'un discours ultérieur, il a réitéré les mêmes sentiments et s'est efforcé de persuader le pays qu'en aucun cas il ne romprait son serment, ne violerait sa conscience, ni ne outrepasserait les limites de ses pouvoirs constitutionnels.

Ce qu'il a fait est bien connu. Avant l'aube du 2 décembre, certains des hommes d'État les plus éminents de France, dont dix-huit membres de la Chambre, furent, sur ses ordres, arrêtés dans leur lit et envoyés en prison, et beaucoup d'entre eux ensuite en exil. La Chambre fut occupée par des soldats, et ses membres, rassemblés dans un autre endroit, furent conduits en prison. La Haute Cour de Justice a été dissoute de force. La loi martiale est proclamée. L'ordre fut donné que tous ceux qui résisteraient à l'usurpation dans les rues seraient fusillés immédiatement et sans procès. Toute liberté de la presse, toute liberté de réunion ou de discussion publique, fut absolument détruite. Une centaine de journaux furent supprimés et un grand nombre de leurs rédacteurs furent transportés à Cayenne. Rien ne pouvait être publié sans l'autorisation du gouvernement. Afin de tromper le peuple quant à l'ampleur du soutien apporté au président, une « Commission consultative » a été annoncée et les noms ont été affichés à Paris. La moitié des personnes dont les noms figuraient sur cette liste ont refusé de siéger, mais malgré leurs protestations, leurs noms y ont été conservés afin qu'ils puissent paraître avoir approuvé ce qui était fait. [45] Des ordonnances furent émises immédiatement après le *coup d'État* pour que tout fonctionnaire public qui ne donnerait pas immédiatement par écrit son adhésion au nouveau gouvernement soit démis de ses fonctions. Les préfets avaient le droit d'arrêter dans leurs départements qui bon leur semblait. Par un décret *ex post facto* , publié le 8 décembre, l'Exécutif fut autorisé, sans procès, à envoyer à Cayenne, ou dans les colonies pénitentiaires d'Afrique, toute personne ayant appartenu dans le passé à une « société secrète », et cet ordre a placé tous les nombreux membres des clubs politiques à la merci du gouvernement. Le Parlement, lorsqu'on le laissa se réunir, était si organisé et enchaîné que tout vestige de libre discussion disparut pendant de nombreuses années, et qu'un despotisme d'une sévérité presque asiatique s'établit en France.

On peut pleinement admettre que la tragédie du 4 décembre, au cours de laquelle, pendant plus d'un quart d'heure, quelque 3 000 soldats français ont délibérément tiré salve sur salve sans retour sur les spectateurs inoffensifs des boulevards, ont fait irruption dans les maisons et tué des multitudes, non seulement d'hommes mais de femmes et d'enfants, jusqu'à ce que les boulevards, selon les mots d'un témoin oculaire anglais, soient « à certains endroits un véritable désastre », et que le sang coulait en mares autour des arbres qui les bordaient, n'était pas ordonné par le Président, même si cela est resté absolument impuni et sans censure de sa part. Il y a des témoignages contradictoires sur ce point, mais il est probable que quelques coups de feu épars avaient été tirés depuis les maisons, et il est certain qu'une panique sauvage et sanguinaire s'était abattue sur les soldats. Il est également possible, et non improbable, que les histoires si généralement répandues à Paris, selon lesquelles de grands groupes de prisonniers, qui avaient été arrêtés, étaient sortis de prison aux heures mortes de la nuit et délibérément abattus par des corps de soldats, aient pu avoir été exagérée ou fausse. Maupas, qui était préfet de police et qui devait connaître la vérité, la nia positivement ; mais la question de savoir quel crédit faut-il accorder à un homme de ses ancêtres qui se vantait d'avoir été dès le début un agent principal dans toute la conspiration peut être raisonnablement posée. [46] Comme on l'a dit avec raison, il était difficile d'obtenir des preuves de ces choses, car la presse était absolument bâillonnée et toute possibilité d'enquête était empêchée. Pour le nombre de ceux qui furent déportés ou expulsés de force dans les quelques semaines qui suivirent le 2 décembre, on pourra peut-être se fier à l'historien et panégyriste de l'Empire. Il les calcule au nombre énorme de 26 500. [47] Après le Plébiscite, de nouvelles mesures de proscription furent prises et, selon Émile Ollivier, l'un des panélistes les plus enthousiastes et les plus habiles du *coup d'État*, dans les premiers mois de 1852, il y avait de 15 000 à 20 000 prisonniers politiques dans les prisons françaises. [48] C'est par de tels moyens que Louis Napoléon accéda à l'empire qui avait été le rêve de sa vie.

Cependant, comme beaucoup de grands crimes de l'histoire, cela n'a pas été sans palliations, et une enquête plus détaillée montrera que ces palliations n'étaient pas négligeables. Napoléon avait été élu à la présidence par 5 434 226 voix sur 7 317 344 données, et avec son nom, ses antécédents et ses aspirations bien connues, cette majorité écrasante montrait clairement quelles étaient les véritables volontés du peuple. Son pouvoir reposait sur le suffrage universel ; elle était indépendante de la Chambre. Cela lui donna la direction de l'armée, bien qu'il ne puisse la commander en personne, et dès le début il assuma une position indépendante et presque royale. Lors de la première revue qui eut lieu après son élection, il fut accueilli par les soldats aux cris de « Vive Napoléon ! Vive l'Empereur ! Il fut bientôt prouvé que la Constitution de 1848 était extrêmement impraticable. Selon Lord Palmerston : « Il y avait deux grandes puissances, chacune tirant son existence de la même source, presque sûres d'être en désaccord, mais sans arbitre pour trancher entre elles, et ni l'une ni l'autre ne pouvant par aucun moyen légal se débarrasser de l'autre. » .' Le Président ne pouvait dissoudre la Chambre, mais il pouvait lui imposer le ministère de son choix. Il n'était lui-même élu que pour quatre ans, et il ne pouvait être réélu, alors que par une disposition des plus stupides les pouvoirs du Président et de la Chambre devaient expirer en même temps en 1852, laissant la France sans gouvernement et exposée à le plus grave danger d'anarchie.

L'Assemblée législative, élue en mai 1849, était, il est vrai, loin d'être révolutionnaire. Elle contenait une minorité de socialistes désespérés, elle était divisée en plusieurs factions et, comme la plupart des chambres françaises démocratiques, elle montrait beaucoup de faiblesse et d'incohérence ; mais la grande majorité de ses membres étaient des conservateurs qui n'avaient aucune sympathie pour la révolution, et sa conduite envers le président, si elle était jugée équitablement, était dans l'ensemble très modérée. Il le traita bientôt avec mépris, et il devint évident qu'il n'y avait derrière cela aucun enthousiasme national. Le parti socialiste se développait rapidement dans les grandes villes ; en juin 1849, il y eut une insurrection socialiste avortée à Paris et une insurrection un peu plus redoutable à Lyon. Ils furent facilement réprimés, mais les socialistes s'emparèrent d'une grande partie de la représentation parisienne et réussirent à provoquer une panique sauvage dans tout le pays. Elle donna lieu à plusieurs mesures réactionnaires, la plus importante étant une loi qui, en imposant de nouvelles conditions de résidence, limita très considérablement le droit de vote. Cette loi a été présentée à la Chambre par les ministres du Président et avec son assentiment, bien qu'il ait ensuite exigé le rétablissement du suffrage universel et pris un décret faisant de celui-ci l'une des principales justifications de son *coup d'État*. La loi restrictive fut adoptée par la Chambre le 31 mai 1850, à une immense majorité, mais elle fut dénoncée avec une grande éloquence par certains de ses principaux membres, et elle ajouta sérieusement à l'impopularité de l'Assemblée et abaissa considérablement son autorité dans la Chambre. aux prises avec un président dont l'autorité reposait sur le suffrage universel direct. Plus d'une fois, il a exercé son pouvoir de destituer et de nommer des ministères absolument indépendamment de ses votes et de ses souhaits, et dans chaque cas afin de remplir tous les postes de pouvoir avec ses propres créatures. Les journaux qui le soutenaient ne cessaient de s'élever contre la Chambre et insistaient sur le danger d'anarchie auquel la France serait exposée en 1852 et sur la nécessité absolue d'un « sauveur de la société ». Au cours de voyages répétés à travers la France et dans plus d'une revue militaire, le président donna l'occasion de manifestations au cours desquelles les cris de « Vive l'Empereur ! » ont été souvent entendus, et qui visaient manifestement à le renforcer dans son conflit avec la Chambre.

L'homme dont il avait le plus à craindre était Changarnier, qui, depuis la fin de 1848, commandait les troupes à Paris, et dont le nom, quoique beaucoup moins populaire que celui de Napoléon, avait beaucoup de poids dans l'armée. C'était un homme avec de forts penchants pour l'autorité et très courtisé par les partis monarchiques, mais il fut pendant quelque temps en sympathie marquée avec Napoléon, dont cependant, malgré les offres importantes qui lui avaient été faites, il s'éloigna progressivement. Il donna des ordres péremptoires aux troupes placées sous son commandement, interdisant tout cri de parti lors des revues. Il a déclaré à l'Assemblée que ces cris avaient été « non seulement encouragés mais provoqués », et lorsque l'intention du Président de prolonger sa présidence s'est manifestée, il a assuré à Odilon Barrot qu'il était prêt, si l'ordre du ministre et l'autorisation du Président de la Chambre, pour anticiper le *coup d'État* en saisissant et en emprisonnant Louis Napoléon. [49] Le président réussit à le destituer de son commandement et à placer une créature à lui à la tête des troupes parisiennes ; mais bien que Changarnier acquiesça sans résistance à son renvoi, il resta un membre important de l'Assemblée ; il déclarait ouvertement que son épée était à son service, et si un conflit armé éclatait, il était assez certain qu'il en serait le représentant. Le président avait un salaire officiel de 48 000 *l*, soit près de cinq fois celui du président des États-Unis. La Chambre refusa de l'augmenter, bien qu'elle consentît à une très faible majorité et à la demande de Changarnier, à payer ses dettes.

La demande d'une révision de la Constitution, permettant la réélection du Président, se multipliait rapidement dans tout le pays, et il ne fait guère de doute que cette solution était généralement considérée comme la seule solution pacifique et que cela représentait le souhait réel de la grande majorité du peuple. Des pétitions en faveur, portant un nombre énorme de signatures, furent présentées à la Chambre, et l'écrasante majorité des Conseils Généraux dont faisaient généralement partie les députés votèrent pour la révision. Le président n'a pas tant demandé cette mesure qu'il l'a exigée. Dans un message qu'il envoya à la Chambre, il déclara que s'il ne votait pas la Révision, le peuple manifesterait solennellement, en 1852, sa volonté. Dans un discours à Dijon, le 1er juin 1851, il déclara que la France l'exigeait de bout en bout ; qu'il suivrait les vœux de la nation, et que la France ne périrait pas entre ses mains. Dans le même discours, il accusait la Chambre de ne jamais appuyer ses vœux d'amélioration du sort du peuple. En même temps, il ne perdait aucune occasion de montrer que sa sympathie et sa confiance particulières allaient à l'armée, et il distinguait avec une faveur marquée les colonels des régiments qui s'étaient montrés aux revues les plus marquants dans les manifestations en sa faveur. [50] Le sens de tout cela n'était guère douteux. Changarnier releva le gant, et au moment où la question de la révision était devant la Chambre, il déclara qu'aucun soldat ne serait jamais amené à agir contre la loi et l'Assemblée, et il appela les députés à délibérer en paix.

La révision fut votée à la Chambre par 446 voix contre 278, mais une majorité des trois quarts était nécessaire pour un changement constitutionnel, et cette majorité ne fut pas obtenue, et dans l'état de désintégration des partis français, elle semblait peu susceptible d'être obtenue. La Chambre fut peu après prorogée pour environ deux mois, laissant la situation inchangée, et la tension et la panique étaient extrêmes. Sur quatre-vingt-cinq Conseils Généraux en France, quatre-vingts ont voté en faveur de la Révision, trois se sont abstenus, deux seulement contre.

Le président était maintenant pleinement décidé au *coup d'État*, et avant que la Chambre ne se réunisse, un nouveau ministère fut constitué, Saint-Arnaud étant à la tête de l'armée et Maupas à la tête de la police. Sa première démarche fut de sommer la Chambre d'abroger la loi du 31 mai qui abolissait le suffrage universel. La Chambre, après bien des hésitations, refusa, mais par deux voix seulement. L'opinion selon laquelle la question ne pouvait être résolue que par la force devenait universelle, et les esprits les plus audacieux de la Chambre voyaient clairement que si aucune nouvelle mesure n'était prise, ils risquaient de se retrouver impuissants devant le parti militaire. Par un décret de 1848, le président de la Chambre avait le droit, en cas de nécessité, d'appeler des troupes pour sa protection, indépendamment du ministre de la Guerre, et une proposition fut alors présentée pour qu'il puisse choisir un général à qui il pourrait déléguer ce pouvoir. Une telle mesure, divisant le commandement militaire et permettant à la Chambre d'avoir son propre général et sa propre armée, aurait pu s'avérer très efficace, mais elle aurait probablement entraîné la France dans la guerre civile, et le Président fut résolu que, si la Chambre votait là, le *coup d'État* devrait avoir lieu immédiatement. Le vote eut lieu le 17 novembre 1851. Saint-Arnaud, en tant que ministre de la Guerre, s'opposa à la mesure pour des raisons constitutionnelles, s'étendant sur le danger d'un commandement militaire divisé, mais lors de la discussion Maupas et Magnan étaient à la tribune du Parlement. Chambre, attendant de donner l'ordre à Saint-Arnaud d'appeler les troupes et d'encercler et de dissoudre la Chambre si la proposition était adoptée.

Il fut cependant rejeté par une majorité de 108 voix, et il resta encore quelques jours troubles de conspiration et de panique avant que le coup ne soit porté. L'état des valeurs publiques et les témoignages des meilleurs juges de tous les partis démontrèrent la réalité de l'alarme. Il n'est pas vrai, comme l'a déclaré le Président dans la proclamation publiée lors du *coup d'État*, que la Chambre était devenue un simple nid de conspirations, et il y avait une étrange audace dans son affirmation selon laquelle il avait fait le *coup d'État*. dans le but de maintenir la République contre les complots monarchiques ; mais il était bien vrai que la conviction était générale que la force était devenue inévitable ; que le principal doute était de savoir si le premier coup serait porté par Napoléon ou par Changarnier, et que, tandis que le désir évident de la majorité du peuple était de réélire Napoléon, certains membres de la Chambre avaient l'intention de s'emparer de lui par force et d'élire à sa place quelque membre de la maison d'Orléans. [51] Le 2 décembre, le rideau tombe, et Napoléon accompagne son *coup d'État* d'un décret dissolvant la Chambre, rétablissant de sa propre autorité le suffrage universel, abolissant la loi du 31 mai, instituant l'état de siège et appelant le Aux Français de juger son action par leur vote.

Ce n'était certainement pas un appel auquel on pouvait accorder une grande confiance. Immédiatement après le *coup d'État*, l'armée, entièrement de son côté, a voté séparément et ouvertement pour que la France sache clairement que les forces armées étaient du côté du président et puisse prédire les conséquences d'un verdict défavorable à ses prétentions. Lorsque, près de trois semaines plus tard, eut lieu le Plébiscite civil, la loi martiale était en vigueur. Les réunions publiques de toute sorte étaient interdites. Aucun journal hostile à la nouvelle autorité n'était autorisé. Aucun document ou pancarte électorale ne pouvait être distribué s'il n'avait pas été sanctionné par des responsables gouvernementaux. Le terrible décret selon lequel tous ceux qui avaient jamais appartenu à une société secrète pouvaient être envoyés mourir dans les fièvres de l'Afrique fut interprété dans le sens le plus large et y compris toute société ou organisation politique. Tous les fonctionnaires d'un pays hautement centralisé ont été transformés en ardents agents électoraux, et la question a été posée de telle sorte que les électeurs n'avaient d'autre alternative que pour ou contre le Président, un vote négatif laissant le pays sans gouvernement et avec une perspective presque certaine d'anarchie. et la guerre civile. Dans ces circonstances, 7,5 millions de voix furent données pour le président et 500,000 contre lui.

Mais après toutes déductions, il ne fait aucun doute que la majorité des Français ont acquiescé au nouveau *régime* . La terreur du socialisme était répandue et elle entraînait un ardent désir d'un gouvernement fort. Les probabilités d'une période d'anarchie sanguinaire étaient si grandes que des multitudes étaient heureuses d'en être protégées à presque tout prix. Le parlementarisme était profondément discrédité. Les propriétaires paysans ne s'en sont jamais souciés, et la classe bourgeoise, parmi laquelle il était autrefois populaire, était maintenant complètement effrayée. Rien dans les récits contemporains de l'époque n'est plus frappant que l'indifférence, le cynisme presque amusé ou le sentiment de soulagement avec lesquels la grande masse des Français semble avoir assisté à la destruction de leur Constitution et aux grossières insultes infligées à une Chambre qui comprenait un grand nombre des plus illustres de leurs compatriotes.

On ne peut guère avoir sur ce point une meilleure autorité que Tocqueville. Personne n'a ressenti plus profondément ni plus amèrement l'iniquité de ce qui avait été fait ; mais il ne se faisait aucune illusion sur les sentiments du peuple. La Constitution, dit-il, était totalement impopulaire. « Louis Napoléon a eu le mérite ou la chance de découvrir ce que peu soupçonnaient : le bonapartisme latent de la nation... Le souvenir de l'Empereur, vague et indéfini, mais par conséquent le plus imposant, habitait encore comme une légende héroïque dans les imaginations. des gens.' Tous les instruits, de l'avis de Tocqueville, ont condamné et répudié le *coup d'État* . « Trente-sept ans de liberté nous ont rendu nécessaires une presse libre et un débat parlementaire libre. » Mais la majeure partie de la nation n'était pas avec eux. Le nouveau gouvernement, prédit-il, « durera jusqu'à ce qu'il devienne impopulaire auprès de la masse du peuple ». À l'heure actuelle, la désapprobation se limite aux classes instruites. "La réaction contre la démocratie et même contre la liberté est irrésistible." [52]

Il y a sans doute une certaine exagération des deux côtés de cette affirmation. L'ampleur effroyable des déportations et des emprisonnements effectués par le nouveau gouvernement semble montrer que la haine était plus profonde que ne le supposait Tocqueville, et d'un autre côté on peut difficilement dire que les classes instruites ont entièrement répudié ce qui avait été fait quand on se souvient que les Français Les fonds passèrent aussitôt de 91 à 102, que presque toutes les branches du commerce français firent un printemps pareil, [53] qu'une vingtaine de généraux furent activement engagés dans la conspiration, et que le grand corps des prêtres fut enchanté de son succès. La vérité semble être que les biens de la France voyaient dans le succès du *coup d'État* une échappatoire à un grand danger, tandis que deux professions puissantes, l'armée et l'Église, étaient fortement en faveur du président. Sur l'armée, le nom de Napoléon exerçait une influence magique, et l'expédition à Rome et la probabilité que le nouveau gouvernement soit sous la direction cléricale étaient, aux yeux du parti ecclésial, tout à fait suffisantes pour justifier ce qui avait été fait.

Rien, en effet, dans cette étrange histoire n'est plus significatif que l'attitude adoptée par les dirigeants et représentants spéciaux de l'Église, qui enseignent qu'« il vaudrait mieux que le soleil et la lune tombent du ciel, que la terre s'effondre et que tous des millions de personnes qui s'y trouvent à mourir de faim dans une agonie extrême, en ce qui concerne l'affliction temporelle, que le fait qu'une seule âme... commette un péché véniel, dise un mensonge délibéré. [54]

Trois illustres ecclésiastiques — Lacordaire, Ravignan et Dupanloup —, pour leur honneur immortel, refusèrent de donner aucune approbation au *coup d'État* ni d'exprimer aucune confiance en son auteur. Mais le dernier panégyriste de l'Empire se vante qu'ils étaient presque seuls dans leur métier. Sur les conseils du nonce pontifical et des principaux évêques français, le clergé ne perdit pas de temps pour présenter ses félicitations. Veuillot, qui plus que tout autre homme représentait et influençait la grande majorité du sacerdoce français, a écrit sur ce qui avait été fait avec une exultation et un plaisir non dissimulés et sans réserve. Même Montalembert s'est rallié au gouvernement au lendemain du *coup d'État* . Il décrivit Louis Napoléon comme un prince « qui avait fait preuve d'un dévouement plus efficace et plus intelligent aux intérêts religieux qu'aucun de ceux qui avaient gouverné la France pendant soixante ans » ; et il était universellement reconnu que la grande partie du clergé, avec à sa tête l'archevêque Sibour, était, en ce moment critique, d'ardents partisans du nouveau gouvernement. [55] Kinglake, dans une page d'une beauté immortelle, a décrit la scène où, trente jours après le *coup d'État* , Louis Napoléon apparut à Notre-Dame pour recevoir, au milieu de toute la pompe que pouvait donner le cérémonial catholique, la bénédiction solennelle de l'Église, et d'écouter le Te Deum remerciant le Tout-Puissant pour ce qui a été accompli. Le temps vint, il est vrai, où la politique des prêtres fut changée, car ils trouvèrent Louis-Napoléon plus libéral et moins clérical qu'ils ne l'imaginaient ; mais en évaluant les sentiments avec lesquels les libéraux français jugent l'Église, il ne faut jamais oublier son attitude à l'égard du parjure et de la violence du 2 décembre.

Pour ceux qui jugent l'éthique politique de l'Église catholique romaine, non pas à partir des pages trompeuses d'écrivains tels que Newman, mais à partir d'un examen de sa conduite réelle au cours des différentes périodes de son histoire, elle ne paraîtra en aucun cas incohérente. Ce n'est là qu'un exemple parmi tant d'autres de la manière dont il considère tous les actes qui semblent favorables à ses intérêts. C'est le même esprit qui a conduit un pape à remercier publiquement pour le massacre de la Saint-Barthélemy et à ordonner à Vasari de peindre le meurtre de Coligny sur les murs du Vatican parmi les triomphes de l'Église. Aucun souverain chrétien des temps modernes n'a laissé derrière lui un pire souvenir que Ferdinand II. de Naples, qui reçut le Pape lors de sa fuite à Gaëta en 1848. Il fut le souverain dont le gouvernement fut décrit par Gladstone comme « une négation de Dieu ». Non seulement il détruisit la Constitution qu'il avait juré de respecter, mais il jeta dans un cachot répugnant les ministres libéraux qui lui avaient fait confiance. Mais aux yeux du pape, ses services rendus à l'Église compensaient de loin tous les défauts, et le monument élevé à ce « prince le plus pieux » peut être vu dans l'une des chapelles de Saint-Pierre. Tout visiteur de Paris peut voir la fresque de la Madeleine dans laquelle Napoléon Ier apparaît assis triomphant sur les nuages et entouré d'un sacerdoce admiratif, figure la plus éminente et la plus glorifiée d'un tableau représentant l'histoire du christianisme français, avec le Christ au-dessus, bénissant le travail.

Il est en effet très significatif que, dans les pays catholiques, le niveau moral le plus élevé dans la vie publique se trouve rarement parmi ceux qui représentent spécialement l'esprit et l'enseignement de leur Église, et beaucoup plus fréquemment parmi des hommes qui n'y sont pas liés, et souvent avec toute la théologie dogmatique. Combien rarement la presse typiquement catholique a-t-elle sérieusement censuré les guerres injustes, les alliances sans scrupules, les violations des obligations constitutionnelles, les agressions non provoquées, les grands accès d'intolérance et de fanatisme ! Il n'est en effet pas exagéré de dire que certaines des pires perversions morales des temps modernes ont été soutenues et stimulées par un grand nombre d'opinions authentiquement catholiques, tant dans le sacerdoce que dans la presse. Le mouvement antisémite, l'indifférence honteuse à l'égard de la justice manifestée en France dans l'affaire Dreyfus et les innombrables fraudes, outrages et oppressions qui ont accompagné la domination de la Irish Land League en sont des exemples récents et frappants.

Parmi les laïcs à l'esprit laïc, le *coup d'État* de Louis Napoléon a été, comme je l'ai dit, jugé différemment. Peu de choses dans l'histoire de France sont plus honorables que la détermination avec laquelle tant d'hommes qui étaient la fleur même de la nation française ont refusé de prêter serment ou d'adhérer au nouveau gouvernement. De grands hommes d'État et quelques soldats distingués, avec un passé splendide derrière eux et avec la perspective d'une carrière illustre devant eux ; des hommes de génie qui, dans leurs chaires professorales, avaient été les centres de la vie intellectuelle de la France ; des fonctionnaires qui, à force d'efforts laborieux et persévérants, avaient gravi les échelons de leur profession et dépendaient pour leur subsistance de ses émoluments, acceptaient la pauvreté, l'exil et la longue éclipse des ambitions les plus honorables plutôt que de prêter un serment qui semblait justifier l'usurpation. En même temps, certains hommes d'État d'un honneur incontestable ne l'ont pas condamné entièrement et dans toutes ses parties. Lord Palmerston se distinguait parmi eux. Sans exprimer son approbation de tout ce qui avait été fait, il a toujours soutenu que la situation de la France était telle qu'un renversement violent d'une Constitution inapplicable et l'établissement d'un gouvernement fort étaient devenus absolument nécessaires ; que le *coup d'État* a sauvé la France du danger le plus grave et le plus imminent d'anarchie et de guerre civile, et que ce fait en était la justification. S'il n'y avait pas eu les actes de tyrannie féroce qui l'ont immédiatement suivi, son opinion aurait été plus largement partagée.

Il est probable qu'à l'avenir, le caractère moral des *coups d'État* fera souvent l'objet de discussions en Europe, comme cela a souvent été le cas en Amérique du Sud. Comme les meilleurs observateurs s'en rendent de plus en plus compte, le gouvernement parlementaire fondé sur des lignes de parti n'est en aucun cas une chose facile, et il atteint rarement la perfection sans une longue expérience et sans des qualités d'esprit et de caractère qui sont très inégalement réparties entre les nations du monde. . Cela nécessite un esprit de compromis, de patience et de modération ; le genre d'esprit qui peut distinguer le solide, le pratique et le bien intentionné, du brillant, du plausible et de l'ambitieux, qui se soucie plus des résultats utiles et de la conciliation de nombreux intérêts et opinions que d'une uniformité et d'une cohérence rigides. principe; qui, tout en poursuivant des ambitions personnelles et des objectifs de parti, peut les subordonner dans les grandes occasions aux intérêts publics. Il lui faut une combinaison d'indépendance et de discipline qui n'est pas courante et, là où elle n'existe pas, les parlements dégénèrent rapidement soit en un assemblage de marionnettes aux mains des dirigeants des partis, soit en groupes désintégrés, démoralisés et insoumis. Certaines des nations les plus importantes du monde, des nations distinguées par leur intellect noble et brillant ; pour un héroïsme splendide; pour de grandes réalisations en matière de paix et de guerre – ont clairement échoué dans cette forme de gouvernement. En Angleterre, elle a grandi avec notre croissance et s'est renforcée avec notre force. Nous l'avons pratiqué en plusieurs phases. Ses traditions sont profondément enracinées et sont en pleine harmonie avec le caractère national. Mais au cours du siècle présent, ce genre de gouvernement a été adopté par de nombreuses nations qui n'y sont absolument pas aptes, et elles l'ont généralement adopté sous la forme la plus difficile de toutes : celle d'une démocratie incontrôlée reposant sur le suffrage universel. Il devient très évident que dans de nombreux pays, de telles assemblées sont totalement incompétentes pour occuper la première place dans le gouvernement, mais elles sont tellement entourées de serments et d'autres formes constitutionnelles que rien d'autre que la violence ne peut leur enlever un pouvoir qu'elles ne risquent jamais. renoncer volontairement. Dans de tels pays, la démocratie tend beaucoup moins naturellement au système parlementaire qu'à une certaine forme de dictature, à un certain despotisme reposant et justifié par un plébiscite. Il est probable que de nombreuses transitions dans ce sens auront lieu. Elles seront rarement menées pour des motifs purement publics ou sans parjure ni violence. Mais l'opinion publique jugera chaque cas selon ses propres mérites, et lorsqu'il pourra être démontré que ses résultats sont bénéfiques et qu'une grande partie de la population l'a souhaité, un tel acte ne sera pas sévèrement condamné.

Des cas de jugements éthiques contradictoires d'un autre type peuvent être facilement cités. L'un des plus connus est celui du gouverneur Eyre lors de l'insurrection jamaïcaine de 1865. Dans ce cas, il n'était pas question d'intérêt personnel ou d'ambition. Le gouverneur était un homme d'un honneur sans tache, qui, dans un moment d'extrême difficulté et de danger, avait rendu un grand service à son pays. Grâce à son action prompte et courageuse, une insurrection noire fut rapidement réprimée, ce qui, si on l'avait laissé s'étendre, aurait dû provoquer des horreurs indicibles sur la Jamaïque. Mais la loi martiale qu'il avait proclamée dura certainement plus longtemps qu'il n'était nécessaire, elle fut appliquée avec une sévérité excessive, et ceux qui furent jugés en vertu de cette loi n'étaient pas seulement des hommes pris en armes. Un agitateur civil remarquable, qui avait grandement contribué à stimuler l'insurrection et en avait été, de l'avis du gouverneur, la « principale cause et origine », mais qui, comme la plupart des hommes de son espèce, avait simplement incité les autres sans prendre aucune mesure. partie directe lui-même, a été arrêté dans une partie de l'île dans laquelle la loi martiale n'a pas été proclamée, et a été jugé et pendu sur ordre d'un tribunal militaire d'une manière que les meilleures autorités judiciaires d'Angleterre ont déclarée totalement injustifiée par la loi. Si cet acte avait été considéré indépendamment des conditions générales de l'île, il aurait mérité une punition sévère. Si les services du gouverneur avaient été considérés indépendamment de cet acte, ils auraient mérité de grands honneurs de la part de la Couronne. En Jamaïque, le gouverneur était pleinement soutenu par le Conseil législatif et l'Assemblée, mais l'opinion publique intérieure était farouchement divisée, et le fait que les principaux hommes de lettres et de scientifiques d'Angleterre prenaient parti sur la question ajoutait grandement à son intérêt. Carlyle a joué un rôle de premier plan dans la défense du gouverneur Eyre. John Stuart Mill était le président d'un comité qui le considérait comme un simple criminel et qui, pendant plus de deux ans, le poursuivit avec un esprit de vengeance persistant. Comme on pouvait s'y attendre, les uns s'attardaient uniquement sur ses services et l'autre sur ses méfaits. Le gouverneur Eyre ne reçut aucune récompense pour le grand service qu'il avait rendu, et il fut entraîné par ses ennemis dans une dépense judiciaire ruineuse, qui fut cependant ultérieurement payée par le gouvernement ; mais ceux qui voulaient le traduire en justice pour meurtre furent déconcertés, car le Grand Jury d'Old Bailey rejeta le projet de loi. L'opinion publique, je pense, dans l'ensemble, a approuvé ce qu'ils avaient fait. La plupart des hommes modérés étaient parvenus à la conclusion que le gouverneur Eyre était un homme courageux et honorable qui avait rendu de grands services à l'État et sauvé d'innombrables vies, mais qui, sans motif indigne et dans une période de danger et de panique extrêmes, avait commis grave erreur qui avait été très amplement expiée.

Les événements plus récents liés au raid de Jameson dans le Transvaal peuvent également être cités. Il y a peu de choses à dire sur le raid lui-même. Ce fut, en vérité, l'un des événements les plus déshonorants et les plus malfaisants de l'histoire coloniale récente, et son caractère n'était absolument pas atténué par aucune lueur d'héroïsme ou d'habileté. Ceux qui y participèrent directement furent dûment jugés et dûment punis. Une partie de la société anglaise a adopté sur cette question une attitude honteuse, mais il faut au moins dire, en guise de palliation, qu'elle avait été grossièrement trompée, l'un des organes d'opinion les plus importants et généralement les plus dignes de confiance ayant été utilisé comme organe du gouvernement. conspirateurs.

Une question plus difficile se posait dans le cas de l'homme d'État qui avait préparé et organisé l'expédition contre le Transvaal. Il est certain que le raid lui-même avait eu lieu à son insu et sans son consentement, même si, lorsqu'il en a eu connaissance, il s'est abstenu de prendre toute mesure pour l'arrêter. On peut aussi admettre qu'il y avait de véritables griefs à se plaindre. Par une étrange ironie du sort, certaines des plus grandes mines d'or du monde étaient tombées entre les mains de personnes peut-être les seules à ne pas les désirer ; d'une race de chasseurs et d'agriculteurs intensément hostiles aux idées modernes, qui avaient abandonné à deux reprises leurs foyers et fait de longs voyages vers des terres lointaines à la recherche de solitude, d'espace et d'un foyer où ils pourraient vivre leur vie pastorale primitive, sans être dérangé par aucun étranger. élément. Ces hommes trouvèrent alors leur pays au centre d'un vaste courant d'immigration étrangère et de cette sorte d'immigration des plus indésirables que les mines d'or favorisent invariablement. Leurs lois étaient très arriérées, mais la partie la plus oppressive était celle liée à l'industrie minière de l'or, qui était presque entièrement aux mains des immigrants, et c'est ce qui faisait de leur objectif principal le renversement de leur gouvernement. La piste de la finance parcourt toute l'histoire, mais on peut reconnaître que, bien que M. Rhodes ait fait une énorme fortune grâce à la spéculation minière, et bien qu'il soit largement intéressé en tant que financier à renverser le système de gouvernement de Johannesburg, il était ce n'est pas un homme susceptible d'être motivé par le simple amour de l'argent, et cette ambition politique étroitement liée à l'ouverture et à la civilisation de l'Afrique l'a largement motivé. On peut se demander si les motivations de ses co-conspirateurs étaient du même genre. Ce qu'il a fait, cependant, a été très clairement établi. Alors qu'il occupait le poste hautement confidentiel de Premier ministre de la colonie du Cap et qu'il était en même temps conseiller privé de la reine, il s'engagea dans une conspiration visant à renverser le gouvernement d'un État voisin et ami. Pour réaliser ce dessein, il trompa le Haut-Commissaire dont il était Premier Ministre. Il a trompé ses propres collègues du ministère. Il rassembla sous de faux prétextes une force destinée à coopérer avec une insurrection à Johannesburg. En tant que directeur de la Chartered Company, il a utilisé cette position, à l'insu de ses collègues, pour favoriser le complot. Il prit une part active et secrète à la contrebande de grandes quantités d'armes dans le Transvaal, destinées à être utilisées dans la rébellion ; et à une époque où ses organes de presse présentaient Johannesburg comme bouillonnante d'indignation spontanée contre un gouvernement oppressif, il dépensait secrètement, avec un autre millionnaire, plusieurs milliers de livres dans cette ville pour stimuler et subventionner le soulèvement. Il était également directement lié à l'incident le plus minable de toute cette affaire, à la préparation d'une lettre des conspirateurs de Johannesburg représentant de manière absurde les femmes et les enfants anglais de Johannesburg comme risquant d'être abattus par les Boers, et exhortant les Britanniques à venir immédiatement. pour les sauver. Il s'agissait d'une lettre rédigée avec l'approbation de M. Rhodes plusieurs semaines avant le raid et avant que des troubles n'aient surgi, et gardée en réserve pour être datée et utilisée au dernier moment dans le but d'inciter les jeunes soldats en Afrique du Sud. de se joindre au raid, et de justifier ensuite leur conduite devant le War Office, et aussi dans le but d'être publié dans la presse anglaise en même temps que les premières nouvelles du raid, afin de travailler sur l'opinion publique anglaise et persuader le peuple anglais que le raid, bien que techniquement erroné, était moralement justifiable. [56]

M. Rhodes est un homme d'un grand génie et d'une grande influence et, dans le passé, il a rendu de grands services à l'Empire. En même temps, aucun juge raisonnable ne peut contester que, dans ces transactions, il était plus blâmable que ceux qui ont été effectivement punis par la loi pour avoir participé au raid – bien plus blâmable que ces jeunes officiers qui ont été, en vérité, les plus sévèrement punis. , et qui avaient été incités à y participer sous une fausse représentation des souhaits du gouvernement intérieur et une représentation grossièrement fausse de l'état des choses à Johannesburg. L'échec du raid, et sa complicité incontestable dans sa conception, obligeèrent M. Rhodes à démissionner de son poste de Premier ministre et de sa direction de la Chartered Company, et éclipsèrent, pour un temps au moins, son influence en Afrique ; mais les ministres se demandèrent si ces démissions constituaient à elles seules une punition suffisante pour ce qu'il avait fait.

La question est en effet très difficile. Le gouvernement, à mon avis, a eu raison de ne pas engager de poursuites, ce qui, compte tenu du fait que le raid lui-même avait certainement été entrepris à l'insu de M. Rhodes et que les preuves contre lui étaient principalement tirées de ses propres preuves. des aveux volontaires devant la commission d'enquête auraient inévitablement échoué. Ils avaient peut-être raison de ne pas lui retirer la dignité de conseiller privé, qui lui avait été accordée en récompense de grands services rendus dans le passé, et qui n'avait jamais, sous le règne actuel, été retirée à quiconque à qui elle avait été attribuée. accordé. Ils avaient également raison, je crois, de souligner qu'après une enquête longue et minutieuse sur les circonstances du raid et après un rapport dans lequel la conduite de M. Rhodes avait été pleinement examinée et sévèrement censurée, il était de la plus haute importance pour la paix et bon gouvernement de l'Afrique du Sud, qu'il fallait laisser tomber l'affaire le plus tôt possible et que le raid et les animosités du parti qu'il avait suscitées s'apaisent. Mais que penser du langage d'un ministre qui s'est porté volontaire pour assurer à la Chambre des communes que dans toutes les transactions que j'ai décrites, M. Rhodes, bien qu'il ait commis « une erreur gigantesque », une erreur peut-être aussi grande qu'un homme d'État pouvait faire, n'avait rien fait qui touchait à son honneur personnel ? [57]

Les exemples qui précèdent serviront à illustrer le genre de difficulté que tout homme d'État doit rencontrer lorsqu'il traite des méfaits politiques, et l'impossibilité de les traiter selon les lignes et les normes clairement définies qui sont applicables à la morale d'une vie privée. Quelles que soient les conclusions auxquelles les hommes puissent parvenir dans le secret de leurs études, lorsqu'ils participeront à la vie politique active, ils trouveront nécessaire de faire une large place aux motivations, aux tendances, aux services passés, aux dangers pressants, aux opportunistes accablants, aux intérêts opposés. Tout homme d'État digne de ce nom a une forte prédisposition à soutenir les fonctionnaires qui sont sous ses ordres lorsqu'il sait qu'ils ont agi avec un désir sincère de bénéficier à l'Empire. C'est, en effet, une caractéristique de tous les grands hommes d'État, et cela donne au service public une confiance et une énergie qui, dans les moments de difficulté et de danger, sont d'une importance suprême. Dans de telles circonstances, une décision erronée est généralement moins néfaste qu'une action timide, hésitante ou tergiversée, et un ministre avisé ira loin pour défendre ses subordonnés s'ils ont agi promptement et avec une véritable justice de la manière qu'ils croyaient être la meilleure, même si bien qu'ils aient pu commettre des erreurs considérables et que les résultats de leur action se soient révélés malheureux.

Mais de toutes les formes de prestige, le prestige moral est la plus précieuse, et aucun homme d'État ne devrait oublier que l'un des principaux éléments de la puissance britannique est le poids moral qui la sous-tend. C'est la conviction que la politique britannique est fondamentalement honorable et directe, qu'on peut implicitement se fier à la parole et à l'honneur de ses hommes d'État et de ses diplomates, et que les intrigues et les tromperies sont totalement étrangères à leur nature. L'homme d'État doit se frayer un chemin entre des fanatismes rivaux : le fanatisme de ceux qui pardonnent tout si cela est couronné de succès et contribue à la grandeur de l'Empire, et qui agissent comme si les puissances faibles et les nations sauvages n'avaient aucun droit moral ; et le fanatisme de ceux qui semblent toujours avoir un penchant contre leur propre pays et qui s'imaginent qu'en temps de guerre, d'anarchie ou de rébellion, et face à des populations militaires sauvages ou semi-sauvages, il est possible d'agir avec le le même respect pour les détails techniques du droit et le même niveau invariablement élevé de scrupule moral, comme à une époque paisible et dans un pays hautement civilisé. Dans les affaires de la vie privée, la distinction entre le bien et le mal est généralement très claire, mais il n'en est pas de même dans les affaires publiques. Même les aspects moraux des actes politiques peuvent rarement être correctement évalués sans l'exercice d'un jugement large, judiciaire et global, et l'esprit qui devrait animer un homme d'État devrait être plutôt celui d'un homme du monde noble et honorable que celui d'un homme d'État noble et honorable. d'un théologien, ou d'un avocat, ou d'un moraliste abstrait.

À certains égards, le niveau de la moralité politique s'est sans aucun doute élevé à l'époque moderne ; mais il n'est pas du tout certain que ce soit le cas en politique internationale. Une véritable histoire des guerres de la seconde moitié du XIXe siècle pourrait bien nous amener à en douter, et des révélations récentes nous ont montré que dans la plus terrible d'entre elles, la guerre franco-allemande de 1870, la faute doit être bien plus imputable. également divisés que nous avions l'habitude de le croire. Très peu de massacres dans l'histoire ont été plus gigantesques ou plus clairement attribués à l'action d'un gouvernement que ceux perpétrés par les soldats turcs de notre génération, et peu de signes du faible niveau de sentiment public dans la chrétienté sont plus impressionnants que l'indifférence générale avec laquelle ces massacres étaient envisagés dans la plupart des pays. Il est devenu évident qu'une puissance qui conserve sa force militaire, et qui est donc recherchée comme alliée et redoutée comme ennemie, peut faire des choses en toute impunité, et même avec très peu de censure, ce qui, dans le cas d'une nation faible, produirait une représailles rapide. Parmi les épisodes mineurs de l'histoire du XIXe siècle, l'historien n'oubliera pas comment, peu après les massacres sauvages des Arméniens, le souverain de l'une des nations chrétiennes les plus grandes et les plus civilisées s'est précipité à Constantinople pour serrer la main si profondément teinte du sang chrétien. puis, ayant, comme il le pensait, suffisamment renforcé sa popularité et son influence dans ce quartier, se rendit au Mont des Oliviers, où, au milieu de scènes consacrées par le plus sacré de tous les souvenirs, et le plus propre à humilier l'orgueil du pouvoir. et dissipant les rêves d'ambition, il se proclame avec une piété mélodramatique le champion et le patron de la foi chrétienne ! Combien d'exemples peuvent être tirés de l'histoire très moderne de mensonges délibérés des hommes d'État ; d'engagements et d'obligations conventionnels distincts simplement mis de côté parce qu'ils étaient gênants pour une puissance et pouvaient être répudiés en toute impunité ; de nations faibles annexées ou pillées sans un semblant de véritable provocation ! La sécurité des faibles en présence des forts est le meilleur test de la moralité internationale. Peut-on dire que, si elle est mesurée à l'aune de ce critère, la moralité publique de notre époque est très élevée ? Personne ne peut manquer de remarquer avec quelle légèreté on examine les causes de la guerre contre des nations barbares ou semi-civilisées, pour peu que ces guerres soient couronnées de succès ; à quel point la politique commerciale actuelle de l'Europe stimule la passion de l'agression ; combien cette politique est chaleureusement soutenue dans toutes les grandes nations par l'opinion publique et par la presse.

Les questions de moralité qui en découlent sont nombreuses et compliquées, et ne peuvent être résolues par des formules courtes et simples. Dans quelle mesure un homme d'État qui voit, ou croit voir, un danger écrasant de la part d'une puissance étrangère agressive imminente sur son pays, est-il justifié d'anticiper ce danger, au moment opportun et sans qu'aucune provocation immédiate ne l'oblige à déclencher une guerre ? Dans quelle mesure est-il son droit ou son devoir de sacrifier la vie de son peuple pour des motifs humanitaires, pour réparer un tort flagrant dans lequel il n'est pas tenu d'intervenir par traité ? Dans quelle mesure, si plusieurs puissances acceptent de garantir l'intégrité d'une petite puissance, une puissance risque-t-elle d'intervenir de manière isolée si ses copartenaires refusent de le faire ou sont même complices d'une politique de pillage ? Dans quelle mesure, si l'agression d'autres puissances place sa nation dans une situation de désavantage commercial ou autre dans la compétition entre nations, un homme d'État peut-il prendre des mesures qui, dans d'autres circonstances, seraient manifestement injustifiables, pour se prémunir contre un tel désavantage ? Avec quel degré de rigueur, à quel prix en trésors et en vies humaines, une nation doit-elle supporter les insultes dirigées contre sa dignité, ses sujets et son drapeau ? Quel est le sens et quelles sont les limites de l'égoïsme national et du désintéressement national ? La courtoisie des nations existe, et même en dehors des obligations conventionnelles, aucune grande nation ne peut poursuivre une politique d'isolement complet, ignorant les crimes et les agressions au-delà de ses frontières. D'un autre côté, le premier devoir de tout homme d'État est envers son propre pays. Sa tâche est d'assurer à des millions de personnes de la race humaine le plus haut degré possible de paix et de prospérité, et un égoïsme n'est pas un égoïsme étroit qui, tout en s'abstenant de nuire aux autres, se limite à promouvoir le bonheur d'une vaste partie de la population. la race humaine. Les sacrifices et les dangers qu'un homme bon croirait avoir un devoir évident d'accepter s'ils tombaient sur lui seul, revêtent un autre aspect s'il agit en tant que dépositaire d'une grande nation et des intérêts de générations à naître. Rien n'est plus désastreux que le divorce de la politique et de la morale, mais dans la pratique politique, la morale publique et la morale privée ne correspondront jamais absolument. L'opinion publique de la nation inspirera et contrôlera inévitablement ses hommes d'État. Elle crée dans tous les pays un code éthique qui, avec plus ou moins de perfection, leur trace la voie du devoir, et même si un grand homme d'État peut faire quelque chose pour élever son niveau, il ne peut jamais échapper complètement à son influence. Selon les nations, il est plus ou moins élevé – en termes de véracité et de sincérité de la diplomatie, les variations sont très grandes – mais ce ne sera jamais le code exact selon lequel les hommes agissent dans la vie privée. Il est certainement très différent du Sermon sur la Montagne.

Il est une croyance, à moitié inconsciente, à moitié avouée, qui, dans notre génération, est largement répandue dans le monde entier et est pratiquement acceptée dans une très large mesure par les nations anglophones. C'est que ramener les tribus sauvages à la civilisation et placer les dominions éloignés des pays civilisés qui sont anarchiques ou gravement mal gouvernés entre les mains de dirigeants qui gouvernent sagement et honnêtement sont une justification suffisante pour l'agression et la conquête. Beaucoup de ceux qui, en règle générale, condamneraient sévèrement une guerre injuste et non provoquée, menée dans le but d'annexion par une puissance forte contre une puissance faible, excuseront ou condamneront à peine une telle guerre si elle est dirigée contre un pays qui a s'est montré incapable d'un bon gouvernement. Remettre le monde entre les mains de ceux qui peuvent le mieux le gouverner est considéré comme une fin suprême. Les guerres ne sont pas vraiment entreprises dans ce but. La philanthropie des nations, lorsqu'elle prend la forme de guerre et de conquête, est rarement ou jamais sans mélange d'égoïsme, bien que de forts élans d'enthousiasme humanitaire donnent souvent une impulsion, un prétexte ou un soutien aux actions calculées des hommes d'État. Mais lorsque les guerres, aussi égoïstes et non provoquées soient-elles, contribuent à élargir les frontières de la civilisation, à stimuler un progrès réel, à mettre un terme aux coutumes sauvages, à l'oppression ou à l'anarchie, elles sont désormais jugées avec beaucoup d'indulgence, même dans les nombreux cas où le les habitants de la Puissance conquise ne désirent pas le changement et y résistent vigoureusement sur le terrain.

En politique intérieure comme en politique étrangère, le maintien d'un haut niveau moral en matière de politique est impossible à moins que l'opinion publique du pays ne soit en harmonie avec ce niveau. Le déclin moral dans une nation est très rapidement suivi d'une décadence correspondante parmi ses hommes publics, et on constatera en effet généralement que le niveau des hommes publics a tendance à être quelque peu inférieur à celui de la meilleure partie du public extérieur. Ils sont exposés à des tentations très particulières, dont j'ai déjà indiqué quelques-unes.

L'habitude constante d'examiner les questions en vue de l'avantage du parti, des problèmes immédiats, de la popularité immédiate, qui est inséparable du gouvernement parlementaire, ne peut guère manquer de donner un élan à l'intelligence la plus honnête. La plupart des questions doivent être traitées plus ou moins sous la forme d'un compromis ; et les alliances et coalitions peu propices à une morale politique sévère sont fréquentes. En Angleterre, les dirigeants des partis opposés ont généralement su, avec bonheur, se respecter les uns les autres. Le même standard d'honneur sera trouvé des deux côtés de la Chambre, mais chaque parlement compte ses agitateurs, intrigants et égoïstes notoires, des hommes qui ont été liés à des actes qui peuvent ou non avoir été mis à la portée des criminels. loi, mais ont du moins suffi à imprimer leur caractère aux yeux des honnêtes gens. De tels hommes ne peuvent être négligés dans les coalitions partisanes. Les dirigeants politiques doivent coopérer avec eux dans les relations et les affaires quotidiennes de la vie parlementaire – ils doivent parfois leur demander des faveurs – ils doivent les traiter avec déférence et respect. Des hommes qui, sur certains sujets et à certains moments, ont agi avec une débauche flagrante, sur d'autres agissent avec jugement, modération et même patriotisme, et deviennent des partisans utiles ou de redoutables opposants. Il se forme ainsi des combinaisons qui ne sont nullement fausses, mais qui tendent à émousser la perception morale et à abaisser imperceptiblement le niveau du jugement moral. Dans les changements rapides du kaléidoscope du parti, le passé est vite oublié. L'ennemi d'hier est l'allié d'aujourd'hui ; les services du présent obscurcissent bientôt les méfaits du passé ; et les hommes deviennent insensiblement très tolérants, non seulement à l'égard des diversités d'opinions, mais aussi à l'égard des grossières aberrations de conduite. La vigilance constante de l'opinion extérieure est indispensable au maintien d'un haut niveau de moralité politique.

L'opinion publique, il est vrai, n'est en aucun cas impeccable. La tendance à croire que les crimes cessent d'être des crimes lorsqu'ils ont un objet politique et qu'un vote populaire peut absoudre les pires crimes n'est que trop courante ; il y a peu de méfaits politiques que la richesse, le rang, le génie ou le succès n'inciteront pas de larges pans de la société anglaise à pardonner, et les nations, même dans leurs meilleurs moments, ne jugeront pas des actes qui sont grandement à leur propre avantage avec la sévérité de jugement qu'elles auraient. s'appliquent aux actes similaires d'autres nations. Mais une fois tout cela admis, il n'en reste pas moins vrai qu'il existe en Angleterre une large partie de l'opinion publique qui porte dans toute politique un sens moral solide et qui place une politique juste et vertueuse au-dessus de n'importe quel simple intérêt de parti. C'est de la puissance et de la pression de cette opinion que dépend en fin de compte la haute réputation du gouvernement anglais.

NOTES DE BAS DE PAGE :

[42] Cette phrase peut paraître obscure aux lecteurs anglais. L'explication est que, grâce à un arrangement ingénieux imaginé par Lord Beaconsfield, les professeurs du Collège des Jésuites de Stephen's Green sont presque tous nommés Fellows de l'Université Royale, ceux de la Faculté des Arts recevant 400 *l.* par an, et trois boursiers en médecine 150 *l.* chaque. Grâce à ce dispositif, le collège catholique dispose en réalité d'une dotation de l'État d'un montant compris entre 6.000 *l.* et 7 000 *litres.* une année. Ce fait réduit considérablement le grief.

[43] Voir par exemple les conseils d'Henri IV sur son lit de mort. à son fils :—

"Par conséquent, mon Harry,

Que ce soit ton cours pour les esprits occupés et étourdis

Avec des querelles étrangères ; cette action, donc confirmée,

Peut gâcher la mémoire des jours passés.

Henri IV . Deuxieme PARTIE. Acte IV. Sc. 4.

[44] Lord Lanesborough *c.* Reilly.

[45] Voir *les Mémoires* de Tocqueville (traduction anglaise), ii. 189, Lettre au *Times* .

[46] Voir Maupas, *Mémoires sur le Second Empire* , i. 511, 512. On dit que, contrairement aux ordres de St.-Arnaud, les soldats, au lieu de fusiller immédiatement dans la rue toutes les personnes trouvées avec des armes ou en train de construire ou de défendre une barricade, ont fait beaucoup de prisonniers, et il est on ne sait pas ce qu'ils sont devenus. Granier de Cassagnac nie cependant totalement les exécutions au Champ de Mars (ii. 433).

[47] Granier de Cassagnac, ii. 438.

[48] *L'Empire Libéral* , ii. 526.

[49] *Mémoires d'Odilon Barrot* , iv. 59-61.

[50] *Mémoires d'Odilon Barrot* , iv. 56, 57.

[51] Voir les déclarations de Lord Palmerston à ce sujet dans Ashley's *Life of Palmerston* , ii. 200-211. Tocqueville, cependant, nie catégoriquement que la majorité de l'Assemblée ait eu une quelconque sympathie pour ces vues (*Mémoires de Tocqueville* (traduction anglaise), ii. 177). Maupas, dans ses *Mémoires* , donne un récit très détaillé de la conspiration du côté bonapartiste. Il paraît que l'homme de confiance de Changarnier était à sa solde.

[52] *Mémoires* de Tocqueville , ii.

[53] La vie d'Ashley *à Palmerston* , ii. 208.

[54] Newman.

[55] Voir Ollivier, *L'Empire Libéral* , i. 510-512.

[56] *Deuxième rapport du Comité spécial sur l'Afrique du Sud britannique* (juillet 1897).

[57] *Débats parlementaires* , 26 juillet 1897, 1169, 1170.

CHAPITRE XI

Les nécessités du compromis moral que j'ai retracées dans l'armée, dans le droit et dans le domaine politique peuvent se retrouver sous une autre forme non moins visible dans l'Église. Les membres, et plus encore les ministres, d'une ancienne Église liée à des formulaires et à des croyances rédigés au cours de siècles lointains, se heurtent continuellement aux difficultés de concilier ces formes avec les conditions changeantes de la connaissance humaine, et il y a des périodes où la pression de ces difficultés se fait sentir avec plus que la force commune. Telles furent, par exemple, les périodes de la Renaissance et de la Réforme, où les changements dans la condition intellectuelle de l'Europe produisirent une conviction largement répandue de l'ampleur de l'imposture et de l'illusion qui avaient reçu l'approbation d'une Église qui se prétendait infaillible, la Il en résulte dans certains pays une évanescence silencieuse de toute croyance religieuse parmi la classe instruite, y compris même un grand nombre de dirigeants de l'Église, et dans d'autres pays un grand élan de zèle religieux visant à restaurer le christianisme à sa forme primitive et à une répudiation des accumulations de superstition qui s'étaient rassemblées autour d'elle. La théorie copernicienne prouvant que notre monde n'est pas, comme on l'a longtemps cru, le centre de l'univers, mais une seule planète se déplaçant avec de nombreuses autres autour d'un soleil central, et la découverte, grâce à l'instrument du télescope, de l'espace infinitésimal que notre globe occupe dans l'univers, a modifié la mesure des probabilités des hommes et a affecté largement, bien qu'indirectement, leurs croyances théologiques.

Un changement similaire fut progressivement produit par la découverte newtonienne selon laquelle tout le système de l'univers était imprégné par une seule grande loi, et par la croissance constante des connaissances scientifiques, prouvant qu'un grand nombre de phénomènes autrefois attribués à des actes isolés et capricieux de spiritualité Les interventions étaient régies par une loi invariable, inexorable et omniprésente. Beaucoup des formulaires par lesquels nous exprimons encore nos croyances religieuses datent de périodes où l'on croyait que les comètes et les éclipses étaient envoyées pour présager des calamités ; quand chaque grand changement météorologique était attribué à une agence spirituelle isolée ; lorsque la sorcellerie et la possession diabolique, les maladies surnaturelles et les guérisons surnaturelles étaient considérées comme des faits indubitables ; et lorsque les récits de miracles contemporains, divins ou sataniques, ne portaient en eux aucun sentiment d'étrangeté ou d'improbabilité. Il n'est guère surprenant que ces formules paraissent parfois incongrues à une époque où l'esprit scientifique a introduit des conceptions très différentes du gouvernement de l'univers, et où le miraculeux, s'il n'est pas absolument discrédité, est, du moins aux yeux de la plupart des gens. des hommes instruits, relégués dans un passé lointain.

Le siècle actuel a été marqué par de puissantes réactions à l'encontre de croyances religieuses plus anciennes, mais il a également été, dans une mesure inhabituelle, fertile en changements qui les affectent le plus profondément. Peu d'années se sont écoulées depuis que l'on croyait que tout le drame de l'histoire du monde était compris dans le cadre du « Paradis perdu » et du « Paradis retrouvé ». L'homme est apparu dans l'univers comme un être irréprochable dans un monde parfait, mais il est rapidement tombé de son premier état, et sa chute a entraîné des conséquences mondiales. Il a introduit dans notre globe le péché, la mort, la souffrance, la maladie, l'imperfection et la décadence ; tous les instincts et tendances espiègles et féroces de l'homme et de la bête ; toutes les formes innombrables de lutte, de terreur, d'anxiété et de chagrin ; tout cela rend la vie amère à tout être vivant et, comme avaient coutume de le dire les Pères, les ronces, les mauvaises herbes et la stérilité de la terre. On pensait que Paradise Regained était indissolublement lié à Paradise Lost. L'un était l'explication de l'autre. L'un a introduit le mal, l'autre a apporté le remède.

Il est vain de nier que les grandes lignes de ce tableau aient été entièrement modifiées. Vint d'abord la découverte que l'existence de notre globe s'étend bien au-delà de la période autrefois assignée à la Création, et que pendant d'innombrables siècles avant l'époque où on croyait qu'Adam avait perdu le Paradis, la mort avait été son fait le plus familier et sa loi inexorable ; que les animaux qui l'habitaient se nourrissaient et se dévoraient les uns les autres comme à l'heure actuelle, leurs griffes et leurs dents étant spécialement adaptées à cet effet. Même leurs restes à moitié digérés ont été conservés sous forme fossile.

« La mort », écrivait un philosophe païen, en contraste frappant avec l'enseignement de l'Église, « est une loi et non un châtiment », et la géologie a pleinement justifié son affirmation.

Puis vinrent des preuves décisives démontrant que pendant des milliers d'années avant son origine supposée, l'homme avait vécu et mort sur notre globe - un être, pour autant que l'on puisse en juger d'après les restes qui ont été conservés, non supérieur mais très inférieur à nous-mêmes, dont presque seul l'art était la fabrication d'instruments grossiers pour tuer, dont la structure et la vie semblent s'être rapprochées des formes les plus basses existantes de la vie sauvage.

Vint ensuite la théorie darwinienne selon laquelle toute l'histoire du monde vivant est une histoire d'évolution lente et continue, principalement au moyen de conflits incessants, des formes inférieures aux formes supérieures ; que l'homme lui-même était ainsi sorti peu à peu des formes les plus humbles du monde animal ; que la plupart des déviations morales attribuées à la pomme en Éden sont les vestiges et les traditions des étapes antérieures et inférieures de son existence. La théorie de l'ascension continue d'un stade inférieur à un stade supérieur a remplacé la théorie de la Chute comme explication de l'histoire humaine. C'est une doctrine qui n'est certainement pas sans espoir pour le genre humain. Il ne donne aucune explication sur l'origine ultime des choses, et il n'est en aucun cas incompatible avec la croyance soit en une origine divine et créatrice, soit en un plan établi et providentiel. Mais elle s'éloigne autant que possible de la conception de l'histoire humaine et de la nature humaine que la chrétienté a acceptée pendant dix-huit siècles comme vérité fondamentale.

Ces choses sont venues avec des influences d'un autre genre. La mythologie comparée a accumulé une grande quantité de preuves montrant comment les mythes et les miracles sont le produit naturel de certaines étapes de l'histoire humaine, de certaines idées fausses primitives sur le cours de la nature ; comment des légendes essentiellement du même genre, quoique avec quelques détails variés, ont surgi dans de nombreux milieux différents, et comment elles ont migré et interagi les unes sur les autres. La critique biblique a en même temps décomposé et analysé les écrits juifs, leur attribuant des dates et des degrés d'autorité très différents de ceux reconnus par l'Église. Cela n'a certainement pas diminué leur importance en tant que témoignages des développements successifs du progrès religieux et moral, ni diminué leur valeur en tant qu'expressions des sentiments religieux les plus élevés et les plus durables de l'humanité ; mais aux yeux d'une grande partie du monde instruit, cela les a privés du caractère autoritaire et infaillible qui leur était autrefois attribué. Dans le même temps, la critique historique a apporté avec elle des normes de preuve plus sévères, des moyens plus efficaces de distinguer l'historique du fabuleux. Il a retracé les phases et les variations des religions, ainsi que les influences qui les gouvernaient, avec une connaissance approfondie et une indépendance de jugement inconnues dans le passé, et il a amené ses adeptes à considérer en ces matières un esprit sceptique et hésitant comme un la vertu, la crédulité et la facilité de croire comme un vice.

Ceci n'est pas un livre de théologie et je n'ai pas l'intention de m'étendre sur ces choses. Il doit cependant être évident pour tous ceux qui connaissent la pensée contemporaine à quel point ces influences ont déplacé les croyances théologiques parmi un grand nombre d'hommes instruits ; combien de choses qui étaient autrefois largement crues sont devenues absolument incroyables ; combien de ceux qui étaient autrefois censés reposer sur le plan de la certitude ont maintenant sombré dans le plan inférieur de la simple probabilité ou peut-être de la possibilité. Depuis Galilée, ces changements ont été dénoncés comme incompatibles avec l'ensemble de la structure de la croyance chrétienne. Non moins un apologiste que l'évêque Berkeley a déclaré que la croyance selon laquelle la date de l'existence du monde était approximativement celle qui pouvait être déduite du livre de la Genèse était l'une des croyances fondamentales auxquelles on ne pouvait pas renoncer. [58] Lorsque le voyageur Brydone publia ses voyages en Sicile en 1773, conjecturant, à partir des dépôts de lave, que le monde devait être beaucoup plus ancien que ne l'admettait la cosmogonie mosaïque, son travail fut dénoncé comme bouleversant les fondements de la foi chrétienne. Les mêmes accusations ont été portées contre les géologues des premiers temps et, de nos jours, contre les premiers partisans de la théorie darwinienne ; et nombreux sont ceux qui vivent aujourd'hui à se souvenir des explosions d'indignation contre ceux qui furent les premiers à introduire les principes de la critique allemande dans la pensée anglaise et qui contestèrent le caractère historique et la prétendue paternité du Pentateuque.

Il n'est ni surprenant ni déraisonnable qu'il en soit ainsi, car il est impossible de nier que ces changements ont profondément modifié de larges pans de croyances autrefois considérées comme essentielles. On croyait que l'un des principaux objectifs d'une religion était de fournir ce que l'on pourrait appeler une théorie de l'univers, d'expliquer son origine, sa destinée et les étranges contradictions et imperfections qu'il présente. La théorie juive était très claire et précise, mais ce n'est certainement pas celle de la science moderne.

Pourtant, peu de choses sont plus remarquables que la facilité avec laquelle ces changements successifs ont progressivement trouvé leur place au sein de l'Église établie, et à quel point cette Église a été peu ébranlée par ce fait. Même la théorie darwinienne, bien qu'elle ne soit pas encore entrée dans le cercle de la vérité pleinement établie, est constamment mentionnée dans ses lignes principales avec l'approbation du clergé de l'Église. La théorie de l'évolution imprègne largement leur enseignement. La doctrine selon laquelle la Bible n'a jamais été destinée à enseigner la science ou les faits scientifiques, ainsi que les principaux faits et conclusions de la critique biblique moderne, ont été largement acceptées par le clergé le plus instruit. Très peu d'entre eux nieraient aujourd'hui l'antiquité du monde, l'antiquité de l'homme ou l'antiquité de la mort, ou soutiendraient que la cosmogonie mosaïque était un récit vrai et littéral de l'origine du globe et de l'homme, ou encore argumentent vigoureusement soit en faveur de la paternité mosaïque, soit en faveur de l'infaillibilité du Pentateuque.

Et tandis que des changements de ce genre se sont produits dans une direction, un autre grand mouvement s'est produit dans une direction opposée. L'Église d'Angleterre était essentiellement une Église protestante ; cependant, étant construite plus que la plupart des autres Églises sous des influences politiques, par étapes successives de progrès, et en vue d'inclure des sections d'opinion larges et variées dans son giron, elle a conservé, plus que les autres Églises, des formulaires et des principes dérivés de l'Église. il a remplacé. Le parti protestant et puritain sérieux qui dominait en Écosse et dans la Réforme continentale, et qui refusait tout compromis avec Rome, n'était devenu puissant dans l'opinion publique anglaise que quelque temps après que la structure de l'Église fut établie. L'esprit de compromis et de conservatisme qui caractérisait déjà le peuple anglais ; le grand rôle que jouèrent les rois et les avocats dans la formation de l'Église ; leur désir de maintenir en Angleterre un corps unique, comprenant des hommes qui s'étaient détachés de la papauté mais qui, à d'autres égards, n'avaient pas de grande objection aux formes et aux doctrines catholiques romaines, ainsi que des hommes sérieusement imprégnés du fort sentiment protestant de l'Allemagne et de la Suisse ; l'étrange ductilité de croyance et de conduite qui incita la grande majorité du clergé anglais à conserver ses préférences et à éviter la persécution lors des changements successifs d'Henri VIII, d'Édouard VI, de Marie et d'Élisabeth, tous contribuèrent à former une Église d'une très grande qualité. caractère composite. Deux théories distinctes y ont trouvé leur place. Selon une école, il s'agissait simplement de l'Église d'avant la Réforme, purifiée de certains abus qui s'étaient rassemblés autour d'elle, organiquement unie à elle par un épiscopat divinement établi, reposant sur une base autoritaire et ecclésiastique et formant l'une des trois grandes branches de l'Église. Église catholique. Selon l'autre école, c'était l'une des nombreuses Églises protestantes, conservant en effet les parties de l'ancienne organisation ecclésiastique qui pouvaient être justifiées par l'Écriture, mais ne les considérant pas comme faisant partie des éléments essentiels du christianisme ; être d'accord avec d'autres corps protestants sur ce qui était fondamental, et différer d'eux principalement sur des points qui n'étaient pas essentiels ; acceptant cordialement le principe selon lequel « la Bible et la Bible seule est la religion des protestants », et en même temps séparés par les différences les plus graves et les plus vitales de ce qu'ils considéraient comme la grande apostasie de Rome.

On a soutenu, d'une part, que dans son organisation ecclésiastique et juridique, l'Église d'Angleterre était identique à celle du règne d'Henri VII ; qu'il n'y a pas eu de rupture de continuité ; que des évêques, et souvent les mêmes évêques, siégeaient dans les mêmes sièges avant et après la Réforme ; que la grande majorité du clergé paroissial était inchangée, détenant ses dotations par les mêmes titres et mandats, soumis aux mêmes tribunaux, et se réunissant en Convocation de la même manière que ses prédécesseurs ; que les anciens services catholiques étaient simplement traduits et révisés, et que, bien que les usurpations romaines qui n'avaient jamais été complètement acquiescées aient été résolument rejetées, et bien que de nombreuses nouveautés superstitieuses aient été supprimées, l'Église d'Angleterre était toujours l'Église de Saint-Augustin ; qu'il n'avait jamais, même dans la période la plus sombre, perdu son existence distincte, et que les grâces surnaturelles et les pouvoirs sacerdotaux refusés à tous les schismatiques lui étaient descendus par l'épiscopat dans un flux ininterrompu. D'un autre côté, on a soutenu que l'essentiel d'une véritable Église résidait dans la conformité de ses doctrines avec le langage de l'Écriture et non dans les méthodes de gouvernement de l'Église, et que quoi qu'il en soit du point de vue juridique, le La théorie de l'unité de l'Église avant et après la Réforme était, au sens théologique, une illusion. L'Église sous Henri VII. était catégoriquement une théocratie ou une monarchie ecclésiastique, le Pape, en tant que successeur supposé du prétendu prince des Apôtres, étant la clé de voûte même de l'arc spirituel. Sous Henri VIII. et Elizabeth, l'Église d'Angleterre était devenue une sorte d'aristocratie d'évêques, gouvernée très réellement aussi bien que théoriquement par la Couronne, totalement coupée de ce qui s'appelait elle-même la Chaire de Pierre, et placée dans des relations complètement nouvelles avec l'Église catholique de la chrétienté. . Au cours de cette période, le christianisme anglican avait rejeté non seulement la papauté, mais aussi une grande partie de ce qui, des siècles auparavant, avait été jugé vital et incontestablement nécessaire, tant dans sa théologie que dans ses dévotions. Bien qu'une grande partie de l'ancienne organisation et de nombreux anciens formulaires aient été conservés, ses articles, ses homélies, l'enseignement constant de ses fondateurs respiraient un esprit de protestantisme incontestable. L'Église qui restait attachée à Rome, et qui avait les mêmes doctrines, pratiquait les mêmes dévotions et accomplissait les mêmes cérémonies que l'Église anglaise sous Henri VII, se prétendait infaillible, et elle répudiait absolument tout lien avec la nouvelle Église de Rome. l'Angleterre, et le considérait comme rien de plus qu'un schisme protestant ; tandis que l'Église d'Angleterre, dans ses formulaires autorisés, qualifiait certaines des croyances et dévotions centrales de l'Église romaine de blasphématoires, idolâtres, superstitieuses et trompeuses, et était depuis longtemps habituée à considérer cette Église comme l'Église de l'Antéchrist ; la Prostituée de l'Apocalypse, ivre du sang des Saints. Chaque Église, pendant de longues périodes et dans la pleine mesure de ses pouvoirs, a supprimé ou persécuté l'autre.

Aux yeux des Erastiens et aussi aux yeux des puritains, la théorie de l'unité spirituelle de ces deux corps, et les diverses conséquences sacerdotales qui en étaient déduites, semblaient incroyables, et la première génération de nos réformateurs n'a pas reculé devant la communion. , sympathie et coopération avec les protestants non épiscopaux du continent. Bien qu'ils aient mis beaucoup d'accent sur l'autorité patristique et aient consenti – principalement pour des raisons politiques – à laisser dans le Livre de prières de nombreuses choses dérivées de l'Église plus ancienne, la théorie de l'anglicanisme de la Haute Église est bien plus le produit des théologiens du XVIIe siècle. que des réformateurs, de même que le catholicisme romain s'apparente beaucoup plus aux pères ultérieurs qu'au christianisme primitif. Personne ne pouvait douter de quel côté étaient les sympathies et quelles étaient les opinions de Cranmer, Latimer, Ridley, Jewell et Hooper, et quel esprit imprégnait les articles et les homélies. Une Église qui ne prétend pas être infaillible ; qui doit sa forme particulière principalement à la sagacité des hommes d'État ; dans lequel le tribunal suprême, qui décide quelles doctrines peuvent être enseignées par le clergé, est un tribunal laïc ; où les liens de conformité sont si lâches que les tendances et les sentiments de la nation donnent le teint à l'Église, semble aux yeux des hommes de ces écoles n'avoir aucun droit possible de revendiquer ou de partager l'autorité de l'Église de Rome. Cela repose sur une autre base. Elle doit être justifiée par d'autres motifs.

Ces deux écoles distinctes ont cependant subsisté dans l'Église. Chacun d'eux peut trouver un certain appui dans le Livre de prières, et la vieille école orthodoxe de la Haute Église, qui fut principalement élaborée et qui prospéra principalement sous les Stuarts, a produit une grande partie de la théologie la plus savante de la chrétienté et avait, à ses débuts, jours peu ou pas de tendance à Rome. C'était exclusif et repoussant du côté du non-conformisme, et cela plaçait l'autorité de l'Église très haut ; mais l'immense majorité de ses membres étaient extrêmement fidèles à l'Église anglicane et vivaient et mouraient satisfaits en son sein. Mais il y avait toujours dans cette Église des hommes d'un autre genre dont le véritable idéal se trouvait au-delà de ses frontières. Falkland, dans un discours remarquable prononcé en 1640, en parle avec beaucoup d'amertume. « Certains, dit-il, ont travaillé avec tant d'efforts pour se déduire de Rome qu'ils ont soupçonné fortement qu'en signe de gratitude ils désiraient y retourner, ou du moins y faire face à mi-chemin. Certains ont évidemment travaillé pour introduire un papisme anglais, mais non romain ; Je veux dire non seulement l'extérieur et l'habillement, mais également l'absolu. absolument, directement et cordialement papistes que c'est tout ça 1.500 *l.* un an peut suffire pour les empêcher de l'avouer. [59]

Cependant, aucune sécession importante vers Rome n'a suivi le développement de cette école du XVIIe siècle, bien qu'elle ait joué un grand rôle dans le schisme des non-jurés, et avec le déclin de ce schisme et sous les tendances latitudinaires du XVIIIe siècle, elle a considérablement diminué. Cependant, depuis le mouvement tractarien, qui a amené tant de dirigeants de l'Église anglaise à Rome, les hommes ayant des sympathies romaines et des idéaux romains se sont multipliés au sein de l'Église à un degré extraordinaire. Non seulement ils ont poussé leurs prétentions théologiques en direction de Rome beaucoup plus loin que les non-jurés ; ils ont aussi, dans de nombreux cas, tellement transformé l'ancien et simple service anglican par des vêtements et des bougies, des bannières et de l'encens, des génuflexions et des prières chuchotées, qu'un étranger pourrait bien imaginer qu'il était dans une église catholique romaine. Ils ont avancé des prétentions sacerdotales peu ou pas inférieures à celles de Rome. Toute la tendance de leur littérature et de leur pensée dévotionnelles coule dans le canal romain, et même dans les questions les plus insignifiantes de cérémonie et de tenue vestimentaire, ils ont l'habitude de rendre à la grande Église l'hommage d'une imitation constante.

Il serait injuste de nier qu'il existe de réelles différences. L'autorité absolue et l'infaillibilité du Pape sont sincèrement répudiées comme une usurpation, la théorie ritualiste ne lui concédant qu'une primauté parmi les évêques. La discipline et la soumission à l'autorité ecclésiastique, qui distinguent si éminemment l'Église romaine, font totalement défaut chez beaucoup de ses imitateurs anglicans, et en même temps le sens anglais de la vérité s'est avéré suffisant pour sauver le parti de la tolérance et de la propagation des de faux miracles et de pratiques grossièrement superstitieuses si courantes dans les pays catholiques romains. À ce dernier égard, cependant, il est probable que les catholiques romains anglais et américains se distinguent à peu près également des catholiques des États du sud de l'Europe et de l'Amérique. Pourtant, lorsque tout cela est admis, on ne peut guère nier qu'une grande partie de l'Église anglaise ait développé une sympathie pour Rome et une antipathie à l'égard du protestantisme et des types de pensée et de caractère protestants totalement étrangers à l'esprit de l'Église. Réformateurs et aux formulaires doctrinaux de l'Église d'Angleterre.

Il n'est pas très facile d'évaluer avec précision l'ampleur et la profondeur de ce mouvement. Il existe de grandes variations au sein du parti de la Haute Église ; les hommes extrémistes ne sont pas les plus nombreux et certainement très loin d'être les plus capables, et de nombreuses influences autres que la conviction convaincue ont tendu à renforcer le parti. En effet, contrairement au parti tractarien qui l'a précédé, il a été remarquablement dénué de capacités littéraires ou théologiques, et a singulièrement peu ajouté à la vaste et noble littérature théologique de l'Église anglaise. Le simple charme de la nouveauté, qui est toujours particulièrement puissant dans le domaine de la religion, attire de nombreuses personnes vers le canal rituel, et des milliers de personnes qui se soucient très peu des doctrines rituelles sont attirées par la musique, l'apparat, la beauté picturale des services rituels. Les goûts esthétiques se sont considérablement accrus ces dernières années en Angleterre, et la fermeture des lieux de divertissement le dimanche renforce probablement le besoin de services plus attrayants. Le parti extrême de la Haute Église a surtout favorisé et bénéficié de ce désir, mais il s'est étendu bien plus largement. Elle a touché même des organismes puritains et non épiscopaux, et elle se conjugue parfois avec des opinions extrêmement latitudinaires. Il existe en effet un type d'esprit qui trouve dans de tels services un heureux anodin pour le doute à moitié refoulé. Les pétitions qui, dans leur humiliation poignante et leur émotion profonde, ne correspondent plus aux sentiments authentiques de l'adorateur, semblent atténuées et transformées lorsqu'elles sont entonnées, et les croyances qui, lorsqu'elles sont clairement lues, choquent l'entendement et la conscience sont facilement acceptées comme faisant partie d'un spectacle musical. . Le scepticisme ainsi que la croyance remplissent parfois les églises. Les classes nombreuses qui ne souhaitent pas se couper des services religieux ont perdu tout intérêt pour les distinctions théologiques qui étaient autrefois considérées comme suprêmement importantes et toute croyance ferme dans une grande partie des systèmes dogmatiques, et ces hommes préfèrent naturellement les services qui, par la musique et l'ornement, satisfont. leurs goûts et exercent une influence apaisante ou stimulante sur l'imagination.

Le parti extrême de la Haute Église présente cependant d'autres éléments d'attraction. Une grande partie de sa puissance est due aux nouvelles sources d'une vie spirituelle réelle et aux nouvelles formes d'utilité et de charité réelles qui sont nées de son système sacerdotal très développé et des confréries semi-monastiques qui à la fois favorisent, encouragent et organisent une vie active. zèle. Le pouvoir du parti d'agir non seulement sur les classes cultivées mais aussi sur les pauvres est très manifeste, et il a beaucoup contribué à donner à l'Église d'Angleterre un caractère démocratique qu'elle n'avait pas dans les générations passées et qui, dans les conditions de la vie moderne est extrêmement important. La multiplication non seulement des offices religieux mais aussi du nombre de communiants, et le grand intérêt porté à la vie de l'Église dans les milieux où prévaut le parti ritualiste, ne peuvent raisonnablement être mis en doute. Ses services très ornés attirent dans les églises de nombreuses personnes qui n'y étaient jamais entrées auparavant, et ils sont souvent combinés avec un style de prédication à la fois familier et passionné, quelque chose comme celui d'un frère franciscain ou d'un prédicateur méthodiste, qui convient parfaitement à agir sur les ignorants. Si son clergé s'est distingué par son insubordination à l'égard de ses évêques, s'il a manifesté d'une manière incontestable un vif désir d'agrandir sa propre position et son autorité, il n'est également que juste d'ajouter qu'il s'est distingué par son zèle et son autonomie. sacrifice avec lequel ils ont multiplié les services, créé des confréries et pénétré dans les repaires les plus mauvais et les plus obscurs de la pauvreté et du vice.

Mais le résultat de tout cela est que les tendances contradictoires qui ont toujours été présentes dans l'Église se sont considérablement approfondies. On y trouve des hommes dont les opinions peuvent difficilement être distinguées du simple déisme ou de l'unitarisme, et des hommes qui abjurent le nom de protestant et ne sont divisés que par les plus minces séparations de l'Église romaine. Et cette diversité existe dans une Église dont la cohésion est assurée par des articles et des formulaires du XVIe siècle.

On aurait peut-être pu imaginer *a priori* qu'une Église avec une telle diversité d'opinions et d'esprit était une Église affaiblie et désintégrée, mais aucun homme franc n'attribuera un tel caractère à l'Église d'Angleterre. Tous les signes de la vitalité collective se manifestent en abondance, et il est impossible de nier qu'elle joue un rôle actif, puissant et très utile dans la vie anglaise. En l'envisageant tout d'abord du point de vue intellectuel, on voit clairement combien une grande partie des meilleurs esprits du pays se contente, non seulement d'y vivre, mais de prendre une part active à ses ministères. Comparez la quantité de littérature supérieure qui provient des ecclésiastiques de l'Église établie avec la quantité qui provient du corps bien plus important de prêtres catholiques dispersés à travers le monde ; comparez la place que le clergé anglais, ou les laïcs profondément imprégnés de l'enseignement de l'Église, occupent dans la littérature anglaise avec la place que les prêtres catholiques, ou les laïcs catholiques sincères, occupent dans la littérature française, — et le contraste apparaîtra suffisamment évident. . Il n'existe pratiquement aucune branche de la littérature anglaise sérieuse dans laquelle le clergé anglican ne se démarque pas. Il n'y a rien dans une croyance fausse et superstitieuse qui soit incompatible avec certaines formes de littérature. Il peut facilement s'allier au génie d'un poète ou à une grande beauté de style, soit exhortatif, soit narratif. Mais dans l'Église d'Angleterre, la réussite littéraire ne se limite certainement pas à ces formes. Dans le domaine des sciences physiques, dans le domaine de la philosophie morale, de la métaphysique, de la philosophie sociale et même politique, et peut-être plus encore dans le domaine de l'histoire, son clergé a conquis des places au premier rang. Il est notoire qu'une grande partie des critiques les plus sérieuses et des meilleurs écrits périodiques d'Angleterre sont l'œuvre d'ecclésiastiques anglicans. Personne, en énumérant les principaux historiens du siècle actuel, n'oublierait des noms tels que Milman, Thirlwall et Merivale, dans la génération qui vient de disparaître, ou Creighton et Stubbs parmi les contemporains, et ce ne sont là que des exemples éminents d'une sorte de littérature à laquelle l'Église a très largement contribué. Leurs histoires ne se distinguent pas spécialement par la beauté de leur style, ni seulement par leur profonde érudition ; ils sont marqués à un degré éminent par le jugement, la critique, l'impartialité, le désir de vérité, l'habileté à séparer le prouvé du faux ou du simplement probable. Comparez-les avec les principales histoires écrites par des prêtres catholiques. Dans le passé, certaines des plus grandes œuvres d'une vie patiente et laborieuse de toute l'histoire littéraire étaient dues au sacerdoce catholique, et en particulier aux membres des ordres monastiques ; même dans les temps modernes, ils ont produit des œuvres d'un grand savoir, d'une grande habileté dialectique et d'une grande beauté de style ; mais, à peine une exception, ces ouvrages portent le cachet d'un avocat et sont écrits dans le but de prouver un point, de cacher ou d'expliquer les défauts d'un côté et de mettre en relief de manière disproportionnée ceux de l'autre. Personne n'y chercherait une évaluation franche des mérites d'un adversaire ou un exposé complet d'un argument hostile. Döllinger, qui aurait probablement été cité autrefois comme le plus grand historien que le sacerdoce catholique ait produit au XIXe siècle, est mort sous l'anathème de son Église ; et quelle proportion des meilleurs écrits du catholicisme anglais moderne est venue d'écrivains qui ont été élevés dans des universités protestantes et qui ont appris leur art dans l'Église anglicane !

C'est au moins un grand test pour une Église vivante que le meilleur intellect du pays puisse entrer dans son ministère, qu'elle contienne des hommes qui, dans presque toutes les branches de la littérature, sont considérés par les érudits laïcs avec respect ou admiration. On dit que le nombre de jeunes hommes compétents qui reçoivent des ordres est en diminution, et que cela n'est pas dû seulement à la dépression agricole qui a rendu l'Église beaucoup moins désirable en tant que profession, et même, dans de nombreux cas, presque impossible pour ceux-là. qui n'ont pas de fortune privée ; non seulement au système de concours, qui a ouvert des champs d'ambition vastes et attrayants aux laïcs les plus capables, mais aussi à la grande divergence des hommes les plus intellects des doctrines de l'Église et à la conviction qu'ils ne peuvent honnêtement abonnez-vous à ses articles et récitez ses formulaires. Mais bien que cela soit vrai, je crois, il est également vrai qu'aucune autre Église ne s'est montrée aussi capable d'attirer et de retenir les services d'hommes de culture générale, de critique et de compétence. L'une des caractéristiques les plus importantes du système ecclésiastique anglais a été l'éducation de ceux qui sont destinés à l'Église, en commun avec les autres étudiants des grandes universités nationales. D'autres systèmes d'éducation peuvent produire un clergé doté d'un plus grand savoir professionnel et d'un zèle plus intense et exclusif, mais aucun autre système d'éducation n'est aussi efficace pour maintenir une harmonie générale de pensée et de tendance entre l'Église et l'opinion instruite moyenne de la nation.

Faites un autre test. Comparez le *Guardian* , qui représente mieux que tout autre journal les opinions des ecclésiastiques modérés, avec les journaux les plus lus par le clergé français et qui ont le plus d'influence sur ses opinions. Certes, peu de journalistes anglais ont égalé en talent Louis Veuillot, et peu de journaux ont exercé une aussi grande influence sur le clergé de l'Église que l' *Univers* à l'époque où il le dirigeait ; mais quiconque lit ces pages sauvagement calomnieuses et intolérantes, brûlant d'une haine impuissante envers toutes les tendances progressistes et libérales de l'époque, ne reculant devant aucune déformation des faits et devant aucune apologie du crime si cela était dans l'intérêt de l'Église, On ne pouvait pas s'apercevoir à quel point cela était en désaccord complet avec la meilleure pensée laïque de la France. Le journalisme religieux anglais a parfois, bien qu'à un degré très mitigé, présenté certaines de ces caractéristiques, mais quiconque lit le *Guardian*, qui, je suppose, s'adresse à un public religieux plus large que tout autre journal, ne peut manquer de réaliser le contraste. Ce n'est pas seulement qu'il est habituellement écrit dans le style et l'humeur d'un gentleman, mais qu'il reflète le plus clairement dans sa critique, son impartialité, son ton de pensée, les meilleures influences intellectuelles de l'époque. Les hommes peuvent être d'accord ou différer sur sa politique ou sa théologie, mais quiconque le lit ne peut manquer d'admettre qu'il est profondément en contact avec l'opinion laïque cultivée, et c'est en fait un journal préféré de beaucoup qui ne se soucient que de ses aspects laïques. .

Cependant, la capacité intellectuelle incluse parmi les ministres d'une Église, bien qu'elle ne soit qu'un test, n'est en aucun cas un facteur décisif et infaillible de sa vie religieuse. À l'époque de la Renaissance, lorsque la véritable croyance en l'Église catholique était tombée à son point le plus bas, la plupart des hommes ayant des goûts et des talents littéraires étaient soit membres du sacerdoce, soit des ordres monastiques. Cela n'était pas dû à une quelconque ferveur de croyance, mais simplement au fait que l'Église offrait à cette époque presque le seul domaine dans lequel une vie littéraire pouvait être menée avec confort, sans ennuis et avec une récompense adéquate. Une grande partie de la capacité littéraire de l'Église anglaise est incontestablement due à l'attrait qu'elle offre et aux facilités qu'elle offre à ceux qui souhaitent simplement mener une vie studieuse. L'abolition de nombreuses sinécures cléricales et l'activité considérablement accrue du devoir clérical imposée par l'opinion contemporaine ont sans doute rendu la profession moins désirable à ce point de vue ; mais même aujourd'hui, il n'existe aucune autre profession en dehors des universités qui se prête aussi facilement à une vie littéraire, et une grande partie des penseurs et des écrivains les plus éminents de l'Église anglicane sont éminents dans des domaines qui ont peu ou pas de lien avec la théologie.

D'autres tests d'une Église florissante sont nécessaires, mais ils peuvent facilement être trouvés. Le pouvoir politique est un test, même s'il est très grossier et très trompeur. Il n'est peut-être pas exagéré de dire que les croyances les plus superstitieuses sont souvent celles qui exercent la plus grande influence politique, car ce sont celles dans lesquelles le sacerdoce acquiert l'autorité la plus absolue. Le déclin de la superstition parmi les classes instruites n'entraîne pas non plus toujours un déclin correspondant de l'influence ecclésiastique. Il y a eu des cas, tant à l'époque païenne que chrétienne, d'une classe dirigeante sceptique et hautement instruite soutenant et s'alliant à une Église superstitieuse comme meilleur moyen de gouverner ou de moraliser les masses. De telles Églises, par leur organisation habile, par leur ascendant sur des dirigeants individuels ou par leurs alliances politiques, exercent depuis longtemps une énorme influence et, dans une époque démocratique, la prépondérance du pouvoir politique passe progressivement des classes les plus instruites. En même temps, dans un pays hautement civilisé et parfaitement libre, où toutes les lois d'interdiction et de coercition religieuses ont disparu et où toutes les questions de religion sont soumises à une discussion perpétuelle, le pouvoir politique que conserve l'Église d'Angleterre prouve au moins que elle a derrière elle un vaste poids d'opinions authentiques et sérieuses. Aucun homme politique ne niera la force avec laquelle l'influence unie ou largement prépondérante de l'Église peut soutenir ou s'opposer à un parti. Un observateur cynique a dit que les trois choses en dehors de leur propre famille que les Anglais moyens apprécient le plus sont le rang, l'argent et l'Église d'Angleterre, et aucun bon observateur ne se fera certainement une mauvaise estimation de la force ou du sérieux de l'Angleterre. Le sentiment d'Église dans toutes les couches du peuple anglais.

On peut encore moins nier que l'Église conserve dans une large mesure son influence éducative. Pendant longtemps, l'éducation nationale fut presque entièrement entre ses mains, et, depuis que toutes les disqualifications et la plupart des privilèges ont été abolis, elle joue encore dans l'éducation anglaise un rôle qui suscite l'inquiétude des uns et l'admiration des autres. Il s'est jeté de bon cœur dans les nouvelles conditions politiques, et le grand nombre d'écoles volontaires établies sous l'influence cléricale, ainsi que les sommes immenses qui sont levées chaque année à des fins cléricales, montrent sans aucun doute la quantité de soutien et d'enthousiasme qui la sous-tendent. Dans chaque branche de l'enseignement supérieur, son clergé est remarquable, et son influence dans la formation de la nation ne se limite pas à la chaire, à l'université ou à l'école. Aucun observateur sincère de la vie anglaise ne doutera de l'immense effet du système paroissial pour maintenir le niveau moral à la fois des principes et des pratiques, ainsi que de la multitude, de l'activité et de la valeur des agences philanthropiques et moralisatrices qui sont entièrement ou en grande partie dues à l'Église anglicane. .

On ne peut pas non plus raisonnablement douter que l'Église ait été très efficace dans la promotion de cette vie spirituelle qui, quelle que soit l'opinion que les hommes peuvent se faire de son origine et de sa signification, est au moins l'une des grandes réalités de la nature humaine. Le pouvoir d'une religion ne doit pas être jugé uniquement ou principalement par son action collective ; par les institutions qu'il crée ; par le rôle qu'il joue dans le gouvernement du monde. On la retrouve bien plus dans son action sur l'âme individuelle, et spécialement dans les époques et les circonstances où l'homme est le plus isolé de la société. Il s'agit de fournir les idéaux et les motifs de la vie individuelle ; en guidant et en purifiant les émotions ; en promouvant des habitudes de pensée et de sentiment qui s'élèvent au-dessus des choses de la terre ; dans le confort qu'il peut apporter en vieillissant, en chagrin, en déception et en deuil ; C'est dans les saisons de maladie, de faiblesse, de déclin des facultés et d'approche de la mort que sa puissance se fait le plus sentir. Aucune croyance ou Église n'a le monopole de ce pouvoir, même si chacune a souvent essayé de l'identifier avec quelque chose qui lui est propre. On le retrouve peut-être chez les catholiques et les quakers, chez les high anglicans qui l'attribuent à leur système sacramentel, et chez les évangéliques aux yeux desquels ce système n'occupe qu'une place très secondaire. Tout ce qu'il faut dire ici, c'est que personne qui étudie la littérature dévotionnelle de l'Église anglaise, ou qui a observé la vie de ses membres les plus pieux, ne doutera que cette vie puisse largement exister et s'épanouir en son sein.

L'attitude que devraient avoir à l'égard de ce grand instrument du bien des hommes nés au sein de cette Église, mais qui en sont venus à être en désaccord avec de grandes parties de sa théologie, n'est certainement pas moins perplexe que les questions que nous avons examinées dans les chapitres précédents. . La situation la plus difficile est bien entendu celle de ceux qui en sont les véritables ministres et qui ont souscrit à ses formulaires. Chaque homme dans cette situation doit juger à la lumière de sa propre conscience. Il y a une grande différence entre le cas des hommes qui acceptent une telle position dans l'Église, bien qu'ils diffèrent fondamentalement de ses principes, et le cas des hommes qui, s'étant engagés à son service, voient leurs anciennes convictions modifiées ou ébranlées, peut-être très progressivement. , par le progrès de la science ou par une pensée et des études plus mûres. La rigueur de l'ancienne forme de souscription a été considérablement atténuée par une loi de 1865 qui a substitué une déclaration générale selon laquelle le souscripteur croyait à la doctrine de l'Église dans son ensemble, à une déclaration selon laquelle il croyait « tout et tout » dans les articles. et le livre de prières. L'Église d'Angleterre ne prétend pas être une Église infaillible ; elle prétend être une Église nationale représentant et incluant de grands groupes d'opinions plus ou moins divergentes, et toute la tendance des décisions juridiques depuis l'affaire Gorham a été d'élargir le cercle des opinions admissibles. La possibilité pour l'Église nationale de rester en contact avec les parties les plus instruites et intellectuelles de la communauté dépend principalement de la latitude d'opinion qui est accordée à son clergé et de sa capacité à accueillir et à adopter de nouvelles connaissances, et elle peut raisonnablement être maintenue. que peu de calamités plus grandes peuvent s'abattre sur une nation que la séparation de son intelligence supérieure des influences religieuses.

Il ne faut pas oublier non plus que du côté des latitudinaires, les changements qui s'opèrent dans l'enseignement de l'Église consistent bien moins dans le rejet ouvert des vieilles doctrines que dans leur évanescence silencieuse. Ils abandonnent les exhortations de la chaire. L'importance relative des différentes parties de l'enseignement religieux est modifiée. Le dogme passe au second plan. Les récits auxquels on ne croit plus sérieusement deviennent des textes de dissertations morales. Les habitudes introspectives et l'accent mis sur les devoirs purement ecclésiastiques, autrefois prépondérants, disparaissent. L'enseignement de la chaire tend plutôt à la formation d'une vie active, utile et désintéressée ; à une vision plus claire des grandes masses de souffrances et de besoins remédiables qui existent encore dans le monde ; au devoir de porter dans tous les domaines de la vie séculière un esprit plus noble et plus altruiste ; à l'habitude de juger les hommes et les Églises principalement sur leurs fruits et très peu sur leurs croyances. La désintégration ou la décadence d'anciennes croyances religieuses qui ont longtemps été étroitement associées à l'enseignement moral entraîne toujours de graves dangers moraux, mais ces dangers sont considérablement diminués lorsque le changement de croyance s'effectue par une transition graduelle, sans qu'aucune convulsion ou rupture violente ne les sépare. les hommes de leurs anciennes pratiques religieuses. Une telle transition s'est opérée silencieusement en Angleterre parmi un grand nombre d'hommes instruits et, dans une certaine mesure, sous l'influence du clergé. Cela n'a pas non plus, je pense, affaibli l'Église. Le niveau du devoir chez ces hommes n'a pas baissé, mais s'est sensiblement élevé dans la plupart des départements ; leur zèle n'a pas diminué, bien qu'il s'écoule plutôt dans la voie philanthropique que dans la voie purement ecclésiastique. La conviction que les dogmes spéciaux qui séparaient les autres corps protestants de l'establishment ne reposaient sur aucune base substantielle et n'avaient aucune importance réelle plaide en faveur d'une Église plus grande et plus libérale, et de l'intégralité qui permet un sacerdotalisme et un latitudinarisme très accentués dans la même Église. est aux yeux de beaucoup d'entre eux plutôt un élément de force que de faiblesse.

Peu d'hommes ont observé les tendances religieuses de l'époque avec un œil plus attentif que le cardinal Newman, et aucun homme n'a haï avec une haine plus intense les tendances latitudinaires dont il a été témoin. Son jugement sur leur effet sur l'establishment est très remarquable. Dans une lettre à son ami Isaac Williams, il déclare : « Tout ce que j'entends me fait craindre que des opinions latitudinaires se répandent furieusement dans l'Église anglicane. J'en suis profondément attristé. L'Église anglicane a été un brise-lames des plus utiles contre le scepticisme. Le moment pourrait venir où vous, ainsi que moi, pourrions vous attendre à ce qu'il soit dit ci-dessus : « Pourquoi encombre-t-il le sol ? mais à l'heure actuelle, elle soutient bien plus de vérité en Angleterre que n'importe quelle autre forme de religion et que l'Église catholique romaine ne le pourrait. Mais ce que je crains, c'est qu'il *tende* vers un pouvoir établi qui enseigne l'erreur directe, et plus puissant qu'il ne l'a jamais été ; trois fois puissant parce qu'il enseigne l'erreur. [60]

Il est cependant évident que la latitude d'opinion que peut raisonnablement revendiquer le clergé d'une Église encombrée de nombreux articles et formulaires doctrinaux n'est pas illimitée, et que chacun doit tracer la ligne pour lui-même. Le fait également que l'Église soit une Église établie impose certaines obligations particulières à ses ministres. C'est leur premier devoir de célébrer le culte public sous une forme telle que tous les membres de l'Église anglicane puissent y participer. Quelles que soient les interprétations que l'on puisse donner aux cérémonies de l'Église, ces cérémonies, au moins, devraient être substantiellement les mêmes. Un étranger qui entre dans une église qu'il n'a jamais vue auparavant devrait pouvoir sentir qu'il est certain de trouver le culte public accompli de manière intelligible et décente, comme au cours des générations passées, il a été célébré dans toutes les sections de l'Église établie. Cela a été, à mon avis, un scandale grossier, suite à une grave négligence du devoir, que cette obligation primordiale ait été violée et que des services religieux aient lieu dans des églises anglaises qui auraient été presque méconnaissables pour les ecclésiastiques d'une génération précédente, et qui sont des tentatives manifestes de transformer le culte public anglais en une imitation de la messe romaine. Les hommes ont parfaitement le droit, dans les limites les plus larges, d'accomplir quels services religieux et de prêcher quelles doctrines religieuses ils veulent, mais ils n'ont pas le droit de faites-le dans une Église établie.

La censure des opinions est une autre affaire, et dans les conditions de la vie anglaise, elle n'a jamais été maintenue de manière très efficace. La latitude d'opinion accordée dans une Église établie est, et devrait être, très grande, mais il est, je pense, évident que sur certains sujets, un plus grand degré de réticence à s'exprimer devrait être observé par un ecclésiastique s'adressant à un auditoire divers de l'Église établie. chaire d'une Église établie que ce qui est nécessaire dans sa vie privée ou même dans ses livres publiés.

L'attitude des laïcs dont les opinions sont parvenues à s'écarter largement des formules de l'Église est moins perplexe, et sauf dans la mesure où la récente renaissance des prétentions sacerdotales a produit une réaction, il y a eu, si je ne me trompe, ces dernières années une décision décidée. tendance, dans l'opinion laïque la meilleure et la plus cultivée de ce genre, à regarder avec une faveur croissante l'Église établie. L'abolition complète des disqualifications religieuses et politiques qui mettaient autrefois son maintien en antagonisme avec les intérêts de larges couches du peuple ; l'abolition du caractère indélébile des ordres qui excluaient de tout autre moyen de subsistance les ecclésiastiques ayant changé d'avis ; la plus grande élasticité de l'opinion permise en son sein ; et l'élimination du livre des lois de presque toutes les sanctions et restrictions reposant uniquement sur des motifs ecclésiastiques, tout cela a tendu à diminuer chez de tels hommes les objections à l'Église. C'est une Église qui ne porte pas préjudice à ceux qui lui sont extérieurs et qui n'interfère pas avec ceux qui en sont de simples adhérents nominaux. Elle est de plus en plus considérée comme une machine de bienfaisance bien organisée, s'acquittant efficacement et sans corruption de fonctions d'utilité suprême et constituant l'une des principales sources de vie spirituelle et morale de la communauté. On ne peut dire qu'aucune des influences modernes de la société ne l'ait supplantée. L'expérience moderne a fourni de nombreuses preuves de l'insuffisance de la simple éducation intellectuelle si elle n'est pas accompagnée d'une éducation de caractère, et c'est de ce côté que l'éducation moderne est la plus défectueuse. Bien qu'elle rende sans aucun doute les hommes beaucoup plus sensibles que par le passé aux vastes inégalités des lots humains, l'habitude de considérer constamment les récompenses matérielles comme ses objectifs immédiats et la disparition de ces méthodes coercitives d'éducation qui disciplinaient autrefois la volonté, rendent les hommes beaucoup plus sensibles que par le passé aux vastes inégalités des lots humains. c'est peut-être moins efficace en tant qu'instrument d'amélioration morale.

Certaines habitudes de pensée, qui se sont développées rapidement parmi les hommes instruits, ont fortement tendu dans la même direction. Les contrastes prononcés entre le vrai et le faux en matière de théologie ont été considérablement atténués. Le point de vue a changé. On croit que dans l'histoire du monde, les conceptions grossières et matérielles de la religion ont été non seulement naturelles, mais indispensables, et que ce n'est que par un processus graduel d'évolution intellectuelle que les masses humaines se préparent à des conceptions plus élevées et plus pures. La superstition et l'illusion jouent un rôle important dans la cohésion du grand tissu social. « Tout mensonge, a-t-on dit, est réduit à une certaine malléabilité par un alliage de vérité » et, d'un autre côté, les vérités de la plus haute importance ne sont, à certaines étapes de l'histoire du monde, opérantes que lorsqu'elles sont sont vêtus d'un vêtement de superstition. L'Esprit Divin s'infiltre jusqu'au cœur humain à travers un médium grossier et matériel. Et ce qui est vrai des différentes étapes de l'histoire humaine ne l'est pas moins des différentes strates contemporaines de la connaissance et de l'intelligence. Malgré les déclamations démocratiques sur l'égalité des hommes, on estime de plus en plus que le même type d'enseignement n'est pas bon pour tout le monde. La vérité, lorsqu'elle n'est pas diluée, est un médicament trop puissant pour de nombreux esprits. Certaines choses qu'un intellect hautement cultivé rejetterait probablement, et qu'il rejetterait sans danger, sont essentielles à l'être moral des multitudes. Il y a dans tous les grands systèmes religieux quelque chose de transitoire et quelque chose d'éternel. Les interprétations théologiques des phénomènes de la nature extérieure qui nous entourent et nous influencent, ainsi que les récits mythologiques qui nous ont été transmis depuis un passé lointain, non critique et superstitieux, peuvent être transformés ou discrédités ; mais il y a des éléments dans la religion qui ont leurs racines bien moins dans la raison de l'homme que dans ses douleurs et ses affections, et qui sont l'expression de besoins, d'appétits moraux et d'aspirations qui sont une partie essentielle et indestructible de sa nature.

Personne, je pense, ne peut douter que cette façon de penser, qu'elle soit bonne ou mauvaise, s'est très largement répandue dans l'Europe instruite, et c'est une habitude de pensée qui se renforce généralement avec l'âge. Les jeunes hommes discutent des questions religieuses simplement comme des questions de vérité ou de mensonge. Plus tard dans leur vie, ils acceptent plus fréquemment leur croyance comme une hypothèse de travail de la vie ; comme consolation dans d'innombrables calamités ; comme la seule supposition sous laquelle la vie n'est pas un dénouement mélancolique ; comme sanction indispensable de l'obligation morale ; comme la satisfaction et le reflet des besoins, des instincts et des désirs ancrés dans les recoins les plus profonds de la nature humaine ; comme l'un des principaux piliers sur lesquels repose la société. Le prosélytisme, l'agressivité, l'esprit critique diminuent. Très souvent, ils détournent délibérément leurs pensées des questions qui ne leur semblent conduire qu'à des controverses sans fin ou à de simples conclusions négatives, et fondent leur vie morale sur un fort intérêt désintéressé pour le bénéfice de leur espèce. Dans un travail actif, utile et désintéressé, ils trouvent le meilleur refuge contre les perplexités de la croyance et le meilleur terrain pour cultiver leur nature morale, et le travail accompli pour le bénéfice des autres manque rarement de réagir puissamment sur leur propre bonheur. Ce ne sont pas non plus toujours ceux qui ont le plus complètement abandonné les systèmes dogmatiques qui sont les moins sensibles à la beauté morale qui s'est développée autour d'eux. La musique de l'église du village, si dure et si banale pour le fidèle qui se trouve à l'intérieur, remplit parfois de larmes les yeux de l'étranger assis au dehors, écoutant parmi les tombeaux.

Il est difficile de dire dans quelle mesure la trêve partielle qui s'est conclue en Angleterre à cause des grands antagonismes de croyance aura des chances d'être permanente. Quiconque connaît le monde ne peut être insensible au fait qu'une proportion importante et croissante de ceux qui assistent habituellement à nos services religieux en sont venus à s'écarter très largement, bien qu'à des degrés très différents, des croyances exprimées ou implicites dans les formulaires. ils utilisent. La coutume, la mode, le charme des anciennes associations, les aspirations de leur propre nature morale ou spirituelle, le désir de soutenir un système utile de formation morale, de donner le bon exemple à leurs enfants, à leur maison ou à leurs voisins, les maintiennent en vie. leur ancienne place lorsque les croyances qu'ils professent de leurs lèvres ont dans une large mesure reflué. Je ne m'engage pas à les blâmer ni à les juger. La conscience, le caractère et les circonstances particulières de chaque individu ont, dans ces domaines, une voix décisive. Mais il y a des moments où la différence entre une croyance déclarée et une croyance réelle est trop grande pour être supportée, et où le manque de sincérité et la demi-croyance affectent sérieusement le caractère moral d'une nation. « Le thème le plus profond, voire le seul, de l'histoire du monde, auquel tous les autres sont subordonnés, disait Goethe, est le conflit entre la foi et l'incrédulité. Les époques où la foi, sous quelque forme qu'elle soit, prévaut sont des époques marquantes de l'histoire humaine, pleines de souvenirs bouleversants et de gains substantiels pour tous les temps ultérieurs. Les époques où prévaut l'incrédulité, sous quelque forme qu'elle soit, même si pour le moment elles revêtent un semblant de gloire et de succès, sombrent inévitablement dans l'insignifiance aux yeux de la postérité, qui ne perdra pas ses pensées en des choses stériles et stériles. infructueux.'

Beaucoup de mes lecteurs ont probablement ressenti la force de telles considérations et les problèmes moraux qu'elles suggèrent, et il y a peut-être eu des moments où ils se sont posé la question du poète :

Dis-moi, mon âme, quel est ton credo ?

Est-ce une foi ou seulement un besoin ?

Ils réfléchiront cependant qu'un besoin, s'il est universellement ressenti lorsque la nature humaine est dans son état le plus élevé et le plus pur, fournit une certaine base de croyance, et aussi qu'aucun homme ne peut oser assigner des limites aux transformations que la religion peut subir sans perdre son essence ou son pouvoir. Même dans le domaine moral, celles-ci ont été très grandes, bien que la coutume universelle nous rende insensibles à quel point nous nous sommes écartés d'une observance littérale des préceptes évangéliques. Nous ne devrions guère écrire à la Banque d'épargne : « Ne pensez pas au lendemain, car le lendemain pensera à lui-même », ou à la Banque d'Angleterre : « Ne vous amassez pas de trésors sur la terre », « Combien difficilement un homme riche entre dans le Royaume de Dieu », ou par le ministère des Affaires étrangères, ou le tribunal, ou la prison, « Ne résiste pas au mal », « Celui qui te frappe sur la joue droite, tourne-lui aussi l'autre », « Il celui qui t'enlève ta tunique, laisse-lui aussi ton manteau. Peut-on dire que toute la force et le sens de tels mots sont représentés par une société industrielle dans laquelle la formation d'habitudes de prévoyance constante dans le but d'éviter la pauvreté ou d'augmenter le confort est considérée comme l'un des premiers devoirs et un élément principal et mesure du progrès social; dans lequel la charité aveugle qui encourage la mendicité et décourage les habitudes de prévoyance et d'économie est bien plus sérieusement condamnée qu'un système industriel basé sur la concurrence la plus vive, la plus meurtrière et souvent la plus malveillante ; dans lequel la richesse est universellement recherchée et universellement considérée comme un bien et non un mal, à condition seulement qu'elle soit honnêtement obtenue et utilisée sagement et généreusement ; dans lequel, bien que l'agression gratuite et l'humeur violente et querelleuse soient sans aucun doute condamnées, il est estimé que tout bon citoyen a le devoir de protéger ses droits chaque fois qu'ils sont injustement violés ; dans lequel la guerre et les préparatifs de guerre attisent les enthousiasmes les plus passionnés et absorbent une grande partie des énergies de la chrétienté, et dans lesquels aucun gouvernement ne pourrait rester une semaine au pouvoir s'il ne ressentait pas promptement la moindre insulte au drapeau national ?

Il s'agit d'une question d'un autre genre si l'esprit sacerdotal qui s'est si largement répandu ces dernières années dans l'Église anglaise peut s'étendre sans produire de violentes perturbations. Couper les racines du clergé était l'un des principaux buts et objectifs de la Réforme et, pour les raisons que j'ai déjà exposées, je ne crois pas que le parti qui voudrait le rétablir ait en aucune façon la force qui a été qui lui est attribué. Il est vrai que le parti de la Broad Church, bien qu'il reflète fidèlement les opinions d'un grand nombre de laïcs instruits, n'a jamais exercé dans la vie active de l'Église une influence proportionnelle à l'éminence de ses principaux représentants. Il est vrai également que le parti évangélique a perdu à un degré très remarquable sa place ancienne dans la chaire anglicane et dans la littérature religieuse, bien que ses principes constituent toujours la base de la prédication de l'Armée du Salut et de la plupart des autres prédicateurs de rue qui exercent une une influence réelle et généralisée sur les pauvres. Mais les couches moyennes et inférieures de la société anglaise sont, je crois, au fond, profondément hostiles aux prêtresses ; et bien que la crainte du papisme ait diminué, ils sont très loin d'être prêts à acquiescer à toute tentative de restaurer la domination que leurs pères ont abandonnée.

À un certain égard, en effet, le sacerdotalisme dans l'Église anglicane est une chose pire que dans l'Église romaine, car il est indiscipliné et non réglementé. L'histoire de l'Église montre abondamment les dangers qui sont nés du confessionnal, même si les catholiques soutiennent que son influence habituellement restrictive et moralisatrice compense largement ces abus occasionnels. Mais dans l'Église romaine, la pratique de la confession s'exerce sous la surveillance et la discipline ecclésiastiques les plus sévères. La confession ne peut être faite qu'à un prêtre célibataire d'âge mûr, tenu au secret par le serment le plus solennel ; qui, sauf en cas de maladie grave, ne se confesse que dans une église ouverte ; et qui a suivi un long cours d'éducation minutieuse spécialement et habilement conçu pour le préparer à ce devoir. Aucune de ces conditions n'est observée dans la confession anglicane.

À d'autres égards, en effet, l'esprit sacerdotal ne sera probablement jamais tout à fait le même que dans l'Église romaine. Un clergé marié, qui s'est mêlé à toutes les influences laïques d'une université anglaise, et qui participe encore aux activités, aux études, aux relations sociales et aux divertissements des laïcs, n'est pas susceptible de former une caste séparée ou de constituer un sacerdoce très redoutable. . Il est peut-être un peu difficile de traiter leurs prétentions avec la gravité qui convient, et l'atmosphère de discussions illimitées qui enveloppe les Anglais toute leur vie a effectivement détruit le danger de lois coercitives et restrictives dirigées contre l'opinion. La coercition morale et la tendance à intervenir par la loi, pour des raisons morales, dans les habitudes des hommes, même lorsque ces habitudes ne gênent en rien les autres, se sont accrues. C'est l'une des tendances marquées de la démocratie anglo-saxonne, et elle est très loin d'être particulière, ni même particulièrement importante dans une Église en particulier. Mais le désir de réprimer par la force l'expression des opinions, qui pendant tant de siècles a marqué par le sang et le feu le pouvoir du sacerdotalisme médiéval, est totalement étranger à la nature anglaise moderne. Au milieu de tous les fanatismes, exagérations et superstitions de la croyance, ce genre de coercition, du moins, ne sera probablement jamais formidable, et je ne crois pas non plus que dans la section la plus extrême du clergé sacerdotal il y ait le moindre désir pour cela. Il y a eu un contraste significatif entre l'histoire du catholicisme et de l'anglicanisme au cours du siècle actuel. Dans l'Église catholique, l'élément ultramontain a constamment dominé, restreignant la liberté d'opinion, et des principes importants qui étaient autrefois indéfinis par l'Église et sur lesquels les catholiques sincères avaient une certaine latitude d'opinion, ont été soumis au joug de fer. Cela est sans doute dû en grande partie à la croissance du scepticisme et de l'indifférence, qui ont rendu la grande masse des laïcs instruits hostiles ou indifférents à l'égard de l'Église, et ont jeté sa gestion principalement entre les mains du sacerdoce et des plus sectaires, ignorants et étroits. - des profanes à l'esprit. Mais dans l'Église anglicane, les laïcs instruits sont beaucoup moins éloignés de la vie de l'Église, et un tribunal composé principalement de laïcs exerce l'autorité suprême. En conséquence de ces conditions, bien que l'élément sacerdotal ait considérablement augmenté, la latitude d'opinion au sein de l'Église n'a cessé de croître.

En même temps, il est difficile de croire que de graves dangers n'attendent pas l'Église si les influences non protestantes qui se sont propagées en son sein continuent de s'étendre. Il est peu probable que la nation continue à apporter son soutien à l'Église si celle-ci, dans ses principales tendances, se coupe de la Réforme. Les conversions au catholicisme en Angleterre, bien que probablement très exagérées, ont été très nombreuses, et il n'est certainement pas surprenant qu'il en soit ainsi. Si l'Église de Rome permettait que le protestantisme soit constamment enseigné dans ses chaires, et que les types de culte et de caractère protestants soient habituellement admirés, il ne fait guère de doute que beaucoup de ses fidèles seraient ébranlés. Si l'Église d'Angleterre devient en général ce qu'elle est déjà dans certaines de ses Églises, il est peu probable que l'opinion publique anglaise acquiesce définitivement à sa position privilégiée dans l'État. Si elle cesse d'être une Église protestante, elle ne restera pas longtemps une Église établie, et sa dissolution serait probablement suivie d'une perturbation dans laquelle les opinions seraient plus nettement définies, et la latitude de croyance et l'esprit de compromis qui caractérisent aujourd'hui notre vie religieuse anglaise pourrait être sérieusement compromise.

NOTES DE BAS DE PAGE :

[58] *Alciphron* , 6ème Dialogue.

[59] *Collections* de Nalsons , i. 769, 9 février 1640.

[60] *Autobiographie d'Isaac Williams* , p. 132. Cette lettre a été écrite en 1863.

CHAPITRE XII

LA GESTION DU CARACTÈRE

De toutes les tâches qui sont assignées à l'homme dans la vie, l'éducation et la gestion de son caractère sont les plus importantes, et, pour qu'elles puissent être accomplies avec succès, il est nécessaire qu'il examine calmement et soigneusement son propre caractère. tendances, non aveuglé ni par l'auto-illusion qui dissimule les erreurs et magnifie les excellences, ni par le pessimisme aveugle qui refuse de reconnaître ses pouvoirs pour le bien. Il doit éviter le fatalisme qui le persuaderait qu'il n'a aucun pouvoir sur sa nature, et il doit aussi bien reconnaître que ce pouvoir n'est pas illimité. L'homme est comme un joueur de cartes qui reçoit de la nature ses cartes : sa disposition, ses circonstances, la force ou la faiblesse de sa volonté, de son esprit et de son corps. Le jeu de la vie est un jeu de hasard et d'habileté. Le meilleur joueur sera vaincu s'il possède des cartes désespérément mauvaises, mais à long terme, l'habileté du joueur ne manquera pas de le dire. Le pouvoir de l'homme sur son caractère ressemble beaucoup à son pouvoir sur son corps. Les hommes viennent au monde avec des corps très inégaux en santé et en force ; avec des prédispositions héréditaires à la maladie ; avec des organes variant considérablement dans leur état normal. En même temps, une vie tempérée ou intempérante, un régime habile ou malhabile, des exercices physiques bien adaptés pour fortifier les parties les plus faibles, l'apathie physique, l'indulgence vicieuse, l'effort mal dirigé ou excessif, tout cela altérera à sa manière sa condition corporelle et augmentera ou diminuera. ses risques de maladie et de décès prématuré. Le pouvoir de la volonté sur le caractère est cependant plus fort, ou, du moins, plus large que son pouvoir sur le corps. Il existe des organes qui échappent totalement à son influence ; il y a des maladies sur lesquelles elle ne peut exercer aucune influence possible, mais il n'y a aucune partie de notre constitution morale que nous ne puissions dans une certaine mesure influencer ou modifier.

Il m'a souvent semblé que la diversité des goûts jette beaucoup de lumière sur la base du caractère. Pourquoi le même plat procure-t-il un vif plaisir à un homme et est-il répugnant et répugnant à un autre ? À cette simple question, aucune véritable réponse ne peut être donnée. C'est un fait de notre nature qu'un fruit, une viande ou une boisson fera plaisir à un palais et pas du tout à un autre. En même temps, même si la différence originelle et naturelle est incontestable, il existe de nombreuses différences qui sont entièrement ou en grande partie dues à des causes particulières et souvent transitoires. Les plats ont un attrait ou l'inverse parce qu'ils sont associés à des souvenirs ou à des habitudes anciennes. L'habitude fera qu'un Français aimera son melon avec du sel, tandis qu'un Anglais le préférera avec du sucre.

Une vieille association d'idées fera qu'un Anglais hésitera à manger une grenouille ou un escargot, même s'il aimerait probablement que chacun en mange sans le savoir, et il pourrait facilement apprendre à le faire. Le genre de cuisine qu'une époque ou une nation aime généralement, qu'une autre époque ou une autre nation trouve déplaisante. L'œil détermine souvent le goût, et un plat qui, lorsqu'on le voit, suscite une intense répulsion, n'aurait pas une telle répulsion pour un aveugle. Quiconque a beaucoup voyagé à travers le monde, et particulièrement dans les pays non civilisés, se débarrassera de nombreuses antipathies anciennes, perdra la rigueur de son goût et acquerra des goûts nouveaux et authentiques. La différence innée originelle n'est pas entièrement détruite, mais elle est profondément et diversement modifiée.

Ces changements de goût sont très analogues à ce qui se passe dans nos dispositions morales. Ils sont pour la plupart simplement extérieurs à la morale, bien qu'il existe au moins une exception notable. Beaucoup d'hommes – et il faut l'espérer la plupart – pourraient passer leur vie avec un accès total à des boissons enivrantes sans même être tentés de s'enivrer. En dehors de toutes considérations de religion, de morale, de conséquences sociales, physiques ou intellectuelles, ils s'en abstiennent par simple question de goût. Chez les autres hommes, le plaisir de la consommation excessive d'alcool est tel qu'il faut un effort héroïque de la volonté pour y résister. Il y a des hommes qui non seulement sont constitués de telle sorte que c'est leur plus grand plaisir, mais qui naissent même avec le besoin de boire. Nulle part le terrible fait de l'hérédité ne se manifeste de manière plus claire ou plus tragique. Beaucoup aussi, qui n'avaient pas à l'origine un tel besoin, l'acquièrent peu à peu : parfois par simple influence sociale, qui fait de la consommation excessive d'alcool l'habitude de leur entourage ; le plus souvent par la dépression ou le chagrin, qui donnent aux hommes le désir d'un plaisir vif dans lequel ils peuvent s'oublier eux-mêmes ; ou par l'habitude blasée de l'esprit et du corps que produit un travail excessif, ou par l'environnement morne, incolore et sans joie d'une pauvreté sordide. La boisson et les plaisirs sensuels, s'ils sont vicieusement consommés, produisent (sans doute pour des raisons physiques) un besoin intense de satisfaction. Mais ce n'est pas le cas de tous nos plaisirs. Beaucoup sont grandement appréciés lorsqu'ils sont présents, mais ne manquent pas sérieusement lorsqu'ils sont absents. Parfois aussi, l'excès de gourmandise a pour effet de vicier et d'endormir le palais, de sorte que ce qui était autrefois agréable cesse complètement d'être un objet de désir. Cela aussi a son analogue dans d'autres domaines. Nous en avons un exemple familier chez le lecteur excessif de romans, qui commence par une sorte d'ivresse mentale et qui finit avec une telle lassitude qu'il trouve un effort sérieux pour lire les livres qui étaient autrefois sa plus forte tentation.

Les goûts du palais changent aussi naturellement avec l'âge et avec les changements corporels qui l'accompagnent. L'écolier qui se plaint amèrement parce que la petitesse de son allocation restreint son pouvoir d'acheter des tartes et des friandises deviendra probablement un homme qui, avec de nombreux shillings en poche, passe quotidiennement devant la confiserie sans le moindre désir d'y entrer.

Il est évident qu'il existe une étroite analogie entre ces choses et cet ensemble de goûts et de dégoûts, moraux et intellectuels, qui constitue la base première du caractère et qui détermine principalement la nature de notre vie. Comme le disait Marc Aurèle : « Qui peut changer les désirs de l'homme ? » Ce qui procure le plaisir habituel le plus fort, qu'il soit inné ou acquis, finira par dominer dans la grande majorité des cas. Certaines choses seront toujours intensément agréables, et certaines autres indifférentes ou repoussantes, et ce magnétisme est la véritable base du caractère et, chez la majorité des hommes, il détermine principalement la conduite. Par les associations de la jeunesse et par d'autres causes, ces goûts et dégoûts naturels peuvent être quelque peu modifiés, mais même dans la jeunesse, notre pouvoir est très limité, et plus tard dans la vie, il l'est bien moindre. Aucun véritable partisan du libre arbitre ne considère que l'homme est l'esclave absolu de ses désirs. Aucun homme qui connaît le monde ne niera que chez l'homme moyen, la passion ou le désir le plus fort prévaudra – heureux quand ce désir n'est pas un vice.

Les passions s'affaiblissent, mais les habitudes se renforcent avec l'âge, et c'est la grande tâche de la jeunesse de fixer le courant des habitudes et de former les goûts les plus productifs de bonheur dans la vie. Ici comme dans la plupart des autres domaines, les exagérations contraires sont à éviter. Il existe une chose telle que regarder vers l'avenir de manière trop rigide et trop exclusive – vers un avenir qui pourrait ne jamais arriver. C'est la grande faute des suréducateurs, qui font de la petite enfance un fardeau et un labeur, et aussi de ceux qui tentent d'imposer à la jeunesse les goûts et les plaisirs de l'homme. La jeunesse a ses propres plaisirs, qui lui procureront toujours le plus de plaisir, et une jeunesse heureuse est en soi une fin. C'est le moment où le pouvoir de la jouissance est le plus vif, et il s'accompagne souvent d'une sensibilité si extrême que les souffrances de l'enfant pour ce qui semble les causes les plus insignifiantes sont probablement au moins égales en acuité, mais non en durabilité, aux souffrances de l'enfant. un homme. De nombreux parents, debout près du cercueil de leur enfant, ont senti avec amertume à quel point le plaisir qu'une courte vie aurait pu connaître a été coupé par une éducation peu judicieuse. Et même si l'on atteint la vie adulte, les maux d'une enfance malheureuse sont rarement entièrement compensés. Les plaisirs de la rétrospection sont parmi les plus réels que nous possédons, et c'est autour de nos jours d'enfance que se regroupent naturellement nos associations les plus chères. Un excès précoce de nos forces laisse souvent derrière lui une distorsion ou une faiblesse durable, et une enfance triste introduit dans le caractère des éléments de morbidité et d'amertume qui ne disparaîtront pas.

La première grande règle pour juger des plaisirs est celle si bien exprimée par Sénèque : « Sic præsentibus utaris voluptatibus ut futuris non noceas » : user des plaisirs présents sans nuire aux plaisirs futurs. L'ivresse, la sensualité, le jeu, l'extravagance habituelle et l'auto-indulgence, s'ils deviennent les plaisirs de la jeunesse, conduiront presque infailliblement à la ruine d'une vie. Les plaisirs qui sont en eux-mêmes innocents perdent leur pouvoir de plaire s'ils deviennent l'objet unique ou principal de la poursuite.

En commençant dans la vie, nous avons tendance à attacher une valeur disproportionnée aux goûts, aux plaisirs et aux idéaux qui ne peuvent être satisfaits, même approximativement, que dans la jeunesse, la santé et la force. Nous en avons, je pense, un exemple dans la place immense que les jeux athlétiques et les sports de plein air ont pris dans la vie anglaise moderne. Ce ne sont certainement pas des choses à condamner. Ils ont pour effet direct de procurer beaucoup de plaisir, intense et innocent, et ils ont des effets indirects encore plus importants. Dans la mesure où ils élèvent le niveau de force physique et de santé, et dissipent la morbidité du tempérament qui est si susceptible d'accompagner une vie sédentaire et un corps malade ou inerte, ils contribuent puissamment à un bonheur durable. Ils jouent un rôle considérable dans la formation des amitiés, qui est l'un des meilleurs fruits de la période entre l'enfance et la maturité. Certains d'entre eux donnent des leçons de courage, de persévérance, d'énergie, de retenue et d'acquiescement joyeux à la déception et à la défaite, qui sont d'une grande valeur dans la formation du caractère, et lorsqu'elles ne sont pas associées au jeu, elles ont souvent l'avantage inestimable de détourner les jeunes hommes des plaisirs vicieux. En même temps, il ne fait guère de doute qu'ils occupent une importance exagérée dans la vie des jeunes Anglais de la génération actuelle. Il n'est pas exagéré de dire que parmi une grande partie des étudiants de nos universités, et à une époque où l'ambition intellectuelle devrait être la plus forte et où l'acquisition de connaissances est la plus importante, la maîtrise du cricket, de la navigation de plaisance ou du football est plus appréciée. que n'importe quelle réussite intellectuelle. J'ai entendu un bon juge, qui a longtemps été associé à la vie universitaire anglaise, exprimer son opinion qu'au cours des quarante ou cinquante dernières années, la position intellectuelle relative des classes supérieures et moyennes en Angleterre a été sensiblement modifiée, en raison de la place disproportionnée quels divertissements en plein air ont pris dans la vie des premiers. Des juges très compétents ont l'impression qu'un amour, un respect et un enthousiasme authentiques pour les choses intellectuelles sont moins courants parmi les jeunes gens d'aujourd'hui qu'ils ne l'étaient à l'époque de leurs pères. La prédominance de l'esprit critique qui refroidit les enthousiasmes, et plus encore le système de cours qui apprend aux jeunes gens à considérer les prix décernés par les concours comme la fin suprême du savoir, expliquent sans doute en grande partie ce phénomène, mais il y a beaucoup à y voir. aussi en raison de la glorification extravagante des jeux sportifs.

Si l'on compare la classe de plaisirs que j'ai décrite avec le goût de la lecture et les plaisirs intellectuels apparentés, la supériorité de ces derniers est très manifeste. Il est vrai qu'un jeu procurera probablement au moins autant de plaisir à la plupart des jeunes hommes qu'un livre. Nous ne devons pas non plus mesurer le plaisir de lire uniquement à l'aune du langage du véritable érudit. Ce n'est pas tout le monde qui pourrait dire, comme Gibbon, qu'il n'échangerait pas son amour de la lecture contre toutes les richesses des Indes. Beaucoup seraient d'accord avec lui ; mais Gibbon était un homme doté d'un amour naturel intense pour la connaissance, et la mauvaise santé de sa jeunesse a intensifié cette passion prédominante. Mais tandis que les goûts qui exigent la force physique diminuent ou disparaissent avec l'âge, celui de la lecture ne cesse de croître. Il est illimité dans les perspectives de plaisir qu'il ouvre ; c'est l'un des plus faciles à satisfaire, l'un des moins chers, l'un des moins dépendants de l'âge, des saisons et des diverses conditions de vie. Il réconforte le malade à travers des années de faiblesse et d'enfermement ; illumine les heures mornes de la nuit blanche ; emmagasine l'esprit de pensées agréables, bannit l'ennui, remplit les interstices inoccupés et les loisirs forcés d'une vie active ; fait oublier aux hommes pendant un certain temps au moins leurs inquiétudes et leurs chagrins, et si cela est judicieusement géré, c'est l'un des moyens les plus puissants de former le caractère et de discipliner et d'élever la pensée. C'est éminemment un plaisir qui est non seulement bon en soi mais qui en améliore bien d'autres. En élargissant la portée de nos connaissances, en élargissant nos pouvoirs de sympathie et d'appréciation, elle ajoute d'une manière incalculable aux plaisirs de la société, aux plaisirs du voyage, aux plaisirs de l'art, à l'intérêt que nous portons à la grande variété d'événements qui forment le grand drame mondial qui nous entoure.

Acquérir ce goût dès la première jeunesse est un des meilleurs fruits de l'éducation, et il est particulièrement utile lorsque le goût de la lecture devient un goût de la connaissance, et lorsqu'il s'accompagne d'une certaine spécialisation et d'une certaine concentration et d'un certain exercice des facultés de la connaissance. observation. « Plusieurs goûts et un seul passe-temps » n'est pas un mauvais idéal à viser. Le garçon qui apprend à collectionner et à classer des fossiles, des fleurs ou des insectes, qui a acquis un amour pour les expériences chimiques, qui a commencé à prendre goût à un certain type ou domaine de connaissance particulier, a jeté les bases d'un grand bonheur dans la vie. .

Dans le choix des plaisirs et dans la culture des goûts, il y a beaucoup de sagesse en choisissant de telle manière que chacun forme un complément aux autres ; que les différents plaisirs ne doivent pas s'opposer, mais plutôt couvrir différents domaines et saisons de la vie ; que chacun tende à corriger les défauts ou les défauts de caractère que les autres peuvent éventuellement produire. Le jeune homme qui débute dans la vie avec de vifs goûts littéraires et aussi un grand amour des sports de plein air, et qui possède les moyens de satisfaire chacun, s'est peut-être pourvu d'autant d'éléments de bonheur que de simples divertissements peuvent jamais en fournir. . Cependant, un ensemble de plaisirs tue souvent la capacité de jouir des autres, et certains qui sont en eux-mêmes absolument innocents, en émoussant la jouissance de choses meilleures, exercent une influence néfaste sur le caractère. La lecture habituelle de romans, par exemple, détruit souvent le goût de la littérature sérieuse, et peu de choses tendent autant à altérer une bonne perception littéraire et à vulgariser le personnage que l'habitude de saturer constamment l'esprit de littérature inférieure, même lorsque cette littérature est en aucun cas immoral. Parfois, un mal opposé peut être produit. Une minutie excessive limite considérablement nos plaisirs, et le don inestimable d' une concentration extrême est souvent chèrement acheté. La confession bien connue de Darwin selon laquelle son intense dépendance à la science avait détruit sa capacité à apprécier même la littérature imaginative la plus noble représente un danger auquel sont exposés de nombreux hommes qui ont accompli beaucoup de choses dans les formes les plus élevées et les plus sévères de la pensée scientifique. De tels hommes sont généralement, par leur tempérament originel, et deviennent encore plus par habitude acquise, des hommes de nature forte, étroite et concentrée, dont les pensées, comme un courant profond et rapide confiné dans un canal restreint, coulent avec une énergie irrésistible dans une direction. C'est au prix du sacrifice de la polyvalence qu'ils font tant de choses, et le résultat est largement suffisant pour le justifier. Mais c'est un véritable sacrifice, qui les prive de nombreuses formes de capacité et de plaisir.

Les mêmes plaisirs agissent différemment sur des caractères différents, notamment sur les différences de caractère qui accompagnent la différence de sexe. Je n'ai aucun doute pour moi que le mouvement qui, dans les temps modernes, a si largement ouvert aux femmes des divertissements autrefois presque entièrement réservés aux hommes, a été dans l'ensemble bon. Il a produit un niveau de santé plus élevé, des nerfs plus forts et des caractères moins morbides, et il a donné une joie vive et innocente à beaucoup de personnes qui, en raison de leur situation et de leur environnement, trouvaient autrefois leur vie très morne et insipide. Pourtant la plupart des bons observateurs conviendront que les divertissements qui n'ont aucun effet néfaste sur les hommes portent souvent atteinte, dans une certaine mesure, aux grâces ou au caractère des femmes, et que ce n'est pas tout à fait impunément qu'un sexe essaie de vivre la vie de l'autre. Certains plaisirs exercent également une influence beaucoup plus grande que d'autres sur les habitudes générales de la vie. Il n'est pas exagéré de dire que l'invention du vélo, entraînant une immense augmentation de la vie en plein air, de l'exercice actif et des habitudes indépendantes, a révolutionné le cours de nombreuses vies. Certains divertissements, qui en eux-mêmes n'ont peut-être que peu de valeur, sont judicieusement cultivés pour aider les hommes à se déplacer plus facilement dans les différentes sphères de la société ou pour fournir une ressource pour la vieillesse. Talleyrand n'avait pas tout à fait tort dans son reproche à un homme qui n'avait jamais appris à jouer au whist : « Quelle vieillesse malheureuse vous vous préparez !

J'ai déjà mentionné les différences qui peuvent être trouvées selon les pays et les époques, dans l'importance relative attachée aux circonstances extérieures et aux dispositions d'esprit comme moyens de bonheur, et la tendance des nations les plus progressistes à rechercher leur bonheur principalement dans des circonstances améliorées. . Une autre grande distinction est entre l'éducation qui agit spécialement sur les désirs et celle qui agit spécialement sur la volonté. La grande perfection des systèmes d'éducation modernes réside principalement dans le premier type. Son objet est de rendre la connaissance et la vertu attractives, et donc objet de désir. Il le fait en partie en les présentant sous les formes les plus séduisantes, en partie en les reliant aussi étroitement que possible aux récompenses. Le grand principe de l'éducation morale moderne est de multiplier les intérêts, les goûts et les ambitions innocents et bienfaisants. Il s'agit de rendre le chemin de la vertu le plus naturel, le plus facile, le plus agréable ; former une atmosphère sociale favorable à son développement, faisant coïncider autant que possible le devoir et l'intérêt. Les plaisirs vicieux sont combattus par la multiplication des plaisirs sains et par une vision plus claire des conséquences de chacun. Un caractère oisif ou inerte est stimulé en brandissant des objets dignes d'intérêt et d'ambition, et c'est le but de l'enseignant et du législateur de faire en sorte que les sillons et les canaux de la vie tendent naturellement et facilement vers le bien. Mais l'éducation de la volonté, le pouvoir de maîtriser le courant des désirs et de faire pendant de longues périodes ce qui est désagréable et douloureux, est beaucoup moins cultivée qu'à certaines époques du passé.

Beaucoup de choses y contribuent. La précipitation de l'existence moderne et la multitude et la variété incalculables des impressions passagères qui, dans les grands centres de civilisation, traversent l'esprit sont très défavorables à la concentration et peut-être plus encore à la culture directe des états mentaux. Les divertissements et l'appétit pour les divertissements se sont considérablement étendus. La vie est devenue plus remplie. Les longs loisirs, les habitudes introspectives, la *vita contemplativa,* si visibles dans la vieille discipline catholique, deviennent très rares. Les pensées et les intérêts sont davantage tournés vers l'extérieur ; et le confort, le luxe, la douceur, l'humanité de la vie moderne, et surtout de l'éducation moderne, rendent les hommes moins enclins à affronter le désagréable et à supporter le douloureux.

Le point de départ de l'éducation change donc silencieusement. C'est peut-être la vieille formation ascétique catholique qui montre le mieux l'ampleur du changement. Son objectif suprême était de discipliner et de fortifier la volonté : d'habituer les hommes à répudier habituellement ce qui est agréable et à accepter ce qui est pénible ; mortifier les goûts et les affections les plus naturels ; rétrécir et affaiblir l'empire des désirs ; rendre les hommes totalement indépendants des circonstances extérieures ; prêcher le renoncement à soi comme une fin en soi.

Les hommes seront toujours en désaccord sur les mérites de ce système. À mon avis, il est difficile de croire qu'à l'époque de l'ascendant catholique, le niveau moral était, dans l'ensemble et dans ses grandes lignes, plus élevé que le nôtre. La répression des instincts sensuels était le fait central de la morale ascétique ; mais, même testé par ce test, il est pour le moins très douteux qu'il n'ait pas échoué. Le retrait des meilleurs hommes de la société laïque a beaucoup contribué à restreindre les influences positives, et l'habitude de viser un idéal contre nature n'était pas favorable à la vertu domestique commune, quotidienne. L'histoire du célibat sacerdotal et monastique montre abondamment combien de vices qui auraient pu facilement être évités naissaient de l'adoption d'une norme contre nature, et combien souvent cela conduisait chez ceux qui l'avaient atteint à de graves distorsions de caractère. Les affections et les impulsions auxquelles on refusait leur expression saine et naturelle, ou bien s'atrophiaient complètement, ou prenaient d'autres formes morbides, et le fanatique dur, cruel et bien-pensant, également prêt à endurer ou à infliger des souffrances, n'était pas un résultat anormal. Mais quels qu'aient pu être ses échecs et ses exagérations, l'ascèse catholique fut au moins une grande école pour discipliner et fortifier la volonté, et la force et la discipline de la volonté forment un des premiers éléments de la vertu et du bonheur.

Dans le type de caractère grave et noble qui prévalait dans la vie anglaise et américaine au XVIIe siècle, la force de la volonté était manifestement apparente. La vie était plus dure, plus simple, plus sérieuse et moins décousue qu'aujourd'hui, et de fortes convictions façonnaient et fortifiaient le caractère. « C'était une époque, dit un grand écrivain américain, où ce que nous appelons le talent était bien moins pris en compte qu'aujourd'hui, mais les matériaux massifs qui produisent la stabilité et la dignité du caractère beaucoup plus. Le peuple possédait par droit héréditaire la qualité du respect qui, chez leurs descendants, si elle survit, existe dans une moindre proportion et avec une force considérablement diminuée dans la sélection et l'estimation des hommes publics. Le changement peut être positif ou négatif, et peut-être en partie pour les deux. En ce temps-là, le colon anglais de ces côtes rudes, ayant laissé derrière lui le roi, les nobles et tous les grades d'un rang effroyable, alors que la faculté et la nécessité du respect étaient encore fortes en lui, l'accorda aux cheveux blancs et au front vénérable de l'âge. ; sur une intégrité éprouvée depuis longtemps; sur une sagesse solide et une expérience tristement colorée ; sur des dotations de cet ordre grave et pesant qui donnent l'idée de permanence et relèvent de la définition générale de la respectabilité. Ces hommes d'État primitifs, Bradstreet, Endicott, Dudley, Bellingham et leurs pairs, qui furent élevés au pouvoir par le choix précoce du peuple, semblent donc avoir été rarement brillants, mais se distinguèrent par une lourde sobriété plutôt que par une activité. de l'intellect. Ils avaient du courage et de l'autonomie, et en période de difficulté ou de péril, ils se sont défendus pour le bien-être de l'État comme une ligne de falaises contre une marée tumultueuse. [61]

Cependant, le pouvoir de la volonté, même lorsqu'il existe avec une grande force, est souvent curieusement capricieux. L'histoire regorge d'exemples d'hommes qui, dans de grandes épreuves et situations d'urgence, ont agi avec un héroïsme admirable et persévérant, mais qui ont néanmoins facilement succombé à leurs vices ou à leurs passions privées. La volonté n'est pas la même chose que les désirs, mais le lien entre eux est très étroit. Un amour pour une fin lointaine ; une ambition ou une passion dominante appellera une longue persévérance dans un travail totalement déplaisant chez des hommes dont la volonté dans d'autres domaines de la vie est lamentablement faible. Quiconque s'est lancé avec un réel sérieux dans une vaste entreprise littéraire qui, dans son ensemble, représente la véritable tendance de son talent et de son caractère, sera frappé par sa capacité exceptionnelle à parcourir avec persévérance de longues sections de cette entreprise pour laquelle il n'a aucune aptitude naturelle et en ce qu'il ne prend aucun plaisir. Pour la plupart des hommes, le courage militaire est avant tout une question de tempérament et d'impulsion, mais il y a eu des exemples frappants de grands soldats et marins qui ont franchement reconnu qu'ils n'avaient jamais perdu au combat. ils n'ont jamais souffert de cette timidité pour les gouverner ou pour les affaiblir. Chez les hommes dotés d'une imagination très vive, il existe une tendance naturelle à la timidité car ils se rendent compte plus que les hommes ordinaires du danger et de la souffrance. D'un autre côté, on a souvent remarqué avec quel calme le tempérament insensible et semi-engourdi qui caractérise bon nombre des pires criminels leur permet d'affronter la mort sur la potence.

Dans le courage lui-même, il existe également de nombreuses variétés. Le courage du soldat et le courage du martyr ne sont pas les mêmes, et il ne s'ensuit nullement que l'un ou l'autre possèderait celui de l'autre. Rares sont les hommes capables de diriger un espoir désespéré, et qui ne reculent jamais devant la baïonnette et le canon, qui se sont montrés incapables de porter le fardeau de leurs responsabilités, supportant un suspense prolongé, prenant des décisions qui pourraient les exposer à la censure ou à la censure. impopularité. Le courage actif qui affronte le danger et s'en réjouit se retrouve souvent chez des hommes qui ne font preuve d'aucun courage pour supporter la souffrance, le malheur ou la maladie. Dans le courage passif, la femme surpasse souvent l'homme autant que dans le courage actif, l'homme dépasse la femme. Même dans le courage actif, la familiarité fait beaucoup ; la sympathie et l'enthousiasme jouent un rôle important et souvent très varié, et de curieuses anomalies peuvent être trouvées. Les races teutonique et latine se distinguent probablement également par leur courage militaire, mais il y a une nette différence entre elles dans la nature de ce courage et dans les circonstances ou conditions dans lesquelles il se manifeste habituellement le plus brillamment. Le danger encouru par le gladiateur était bien plus grand que celui encouru par le soldat, mais Tacite [62] mentionne que lorsque certains des gladiateurs les plus courageux furent employés dans l'armée romaine, ils se trouvèrent totalement inefficaces, car ils étaient beaucoup moins capables que les gladiateurs. les soldats ordinaires du courage militaire.

Les circonstances de la vie sont la grande école pour former et renforcer la volonté, et dans la compétition et la lutte excessives de l'industrialisme moderne, cette école ne fait pas défaut. Mais dans les systèmes éthiques et éducatifs, la valeur de sa culture est souvent insuffisamment ressentie. Pourtant, rien de ce qui s'apprend dans la jeunesse n'a autant de valeur que le pouvoir et l'habitude de se retenir, de se sacrifier, de faire un effort énergique, continu et concentré. Chez le meilleur d'entre nous, les mauvaises tendances sont toujours fortes et le chemin du devoir est souvent de mauvais goût. Avec le vent et la marée les plus favorables, la barque n'arrivera jamais au port si elle a cessé d'obéir au gouvernail. Une nature faible, naturellement bienveillante, affectueuse et pure, qui flotte dans la vie sous l'impulsion des sentiments, sans réel pouvoir de retenue, n'est en effet pas dénuée de charme, et dans une société bien organisée, avec un bon environnement. et peu de tentations, il peut atteindre un haut degré de beauté ; mais ses défauts ne cessent de croître ; sans force d'âme, sans persévérance et sans principes, elle n'a aucune énergie de récupération, et elle aboutira souvent à une catastrophe morale que des natures, par ailleurs beaucoup moins heureusement composées, éviteraient facilement. Rien ne peut garantir durablement notre être moral en l'absence d'une volonté restrictive fondée sur un sens aigu de la différence entre le bien et le mal, sur une base solide de principe et d'honneur.

L'expérience montre abondamment avec quelle puissance l'action constante d'une telle volonté peut agir sur les défauts innés, transformant l'oisif constitutionnel en un travailleur infatigable, contrôlant, limitant et parfois presque détruisant l'irritabilité constitutionnelle et les passions vicieuses. La puissance naturelle de la volonté chez les différents hommes diffère grandement, mais il n'y a aucune partie de notre nature qui soit plus renforcée par l'exercice ou plus affaiblie par la désuétude. Les défauts mineurs de caractère qu'il peut habituellement corriger ; mais lorsqu'un caractère est une fois formé et que ses tendances sont essentiellement vicieuses, une guérison radicale ou même une amélioration considérable sont très rares. Parfois, la forte influence de la religion l'influence. Parfois, elle est provoquée par une maladie, un grand malheur ou le changement total des relations qui suit l'émigration. Le mariage peut-être plus fréquemment que tout autre moyen ordinaire au début de la vie transforme ou modifie profondément le caractère, car il met fin aux puissantes tentations et entraîne un changement profond des habitudes et des motivations, des associations et des désirs. Mais nous avons tous rencontré dans la vie des natures dépravées dans lesquelles la complaisance vicieuse avait atteint une telle force, et les éléments de récupération et de moralisation étaient si fatalement faibles, que nous percevons clairement que la maladie est incurable, et qu'il est difficilement possible. que tout changement de circonstances pourrait même l'atténuer sérieusement. Dans quelle mesure cela est-il la faute ou la calamité du patient, aucun jugement humain ne peut le dire avec précision.

Peu de choses sont plus tristes que d'observer combien souvent l'héritage d'une grande richesse ou même d'une compétence facile prouve la ruine complète et rapide d'un jeune homme, sauf lorsque l'administration d'une grande propriété, ou la nécessité de diriger une grande entreprise, ou une autre circonstance propice lui offre un domaine de travail clairement défini. La majorité des hommes rejetteront volontiers un travail déplaisant que leur situation ne nécessite pas ; et en l'absence d'un travail régulier et en possession de tous les moyens de satisfaction, les tentations prennent une force écrasante, et les ressorts de la vie morale sont fatalement altérés. Il est difficile de douter que la longévité moyenne dans cette petite classe soit bien inférieure à celle des hommes ordinaires, et que même lorsque les capacités naturelles sont considérables, elles se manifestent plus rarement. Pour un homme qui a un réel désir de travailler, de telles circonstances sont en effet d'une valeur inestimable, lui donnant le loisir et la possibilité de s'appliquer sans distraction et dès son plus jeune âge au genre de travail qui lui convient le mieux. Parfois, cela se produit, mais bien plus souvent, il en résulte des goûts vicieux ou une vie simplement oisive ou sans but. Parfois, en effet, une grande quantité d'énergie décousue et non régulée reste, mais le travail sérieux de concentration est évité et aucun résultat réel n'est obtenu. Le ruisseau est là, mais il ne fait tourner aucun moulin.

La plupart des hommes échappent à ce danger grâce aux circonstances de la vie qui rendent un travail sérieux et régulier nécessaire à leur subsistance, et dans la majorité des cas, le genre de travail est si clairement délimité qu'ils n'ont guère de choix. Lorsqu'un choix existe, la règle que j'ai déjà posée ne doit pas être oubliée. Les hommes devraient choisir leur travail non seulement en fonction de leurs talents et de leurs possibilités, mais aussi, autant que possible, en fonction de leur caractère. Ils devraient choisir les espèces les plus aptes à mettre en pratique leurs meilleures qualités, ou devraient au moins éviter celles qui ont une tendance particulière à développer ou à encourager leurs défauts dominants. Dans l'ensemble, on constatera que le caractère des hommes est beaucoup plus profondément influencé par leurs activités que par leurs opinions.

Le choix du travail est l'un des grands agents de gestion du caractère chez la jeunesse. Le choix des amis en est une autre. Selon les mots de Burke, « La loi de l'opinion... est le principe le plus fort dans la composition de l'esprit humain, et une plus grande partie du bonheur et du malheur de l'homme réside dans ce principe intérieur que dans toutes les circonstances extérieures réunies. .' [63] Cela est vrai de la grande opinion publique d'une époque ou d'un pays qui nous enveloppe comme une atmosphère et, par sa pression silencieuse, façonne ou influence de manière constante et presque insensible la texture entière de nos vies. Cela est encore plus vrai du cercle plus restreint de nos intimités qui fera plus que presque toute autre chose pour rendre le chemin de la vertu facile ou difficile. Dans quelle mesure une grande partie des incitations à une noble ambition ou des premières tentations du mal peuvent être attribuées à une amitié précoce, et c'est souvent dans le petit cercle qui se réunit autour d'une table d'université que l'on prend pour la première fois la mesure de la vie. , et des idéaux et des enthousiasmes se forment qui donnent une couleur à toutes les années suivantes. Admirer fortement et admirer avec sagesse est, en effet, l'un des meilleurs moyens d'amélioration morale.

Cependant, une grande partie de la gestion du caractère ne peut être accomplie que par l'individu lui-même agissant en totale isolation par rapport à sa propre nature et dans la chambre de son propre esprit. La discipline de la pensée ; l'établissement d'un ascendant de la volonté sur nos cours de pensée ; le pouvoir de rejeter les réflexions morbides et de se tourner résolument vers d'autres sujets ou aspects de la vie ; le pouvoir de concentrer vigoureusement l'esprit sur un sujet sérieux et de poursuivre des pensées continues est peut-être le meilleur fruit d'une auto-éducation judicieuse. Son importance est en effet multiple. Dans les domaines intellectuels supérieurs, ce pouvoir de concentration mentale est d'une valeur suprême. On dit que Newton en a principalement attribué une quantité inhabituelle à ses réalisations en philosophie, et il est probable que la plupart des autres grands penseurs pourraient dire la même chose. Dans la recherche du bonheur, presque rien, dans les circonstances extérieures, n'a autant de valeur que le pouvoir de se débarrasser de l'inquiétude, de se tourner dans les moments de tristesse vers un travail sain, d'avoir habituellement une vision plus lumineuse des choses. C'est dans de tels exercices de volonté que nous réalisons principalement la vérité des lignes de Tennyson :

Oh, bien pour celui dont la volonté est forte,

Il souffre, mais il ne souffrira pas longtemps.

Dans la culture morale, il n'est pas moins important d'acquérir le pouvoir de rejeter les pensées et les imaginations démoralisantes qui hantent tant de personnes, et d'affronter la tentation en appelant à des pensées plus pures, plus élevées et plus restrictives. La faculté que nous possédons d'alterner et d'intensifier nos propres motivations en mettant certaines pensées, images ou sujets au premier plan et en rejetant d'autres à l'arrière-plan, est l'un de nos principaux moyens de progrès moral. Cultiver ce pouvoir est une chose bien plus sage que cultiver cette habitude d'esprit introspective qui est perpétuellement occupée par l'auto-analyse ou l'auto-examen, et qui s'attarde constamment et avec remords sur les fautes passées ou sur les éléments morbides de notre nature. . Dans les morales dites mineures, quoiqu'elles affectent profondément le bonheur de l'humanité, l'importance du gouvernement de la pensée n'est pas moins apparente. Le secret de la bonne ou de la mauvaise humeur réside dans notre tendance habituelle à nous attarder ou à fuir ce qui est irritant et inévitable. Le contentement ou le mécontentement, l'amabilité ou l'inverse, dépendent principalement de la disposition de notre esprit à se tourner spécialement vers les bons ou les mauvais côtés de notre propre sort, vers les mérites ou vers les défauts de ceux qui nous entourent. Le pouvoir de détourner nos pensées d'un sujet donné, bien que ce ne soit pas le seul élément de la maîtrise de soi, est au moins l'un de ses ingrédients les plus importants.

Ce pouvoir de la volonté sur les pensées est un domaine dans lequel les hommes diffèrent énormément. Ainsi – pour prendre l'exemple le plus familier – la capacité de s'inquiéter, avec toutes les exagérations et les distorsions de sentiment qu'elle implique, est de toute évidence une chose constitutionnelle, et là où elle existe à un haut degré, ni la raison ni la volonté ne peuvent la guérir efficacement. Un tel homme peut avoir la perception intellectuelle la plus claire possible de son inutilité et de sa folie. Pourtant, cela bannit souvent le sommeil de son oreiller, le suit avec une dépression habituelle dans tous les domaines de la vie et rend sa mesure de bonheur bien inférieure à celle d'autres qui, dans des circonstances bien moins propices, sont dotés par la nature du don de la légèreté. se débarrasser du passé et regarder l'avenir avec un esprit optimiste et joyeux. Il est difficilement possible d'exagérer les différents degrés de souffrance que le même trouble produira chez différents hommes, et il est probable que le bonheur d'une vie dépend beaucoup moins de la quantité de choses agréables ou douloureuses rencontrées que de la tournure des choses. pensée qui s'attarde principalement sur l'un ou sur l'autre. Il est très évident que la vigueur du tempérament n'est pas une chose qui augmente avec la civilisation ou l'éducation. C'est surtout physique. Elle est fortement influencée par le climat et par la santé, et là où aucune explication très claire de ce genre ne peut être donnée, il s'agit d'un point sur lequel les différentes nations diffèrent considérablement. Rares sont les bons observateurs qui nieront que la volonté persistante et concentrée est plus courante en Grande-Bretagne qu'en Irlande, mais que le don d'un tempérament dynamique est plus courant chez les Irlandais que chez les Anglais. Pourtant, elle coexiste dans le caractère national avec une forte veine de mélancolie très authentique, et elle s'accompagne souvent d'une vive sensibilité à la souffrance. Cette combinaison est très courante. Quiconque s'est souvent tenu près d'un lit de mort sait combien de fois on constate que la personne en deuil, complètement prosternée par le chagrin et dont les larmes coulent à flots, se débarrasse de son chagrin beaucoup plus complètement et bien plus tôt que celle dont les larmes refusent de couler. et qui ne perd jamais un seul instant son sang-froid.

Mais bien que le tempérament naturel permette à un homme de faire sans effort ce qu'un autre homme ne parvient pas à accomplir avec tous ses efforts, il existe certains remèdes disponibles qui peuvent pallier la maladie. La société, les voyages et autres divertissements peuvent faire quelque chose, et des mots tels que « détournement » et « distraction » embaument la vérité selon laquelle la principale vertu de nombreux plaisirs est de détourner ou de distraire notre esprit des pensées douloureuses. Pascal considérait cela comme un signe de la misère et de la bassesse de notre nature, et il décrit comme un spectacle déplorable un homme qui se levait de son lit accablé d'anxiété et de chagrin grave, et qui pouvait pour un temps tout oublier dans l'excitation passionnée. de la chasse. Mais, en vérité, la possession d'un tel pouvoir, si faible et passager soit-il, est l'un des grands soulagements du sort de l'homme. La religion, avec ses motivations puissantes et sa large gamme de pensées et d'images consolantes et apaisantes, a beaucoup de pouvoir dans ce domaine lorsqu'elle ne prend pas une forme morbide et n'intensifie pas le chagrin au lieu d'atténuer ; et l'exercice régulier de la volonté nous donne un contrôle réel et croissant, bien qu'imparfait, sur le courant de nos sentiments ainsi que de nos idées.

Souvent, le pouvoir du rêve nous vient en aide. Lorsque nous ne pouvons pas passer d'une pensée douloureusement pressante à une pensée sérieuse d'un autre genre, nous pouvons laisser libre cours à notre imagination et nous perdre bientôt dans des scènes idéales. Il y a des hommes qui vivent si habituellement dans un monde imaginaire que celui-ci devient pour eux une seconde vie, et leurs tentations les plus fortes et leurs plaisirs les plus vifs y appartiennent. Pour eux, « la vie commune semble tapissée de rêves ». Il n'est pas rare qu'ils tirent un plaisir de jouissances imaginées ou rappelées que les réalités elles-mêmes ne pourraient pas leur procurer. Ils sélectionnent en imagination certains aspects ou portions, en jettent d'autres dans l'ombre, intensifient ou atténuent les impressions, transforment et embellissent la réalité des choses. Le pouvoir de remplir leur existence de rêveries heureuses est leur luxe le plus précieux. Ils ressentent toute la force des vers pathétiques d'un poète irlandais : [64]

Douces pensées, rêves brillants, mon réconfort soit,

    Je n'ai aucune joie à part ;

Oh, foule-toi et sois avec moi

    Pouvoir, pays, renommée et épouse.

Entraîner cet aspect de notre nature n'est pas une mince partie de la gestion du caractère. Il existe une grande sphère de bonheur et de malheur qui est presque ou totalement sans rapport avec les circonstances environnantes et qui dépend des pensées, des images, des espoirs et des peurs sur lesquels notre esprit est principalement concentré. L'exercice de cette forme d'imagination a souvent une grande influence, tant intellectuelle que morale. Dans l'enfance, comme tout enseignant le sait, c'est souvent une influence distrayante, et chez les hommes aussi, c'est parfois un obstacle à la concentration du raisonnement et de l'observation, détournant l'esprit de la pensée sobre et difficile ; mais il existe une sorte de rêve qui est éminemment propice à une pensée productive. Cela permet à un homme de se placer si complètement dans d'autres conditions de pensée et de vie que les idées liées à ces conditions surgissent spontanément dans l'esprit. Une réalisation vraie et vivante de personnages et de circonstances différentes des siennes est acquise. Le simple fait de se placer dans d'autres circonstances et de s'investir de pouvoirs et de fonctions imaginaires suggère parfois des remèdes possibles à de grands maux humains et donne une vision plus claire des proportions, des difficultés et des conditions des gouvernements et des sociétés. De nombreuses découvertes scientifiques ont été dues à ce pouvoir de l'imagination de réaliser des conditions invisibles, et l'habitude ou la faculté de vivre d'autres vies que la nôtre n'a guère moins de valeur pour l'historien, et même pour l'homme d'État, que pour le poète. ou le romancier ou le dramaturge. Cela donne la touche magique qui transforme une simple connaissance sans vie en réalisation.

Son effet sur le caractère est également grand et varié. Personne ne peut manquer de reconnaître l'influence dépravante d'une imagination corrompue ; et la corruption peut provenir, non seulement de suggestions du dehors, mais de celles qui surgissent spontanément dans notre esprit. Et même l'imagination, qui est entièrement pure, n'est pas absolument sans danger. C'est une loi bien connue de notre nature qu'une indulgence excessive dans l'émotion qui n'aboutit pas à l'action tend plutôt à endormir qu'à stimuler le nerf moral. On a souvent remarqué que la sentimentalité exagérée qui verse des larmes passionnées sur les chagrins fictifs d'un roman ou d'une pièce de théâtre n'est pas un signe certain d'une nature bienveillante et désintéressée, et est tout à fait compatible avec beaucoup d'indifférence à l'égard des chagrins réels et une grande indisposition à faire des efforts. pour leur soulagement. Il n'en est pas moins vrai, comme le dit Dugald Stewart, que la froideur et l'égoïsme apparents des hommes sont souvent simplement dus à un manque de cette sorte d'imagination qui nous permet de réaliser des souffrances avec lesquelles nous n'avons jamais été mis en contact direct. , et qu'une fois ce pouvoir de réalisation acquis, la froideur se dissipe rapidement. Il ne fait pas non plus de doute que dans la gestion de la pensée, le pouvoir du rêve joue souvent un rôle très important dans le soulagement de la souffrance humaine ; illuminer des vies tristes et sombres et briser la chaîne des pensées mauvaises ou pénibles.

La place immense qu'occupe la littérature de fiction dans le monde montre à quel point elle est largement diffusée dans une certaine mesure et combien de temps et de talent sont consacrés à sa culture. Il est probable, cependant, qu'elle est en réalité plus forte dans les stades précoces et incultes de l'humanité que dans les stades ultérieurs de l'humanité, car elle est plus vive dans l'enfance et la jeunesse que dans la vie adulte. « Un enfant », comme l' a si bien dit un écrivain américain [65] , « peut se permettre de dormir sans rêver ; il fait beaucoup de rêves sans dormir. L'enfance du monde est aussi éminemment une époque de rêves. Il y a des étapes de la civilisation où le monde du rêve se confond si étroitement avec le monde des réalités, où l'imagination transfigure ou déforme si habituellement et si spontanément que les hommes deviennent presque incapables de distinguer le réel du fictif. C'est le véritable âge des mythes et des légendes ; et il existe des couches dans la société contemporaine dans lesquelles se reproduisent à peu près les mêmes conditions. « Pour ceux qui ne lisent pas ou n'écrivent pas beaucoup », dit un observateur avisé, « même de nos jours, les rêves sont bien plus réels que pour ceux qui exercent continuellement leur imagination.... Depuis que je m'occupe de littérature, mes rêves ont perdu toute vivacité et sont moins réels que les ombres des arbres ; ils ne me trompent pas même dans mon sommeil. A toute heure du jour, j'ai l'habitude d'évoquer à volonté sous mes yeux des personnages qui se détachent bien définis et colorés jusqu'à la teinte de leurs visages... Moins un peuple est littéraire, plus il croit aux rêves ; la disparition de la superstition n'est pas due au développement de la raison ou à la diffusion des connaissances, mais purement à l'effet mécanique de la lecture, qui met si perpétuellement devant le regard mental des figures et des formes aériennes qu'avec le temps, celles qui se produisent naturellement ne sont plus pensées. de que ceux évoqués par un livre. C'est dans les campagnes lointaines, où l'on lit très peu, qu'on voit des fantômes et qu'on consulte les oracles du sort. Leurs rêves sont réels. [66]

Le dernier point que je voudrais remarquer dans la gestion du caractère est l'importance de ce que l'on peut appeler des soupapes de sécurité morales. L'une des erreurs les plus fatales de l'éducation est la tentative si fréquente de l'éducateur d'imposer ses propres habitudes et ses propres goûts à des natures essentiellement différentes. Il est courant que des hommes au tempérament lymphatique, aux goûts studieux, saints et réservés, s'efforcent de forcer un jeune homme plein d'esprit qui débute dans la vie à entrer dans leur propre moule - à lui prescrire les goûts et les activités qui leur conviennent le mieux. pour eux-mêmes, oubliant qu'un tel idéal ne peut jamais satisfaire une nature tout à fait différente, et qu'en le visant, on passe à côté d'une sorte d'excellence qui aurait facilement pu être atteinte. C'est l'un des maux qui surviennent très fréquemment lorsque l'éducation des garçons après leur plus jeune âge est laissée aux femmes. C'est la véritable explication du fait, si souvent remarqué, que les enfants de membres du clergé, ou du moins les enfants éduqués selon un système puritain austère et rigide, vont si souvent ostensiblement vers le mal. Une telle éducation, imposée à une nature qui n'y est pas adaptée, commence généralement par produire l'hypocrisie, et finit souvent par une réaction violente vers le vice. Il n'y a pas de plus grande erreur en éducation que d'associer la vertu dans la prime jeunesse à des couleurs sombres et à des restrictions constantes, et peu de gens font plus de mal dans le monde que ceux qui inventent perpétuellement des crimes. Dans les cercles où fumer, faire du sport, aller au théâtre, lire des romans, se livrer à des jeux bruyants ou aux divertissements dominicaux les plus inoffensifs, sont traités comme s'il s'agissait de graves offenses morales, les jeunes gens grandissent constamment et finissent par en considérant les offenses morales graves comme n'étant pas pires que ces choses. Ils perdent tout sens des proportions et de toute perspective en matière de morale, et ceux qui s'efforcent toujours de s'attaquer aux moucherons sont souvent particulièrement enclins à avaler des chameaux. Il est tout à fait juste que les hommes qui se sont formés un idéal de vie du genre de celui que j'ai décrit le poursuivent avec constance, mais c'est une autre chose de l'imposer aux autres et de le prescrire comme d'application générale. En enseignant comme absolument mauvaises des choses qui ne sont en réalité coupables que de leur abus ou de leur excès, ils détruisent l'habitude d'une jouissance modérée et restreinte, et une période d'interdiction absolue est souvent suivie d'une période de licence effrénée.

La vérité est qu'il y a des éléments dans la nature humaine que de nombreux moralistes pourraient souhaiter manquer, car ils sont très facilement orientés vers le vice, mais qui en même temps sont inhérents à notre être et, s'ils sont bien compris, sont essentiels. éléments du progrès humain. L'amour de l'excitation et de l'aventure ; l'instinct combatif féroce qui se plaît dans le danger, dans la lutte et même dans la destruction ; l'ambition inquiète qui cherche avec un désir insatiable d'améliorer sa position et de gravir des hauteurs encore inatteignables ; le désir d'une jouissance qui non seulement procure du plaisir mais entraîne avec lui un frisson de passion, tout cela est profondément ancré dans la nature humaine et joue un grand rôle dans cette lutte pour l'existence, dans ce processus d'évolution dur et douloureux par lequel la civilisation est formé, la faculté stimulée jusqu'à son plein développement et le progrès humain assuré. Dans l'éducation de l'individu comme dans l'éducation de la race, la véritable politique face à ces choses est de leur trouver une sphère d'action saine, utile ou du moins inoffensive. Dans la chimie du caractère, ils peuvent s'allier avec les parties les plus héroïques aussi bien qu'avec les pires parties de notre nature, et la même passion pour l'excitation qui chez un homme prendra la forme d'un vice ruineux, chez un autre peut conduire à une entreprise brillante. tandis que dans un troisième, il peut être transformé sans grande difficulté en des canaux très innocents.

Prenons, par exemple, le cas que j'ai déjà évoqué, d'un garçon tout à fait banal qui, devenu majeur, se trouve doté d'une compétence qui le dispense de la nécessité de travailler ; et qui n'a ni ambition, ni goût littéraire ou artistique, ni amour du travail, ni intérêt pour la politique, ni sérieux religieux ou philanthropique, ni talent particulier. Que va-t-il devenir ? Dans la majorité des cas, la ruine, la maladie et une mort prématurée l'attendent. Il ne recherche que l'amusement et l'excitation, et trois tentations fatales l'attendent : la boisson, le jeu et les femmes. S'il tombe sous la domination de ceux-ci, ou même de l'un d'eux, il détruit presque infailliblement soit sa fortune, soit sa constitution, ou les deux. Il est parfaitement inutile de lui présenter des motifs ou des idéaux élevés, ou de l'inciter à suivre un mode de vie pour lequel il n'a aucune aptitude et qui ne peut lui procurer aucun plaisir. Alors, qu'est-ce qui peut le sauver ? Le plus souvent un mariage heureux ; mais même s'il a la chance d'y parvenir, ce ne sera probablement qu'après plusieurs années, et au cours de ces années, il est probable qu'un biais fatal sera donné à sa vie et qu'il ne pourra jamais s'en remettre. Pourtant, l'expérience montre que dans des cas de ce genre, un grand amour du sport peut souvent faire beaucoup. Avec son fusil et avec son chasseur, il trouve un intérêt, une excitation, un emploi qui n'est peut-être pas particulièrement noble, mais qui est au moins suffisamment absorbant et qui ne nuit ni à ses mœurs, ni à sa santé, ni à sa fortune. Ce n'est pas un mince gain si, dans la compétition des plaisirs, les plaisirs de la campagne remplacent les plaisirs de la ville qui, dans les cas que j'ai décrits, signifient habituellement les plaisirs du vice.

Ce n'est pas non plus seulement dans de tels cas que les sports de campagne s'avèrent une grande soupape de sécurité morale, dispersant les goûts morbides et donnant libre cours à des tournures de caractère ou à des sentiments qui pourraient très facilement se transformer en vice. Parmi les influences qui forment le caractère des classes supérieures des Anglais, ils ont un grand rôle, et malgré les exagérations et les extravagances qui les accompagnent souvent, peu de bons observateurs douteront qu'ils aient une influence positive. Quelle que soit l'importance de l'élément philistin dans les classes supérieures d'Angleterre, si manifestes soient leurs limites et leurs défauts, il ne fait guère de doute que dans l'ensemble les conditions de vie anglaises se sont révélées fructueuses dans ce domaine. Il existe peu de types de travail plus performants à la portée des hommes ordinaires que celui d'un gentleman anglais avec ses goûts conventionnels, ses normes d'honneur, sa religion, ses sympathies, ses idéaux, ses opinions et ses instincts. Il est peu probable qu'il soit un saint ou un philosophe, mais il est assez sûr d'être à la fois un homme honorable et utile, doté d'une bonne mesure de bon sens et de modération, et d'une certaine disposition aux devoirs publics. Une foule de divertissements et d'intérêts à l'extérieur font beaucoup pour dissiper ses humeurs pédantes et pour le sauver de la stagnation et de la sensualité qui ont assailli de nombreuses aristocraties étrangères. Les affaires du comté stimulent son activité, atténuent ses préjugés de classe et forgent son jugement : et son étendard d'honneur lui donnera essentiellement raison au milieu de nombreuses fluctuations d'opinions.

Le lecteur, à partir de sa propre expérience de personnages individuels, fournira d'autres illustrations des lignes de pensée que je défends. Certaines tentations qui nous assaillent doivent être résolument affrontées et maîtrisées. D'autres sont mieux accueillis par la fuite, en évitant les pensées ou les scènes qui les incitent à l'activité ; tandis que d'autres éléments de caractère que nous pourrions souhaiter écarter sont souvent mieux traités par le mariage, c'est-à-dire par une réglementation judicieuse et une application inoffensive, que par l'ascèse ou la tentative de suppression. Il est possible que les hommes – sinon en s'instruisant eux-mêmes, du moins en éduquant les autres – élèvent leurs normes et leur idéal trop haut. Ce qu'ils doivent faire, c'est reconnaître leurs propres qualités et celles de ceux qu'ils influencent tels qu'ils sont, et s'efforcer d'utiliser au mieux ces matériaux généralement très imparfaits pour former une vie utile, honorable et heureuse. Selon la doctrine de ce livre, l'homme vient au monde avec son libre arbitre. Mais son libre arbitre, bien que réel, agit dans un cercle plus étroit et avec des limitations plus nombreuses qu'il ne l'imagine habituellement. Il peut cependant faire beaucoup pour disposer, régler et modifier les circonstances de sa vie de manière à diminuer à la fois ses souffrances et ses tentations, et à s'assurer les conditions extérieures d'une vie heureuse et droite, et il peut faire quelque chose en une culture personnelle judicieuse et persévérante pour améliorer les conditions de caractère dont dépendent, plus que de toutes circonstances extérieures, le bonheur et la vertu.

NOTES DE BAS DE PAGE :

[61] *Lettre écarlate* de Hawthorne , ch. XXII.

[62] *Hist.* ii. 35.

[63] Discours sur la mise en accusation de Warren Hastings.

[64] Davis.

[65] Câble.

[66] Jefferies, *Field et Hedgerow* , p. 242.

CHAPITRE XIII

ARGENT

Je ne pense pas pouvoir mieux introduire les quelques pages que je me propose d'écrire sur les relations de l'argent avec le bonheur et le caractère que par un passage significatif d'un des essais [67] de Sir Henry Taylor. « Les effets de l'argent sur la vie et le caractère de l'humanité sont si multiples qu'une perspicacité qui devrait étudier la vie d'un homme dans ses relations pécuniaires pénétrerait dans presque tous les recoins de sa nature. Celui qui sait, comme saint Paul, à la fois ménager et abonder, possède une grande connaissance ; car si l'on tient compte de toutes les vertus auxquelles l'argent est mêlé, l'honnêteté, la justice, la générosité, la charité, la frugalité, la prévoyance, le sacrifice de soi, et de leurs vices corrélatifs, c'est une connaissance qui couvre presque toute la longueur et l'étendue de l'humanité, et une bonne mesure en matière d'obtention, d'épargne, de dépense, de don, de prise, de prêt, d'emprunt et de lègue, ferait presque valoir un homme parfait.

Il y a peu de sujets sur lesquels le contraste entre les croyances professées et les croyances réelles des hommes est plus grand que celui de l'estimation de l'argent. Plus que toute autre chose, c'est l'objet, et généralement l'objet de toute une vie, de l'effort humain, et tout accès à la richesse est salué par l'immense majorité de l'humanité comme une bénédiction incontestable. Pourtant, si nous devions prendre au pied de la lettre une grande partie de l'enseignement que nous avons tous entendu, nous devrions conclure que l'argent, au-delà de ce qui est nécessaire pour les nécessités de la vie, est bien plus un danger qu'un bien ; que c'est la source prééminente du mal et de la tentation ; qu'un des premiers devoirs de l'homme est de s'émanciper de l'amour de celle-ci, ce qui ne peut signifier que de tout désir ardent de son augmentation.

Dans ce domaine comme dans bien d'autres domaines, la question est en grande partie une question de degré. Quiconque sait ce que signifie la pauvreté abjecte à laquelle est condamnée une grande partie de la race humaine ne doutera pas qu'au moins une somme d'argent qui les sort de cette condition soit l'une des plus grandes bénédictions humaines. L'extrême pauvreté signifie une lutte permanente pour les moyens de subsistance ; cela signifie une vie passée dans des taudis misérables, avec une nourriture, des vêtements et un feu insuffisants, dans une ignorance forcée et absolue ; une existence presque purement animale, avec presque toutes les facultés supérieures de l'homme sous-développées. Il y a une bien plus grande différence réelle dans les éléments matériels du bonheur entre la condition de tels hommes et celle d'un artisan moyennement prospère dans un pays civilisé qu'il n'y en a entre ce dernier et le millionnaire.

Encore une fois, l'argent, au moins dans la mesure où il permet aux hommes d'être, dans une certaine mesure, maîtres de leur propre conduite dans la vie, est aussi, dans l'ensemble, un grand bien. A ce second degré, elle a moins d'influence sur le bonheur que sur la santé, et probablement que sur le caractère et les relations domestiques, mais son influence est au moins très grande. L'argent est une bonne chose car il peut être transformé en bien d'autres choses. Elle donne le pouvoir de l'éducation qui, en elle-même, contribue grandement à réguler le caractère et ouvre d'innombrables goûts et sphères de plaisir. Il sauve son possesseur de la crainte d'une vieillesse dénuée de ressources et de la misère de ceux qu'il pourrait laisser derrière lui, ce qui est le souci déchirant de multitudes qui ne peuvent être comptées parmi les très pauvres. Cela lui permet d'interrompre le travail dans les périodes de maladie, de chagrin et de vieillesse, et dans ces extrêmes de chaleur et de froid pendant lesquels le travail actif n'est guère moins qu'une douleur physique. Cela lui donne, ainsi qu'à ceux qu'il aime, des chances de vie accrues et un espoir accru de guérison après une maladie. Peu de douleurs de la pénurie sont plus aiguës que celles d'un homme pauvre qui voit sa femme ou ses enfants dépérir à cause de la maladie et qui sait ou croit qu'une meilleure nourriture ou des soins médicaux, ou une opération chirurgicale, ou un changement de climat, pourraient les ont sauvés. L'argent aussi, même s'il ne dispense pas du travail, donne au moins le choix du travail et des intervalles de loisirs plus longs. Pour les très pauvres, ce choix n'existe guère, ou n'existe que dans des limites très étroites, et, faute de culture ou de loisirs, certaines de leurs aptitudes naturelles les plus marquées ne sont jamais mises en pratique. Ce n'est pas le cas des personnes relativement riches. L'argent leur permet de choisir le cours de la vie qui convient le mieux à leurs goûts et le plus adapté à leurs talents naturels, ou, si leurs goûts les plus forts ne peuvent pas devenir leur travail, l'argent leur donne du moins le loisir de le cultiver. La maîtrise des loisirs, lorsqu'ils sont fructueux et consacrés à un travail agréable, est peut-être pour beaucoup le plus grand bienfait qu'elle puisse apporter. « Les richesses, disait Charles Lamb, sont avant tout bonnes parce qu'elles nous donnent du temps. » « Tout son temps pour soi ! c'est seulement pour cela que j'envie les riches. Les livres sont bons et les images sont bonnes, et l'argent pour les acheter est donc bon, mais pour gagner du temps, en d'autres termes, la vie !

Pour certains hommes, l'argent a surtout de la valeur parce qu'il leur permet de ne pas penser à l'argent. Sauf dans la régulation quotidienne de la vie ordinaire, cela leur permet de mettre de côté les soucis qui leur sont à la fois embêtants et répugnants, et de concentrer leurs pensées et leurs énergies sur d'autres objets. Une compétence assurée, même modérée, donne aussi aux hommes la bénédiction inestimable de l'indépendance. Il y a des domaines de la vie, il y a des domaines d'ambition, il y a des catégories d'emplois dans lesquels, entre une rémunération inadéquate et la pression du besoin d'un côté, et les facilités et les tentations du gain illicite de l'autre, il est extrêmement difficile pour un pauvre homme de marcher droit. Le gain illicite ne signifie pas simplement le gain qui amène un homme sous le coup du droit pénal. Beaucoup de ses formes échappent à la censure juridique et peut-être sociale, et peuvent même être sanctionnées par la coutume. Une compétence, qu'elle soit petite ou grande, n'est pas un préservatif sûr contre cet appétit de gain qui devient l'une des passions les plus puissantes et les plus insatiables. Mais cela diminue au moins la tentation. Cela supprime la pression du besoin sous laquelle tant de natures autrefois substantiellement honnêtes se sont effondrées.

Dans la dépense d'argent, il y a généralement beaucoup de choses conventionnelles, factices, purement ostentatoires, mais nous avons ici affaire aux réalités les plus graves de la vie. Il y a peu ou pas d'éléments de bonheur et de caractère plus importants que ceux que j'ai indiqués, et une petite compétence y contribue puissamment. Que personne ne le méprise donc, car s'il est utilisé à bon escient, il constitue l'une des bénédictions les plus réelles de la vie. Bien entendu, cela n'est à la portée que d'une petite minorité, mais leur nombre pourrait facilement être bien plus important qu'il ne l'est en réalité. Souvent, lorsqu'elle est héritée dans la prime jeunesse, elle est dispersée en une ou deux années de jeu et de dissipation, suivie d'une vie de regret. Dans d'autres cas, il s'effondre en une génération, car il sert de prétexte à une vie d'oisiveté, et lorsque les enfants se multiplient ou que les malheurs arrivent, ce qui était autrefois une compétence ne devient plus qu'une simple nécessité. Dans un nombre encore plus grand de cas, nombre de ses avantages sont perdus parce que les hommes adoptent immédiatement un niveau de vie pleinement égal à leurs revenus. Un homme qui, avec une maison, pourrait devenir un homme riche, trouve que la vie avec deux maisons est un combat constant. Un ensemble d'habitudes est acquis, une échelle ou un standard de luxe est adopté, qui balaye d'un coup la marge du superflu. La richesse ou la pauvreté ne dépendent pas seulement de la quantité de nos possessions, mais tout autant de la régulation de nos désirs, et les pleins avantages de la compétence ne se font sentir que lorsque les hommes commencent par établir leur plan de vie à une échelle matériellement compatible avec leurs revenus. Lorsque les grandes lignes de dépenses sont ainsi établies avec sagesse et parcimonie, elles peuvent disposer d'une grande latitude et d'une grande facilité pour s'occuper des plus petites.

Il est bien entendu vrai que le pouvoir d'un homme de régler ainsi ses dépenses n'est en aucun cas absolu. La position dans la société dans laquelle un homme naît entraîne certaines conventions et obligations qui ne peuvent être écartées. Un grand noble qui a hérité d'un vaste domaine et d'une position sociale remarquable se trouvera, sans que ce soit de sa faute, impliqué dans des difficultés et des luttes constantes avec un revenu dont le dixième suffirait à donner à un simple gentleman privé toutes les jouissances raisonnables. dans la vie. Un ecclésiastique pauvre qui est obligé de conserver la position d'un gentilhomme est en réalité un homme beaucoup plus pauvre qu'un artisan prospère, même si son revenu réel peut être un peu plus élevé. Mais dans les limites que prescrivent impérativement les conventions de la société, de nombreuses échelles de dépenses sont possibles, et la sage réglementation de celles-ci est l'une des principales formes de sagesse pratique.

On peut cependant observer que non seulement les hommes mais aussi les nations diffèrent considérablement à cet égard, et la différence n'est pas seulement celle entre la prudence et la folie, entre la prévoyance et la passion, mais est aussi, dans une large mesure, une différence de goûts et d'idéaux. En général, on constatera que dans les nations continentales, un homme ayant une fortune indépendante placera ses dépenses plus au-dessous de ses moyens qu'en Angleterre, et qu'un homme qui a exercé un emploi lucratif sera plus tôt satisfait de la compétence qu'il a acquise et échangera volontiers son travail pour une vie de loisirs. Le caractère anglais préfère un rythme de dépenses plus élevé et le travail se poursuit jusqu'au bout.

Il est probable que, dans la mesure où le bonheur dépend de l'argent, le sort le plus heureux — même s'il n'est certainement pas celui qu'on envient le plus — est celui d'un homme qui possède une fortune réalisée suffisante pour lui épargner de sérieux soucis d'argent dans le présent et l'avenir, mais qui ne peut en même temps maintenir la position sociale qu'il s'est choisie, et subvenir comme il le désire à ses enfants, qu'en y ajoutant un revenu professionnel. Le travail est nécessaire au bonheur et au caractère, et l'expérience montre qu'il atteint le plus souvent sa pleine concentration et sa continuité lorsqu'il est professionnel, c'est-à-dire lucratif. Les hommes travaillent en traces car ils travaillent rarement en liberté. Le caractère obligatoire, les habitudes stables, l'émulation constante de la vie professionnelle façonnent et renforcent la volonté, et le sort probablement le plus heureux est quand ce genre de travail existe, mais sans l'inquiétude de ceux qui en dépendent uniquement.

C'est aussi une bonne chose lorsque la richesse a tendance à augmenter avec l'âge. « La vieillesse, a-t-on dit, coûte très cher. » Si le goût du plaisir diminue, le besoin de confort augmente. Les hommes deviennent plus dépendants et plus exigeants, et les épreuves indifférentes à la jeunesse deviennent extrêmement douloureuses. A côté de cela, les soucis d'argent sont susceptibles de peser d'un poids particulier sur les personnes âgées. L'avarice, comme on l'a souvent observé, est éminemment un vice de la vieillesse, et dans les natures qui ne sont nullement avares, on constatera que les inquiétudes liées à l'argent réel sont plus ressenties et ont un plus grand pouvoir obsédant dans l'âge que dans la jeunesse. Il y a alors un sentiment d'impuissance qui donne aux hommes le sentiment que leur capacité de gain a disparu. D'un autre côté, la jeunesse, et en particulier les premiers mariages passés sous la pression de circonstances étroites, seront souvent considérées comme la période à la fois la plus heureuse et la plus féconde de la vie. C'est la meilleure discipline de caractère. C'est dans de telles circonstances que les hommes acquièrent des habitudes de travail dur et régulier, de frugalité, d'ordre, de prévoyance, de ponctualité et de simplicité des goûts. Ils acquièrent des sympathies et des réalisations qu'ils n'auraient jamais connues dans des circonstances plus prospères. Ils apprennent à prendre un vif plaisir dans les petites choses et à valoriser correctement l'argent et le temps. Si la richesse et le luxe arrivent ensuite en excès, ces leçons ne seront pas entièrement perdues.

La valeur de l'argent en tant qu'élément du bonheur diminue rapidement proportionnellement à sa valeur. Dans le cas des fortunes les plus modestes, chaque accession apporte avec elle une grande augmentation de plaisir et de confort, et probablement un ajout très considérable au bonheur réel. Dans le cas des hommes riches, ce n'est pas le cas, et parmi les fortunes colossales, seule une très petite fraction peut véritablement contribuer au plaisir personnel du propriétaire. La disproportion dans le monde entre plaisir et coût est en effet presque ridicule. Les deux ou trois shillings qui nous ont donné notre premier Shakespeare ne contribueraient que dans une faible mesure à fournir l'un des plats peut-être insipides sur la table des desserts. Les chefs-d'œuvre les plus précieux de l'esprit humain – les œuvres du génie humain qui, au cours des siècles, ont le plus contribué à ennoblir, consoler, éclairer et diriger la vie des hommes, pourraient toutes être achetées – je ne dis pas au prix de un collier de dame, mais par celui d'une ou deux des petites pierres qui le composent. Comparez le goût avec lequel le piéton fatigué mange son pain et son fromage avec l'appétit avec lequel les hommes s'assoient à quelque banquet majestueux ; comparez le niveau d'humeur au bal du village avec celui du grand bal de la ville dont la splendeur somptueuse remplit d'admiration les journaux mondains ; comparez le charme de la conversation dans la salle commune du collège avec les visages fatigués que l'on peut souvent voir autour de la table du dîner du millionnaire, et nous pourrions tirer une bonne leçon de la vanité de la richesse. La transition du désir au confort apporte une vive jouissance et un bonheur durable. Le passage du simple confort au luxe rapporte incomparablement moins et coûte incomparablement plus cher. Qu'un homme extrêmement riche analyse sa vie au jour le jour et essaie d'estimer quelles sont les choses ou les heures qui lui ont procuré un plaisir réel et vif. Dans de nombreux cas, il dira probablement qu'il l'a trouvé dans son travail, dans d'autres dans l'heure passée avec son cigare, son journal ou son livre, ou dans son jeu de cricket, ou dans l'excitation du champ de chasse. ou dans sa conversation avec un vieil ami, ou en entendant chanter ses filles, ou en accueillant son fils à son retour de l'école. Qu'il regarde autour des splendides ornements de sa maison et se demande combien de ces choses lui ont jamais procuré un plaisir proportionné à leur coût. Il est probable que dans bien des cas, s'il se comporte honnêtement avec lui-même, il avouera que son fauteuil et ses étagères sont presque les seules exceptions.

La vapeur, l'imprimerie, la diffusion de l'éducation et la grande multiplication des bibliothèques publiques, des musées, des galeries d'images et des expositions ont amené les principaux plaisirs de la vie à un degré bien plus grand qu'à aucune époque antérieure, à la portée de ce qu'on appelle le les classes ouvrières, tandis que dans les conditions de la vie moderne, presque toutes les grandes sources de jouissance réelle que l'argent peut donner sont ouvertes à un homme qui possède une fortune compétente mais non extraordinaire et quelques loisirs. Il peut satisfaire pleinement ses goûts intellectuels. Les livres, du moins dans les grands centres de civilisation, sont accessibles bien au-delà de ses capacités de lecture. Les plaisirs du théâtre, les plaisirs de la société, les plaisirs de la musique sous la plupart de ses formes, les plaisirs du voyage avec toute sa variété d'intérêts, et bien des plaisirs du sport, sont abondamment à sa disposition. La possession des plus hautes œuvres d'art est sans aucun doute devenue un monopole de plus en plus réservé aux très riches, mais les galeries de tableaux, les expositions et les facilités de voyage ont diffusé la connaissance et la jouissance de l'art sur un territoire beaucoup plus vaste que par le passé. Le pouvoir de reproduire des œuvres d'art a été immensément accru et diminué, et sous une forme au moins, l'art le plus élevé a été mis à la portée d'un homme aux moyens très modestes. La photographie peut reproduire un dessin avec une perfection si absolue qu'il peut recouvrir ses murs d'œuvres de Michel-Ange et de Léonard de Vinci impossibles à distinguer des originaux. Le niveau de confort dans les choses purement matérielles est maintenant si élevé dans les ménages aisés que le millionnaire ne peut pas y ajouter grand-chose à une nature saine. Peut-être que parmi les plaisirs de la richesse, celui qui a le plus d'influence est une campagne, surtout lorsqu'elle apporte avec elle de vieux souvenirs et des associations qui font puissamment appel aux affections et à l'imagination. Plus que toute autre chose inanimée, elle étend ses vrilles autour du cœur humain et devient l'objet d'une affection profonde et durable. Mais même ici, on constatera probablement que ce plaisir est plus ressenti par le propriétaire d'un terrain de campagne que par le grand propriétaire dont la vie se déroule alternativement dans plusieurs, par le propriétaire d'un terrain de dimensions moyennes que par le propriétaire de ces vastes terres. des parcs qui ne peuvent être gérés qu'à grands frais et avec beaucoup de difficultés et par une surveillance très déléguée, et qui sont généralement ouverts au public avec une telle libéralité qu'ils donnent probablement plus de plaisir réel aux autres qu'à leurs propriétaires.

Parmi les plaisirs particuliers des extrêmement riches, la passion de collectionner est remarquable, et bien sûr un homme très riche peut la porter dans des domaines auxquels les hommes de fortune moyenne peuvent difficilement accéder. Dans les rares cas où le collectionneur est un homme au goût artistique fort et authentique, la possession d'œuvres de beauté est une chose de plaisir durable, mais en général le simple amour de collectionner, bien qu'il devienne souvent une passion équivalant presque à une manie, est très peu proportionné à la valeur pécuniaire. Le collectionneur intelligent de fossiles a autant de plaisir que le collectionneur de pierres précieuses – probablement même plus, car la première activité entraîne une bien plus grande variété d'intérêts et dépend généralement beaucoup plus des efforts personnels du collectionneur. Il est agréable, en parcourant une collection géologique, de penser que chaque pierre que nous voyons nous a procuré un plaisir. Collectionneur de Caxtons, collectionneur de grandes éditions imprimées ou illustrées, collectionneur d'éditions originales de livres célèbres, collectionneur de ces éditions si prisées parce qu'un auteur y a fait quelque erreur qu'il a ensuite corrigée ; Un collectionneur de ces livres uniques qui ont survécu comme raretés parce que personne n'a jugé utile de les réimprimer ou parce qu'ils se distinguent par quelque absurdité obsolète, n'en tirera probablement pas plus de plaisir, même s'il dépensera beaucoup plus d'argent, que le simple plaisir littéraire. homme qui, s'intéressant à une période ou à un sujet particulier, aime dénicher dans les vieilles librairies la littérature obscure et oubliée qui s'y rapporte. On peut dire la même chose des autres goûts. La satisfaction d'un goût prononcé ou d'un passe-temps donnera toujours du plaisir, et peu importe qu'il soit coûteux ou bon marché.

Les plaisirs d'acquisition, les plaisirs de possession et les plaisirs d'ostentation sont sans doute des choses réelles, quoiqu'ils agissent à des degrés très divers sur différentes natures, et quelques-uns beaucoup plus sur un sexe que sur l'autre. Toutefois, en général, ils ont tendance à devenir passifs et inertes. Un état de luxe et de splendeur est peu apprécié par ceux qui y sont nés, mais beaucoup s'il fait suite à une période de lutte et de pénurie. Et pourtant, même dans ce cas, les circonstances et l'environnement de la vie deviennent vite une seconde nature. Les hommes s'y habituent tellement qu'ils sont acceptés presque mécaniquement et cessent de procurer un plaisir positif, bien que leur privation provoque une douleur positive. L'amour du pouvoir, l'amour de la société et – ce qui n'est pas tout à fait la même chose – l'amour de l'influence sociale sont cependant bien plus forts et plus durables, et une grande richesse est largement valorisée parce qu'elle contribue à les donner, même si elle ne les donne pas invariablement, et bien qu'il y ait d'autres choses qui les donnent à un degré égal ou supérieur. Pour beaucoup d'hommes très riches, une certaine forme de sport sur le terrain est probablement le plus grand plaisir que procure l'argent. Cela donne au moins un véritable frisson de plaisir incomparable.

Rares sont les plaisirs particuliers du millionnaire qui peuvent être considérés comme purement égoïstes, car rares sont ceux qui se concentrent entièrement sur lui-même. Son grand parc est généralement ouvert au public. Ses tableaux sont prêtés pour exposition ou exposés dans sa maison. S'il possède une meute de chiens, d'autres chassent avec. S'il préserve énormément le gibier, il invite beaucoup de gens à le chasser, et lors de ses grands divertissements, on constate souvent que personne n'y prend moins de plaisir que l'hôte fatigué.

En même temps, aucun homme réfléchi ne peut manquer d'être frappé du grand gaspillage des moyens de jouissance dans une société où des sommes aussi gigantesques sont dépensées dans une simple ostentation conventionnelle qui ne procure que peu ou pas de plaisir ; dans lequel les meilleures maisons de Londres sont celles qui restent inoccupées depuis le plus longtemps ; dans lequel certains des jardins et parcs les plus enchanteurs ne sont vus par leurs propriétaires que quelques semaines par an.

Hamerton, dans son Essai sur le bohémien, a montré très justement que la raison d'une grande partie de cela est simplement la tentative des hommes d'obtenir des relations sociales la plus grande quantité de plaisir positif ou d'amusement qu'elles peuvent procurer en rejetant les formes, les coûteuses les conventions, les restrictions sociales qui l'encombrent et le limitent. L'une des pires tendances d'une société très riche est que, par la simple concurrence de l'ostentation, le niveau des dépenses conventionnelles est élevé, et les relations sexuelles entre hommes limitées par l'introduction d'un certain nombre de luxes nouveaux et coûteux qui soit ne procurent aucun plaisir, soit ne procurent aucun plaisir. un plaisir qui n'a aucune proportion avec leur coût. On peut parfois voir l'exemple d'un homme très riche qui s'imagine pouvoir tirer de la vie une jouissance réelle proportionnelle à sa richesse et qui l'utilise à des fins purement égoïstes. On peut le retrouver dans l' extravagance presque insensée de l'ostentation vulgaire par laquelle le parvenu millionnaire tente de satisfaire sa vanité et d'éblouir ses voisins ; dans le cycle sauvage de dissipation prodigue et de vice par lequel tant de jeunes hommes qui ont hérité d'énormes fortunes ont détruit leur constitution et trouvé un chemin rapide vers une tombe sans honneur. Ils recherchaient dans l'argent ce que l'argent ne pouvait leur donner, et apprirent trop tard qu'en poursuivant les ombres, ils passaient à côté de la substance qui était à leur portée.

Cependant, pour le millionnaire intelligent, et surtout pour ceux qui ont été élevés dans de grandes possessions, la richesse est considérée sous un tout autre jour. Il s'agit d'une possession et d'une fiducie comportant de nombreux devoirs ainsi que de nombreux intérêts et accompagnée d'un lourd fardeau de responsabilités. La simple chasse au plaisir ne joue qu'un rôle mineur et tout à fait secondaire dans de telles vies, et elles sont généralement remplies de travaux très utiles. Cet homme, par exemple, est un banquier colossal. Suivez sa vie, et vous constaterez que quatre jours par semaine, il s'occupe de son bureau avec autant d'acharnement et d'acharnement que n'importe quel employé de son établissement. Il s'est rendu maître non seulement des détails de sa propre gigantesque entreprise, mais de tout le grand sujet de la finance dans toutes ses relations internationales. Il est une puissance dans de nombreux pays. Il est consulté à chaque crise financière. Il exerce une influence importante dans une foule d'entreprises, pour la plupart utiles et lucratives, certaines nettement philanthropiques. Il passe le samedi et le dimanche dans sa maison de campagne, recevant généralement un certain nombre d'invités. Une autre journée de la saison de chasse qu'il consacre régulièrement à son sport favori. Ses vacances sont les vacances habituelles d'un homme professionnel, avec plutôt une tendance à les raccourcir qu'à les allonger, car l'orientation naturelle de ses pensées est si fortement tournée vers son travail que le temps commence bientôt à peser lourdement lorsqu'il s'en éloigne.

Un autre homme est un ardent philanthrope, et sa philanthropie se mêle probablement à beaucoup de ferveur religieuse, et il devient par conséquent un leader dans le monde religieux. Une telle vie ne peut manquer d'être abondamment remplie. Les réunions religieuses, les comités, les divers intérêts des nombreuses institutions avec lesquelles il est lié, les revendications contradictoires et concurrentes des différentes sociétés religieuses, occupent pleinement son temps et ses pensées, parfois au grand détriment de ses affaires privées.

Un autre homme est d'un type différent. Timide, retiré, détestant la publicité et peu intéressé par la politique, c'est un gigantesque propriétaire terrien et l'œuvre de sa vie se concentre sur le développement de son propre domaine. Il connaît la situation de chaque village, de presque chaque ferme. Il est fier qu'aucun ouvrier de son domaine ne soit mal logé, qu'aucune partie ne soit négligée, mal gérée ou frappée par la pauvreté. Il dote des églises et des hôpitaux, il érige des édifices publics, encourage toutes les industries locales, accorde en période de détresse des remises de loyer bien plus importantes que ce qui serait possible à un homme plus pauvre, surveille personnellement les nombreux intérêts sur sa propriété, connaît avec précision la balance des recettes. et les dépenses, s'intéresse beaucoup à l'assainissement, aux nouvelles améliorations et expériences en agriculture, à toutes les questions multiples qui affectent la prospérité de ses nombreux locataires. Il souscrit généreusement aux grandes entreprises nationales, car il considère que c'est l'un des devoirs de sa position, mais son cœur n'est pas dans de telles choses, et le bien-être de son vaste domaine et de ceux qui y vivent est le but et le but. l'œuvre de sa vie. Pendant quelques semaines de l'année, il exerce la splendide et somptueuse hospitalité que l'on attend d'un homme dans sa position, et il est toujours très heureux lorsque ces semaines sont terminées. Il a cependant son propre passe-temps coûteux, qui lui procure un réel plaisir : son yacht, sa galerie de tableaux, son musée, sa collection d'animaux sauvages, ses serres ou son établissement de courses. Un ou plusieurs d'entre eux constituent le véritable divertissement de sa vie active et utile.

Un type plus courant en Angleterre est celui de l'homme politique actif. Une grande richesse et surtout une grande propriété foncière amènent facilement les hommes au Parlement et, s'ils sont unis à l'industrie et à une certaine capacité, à la vie officielle, et la vie publique devient ainsi une profession et, dans bien des cas, une profession très laborieuse. Il existe peu de meilleurs exemples d'une vie bien remplie, d'une gestion habile et d'une économie du temps que celles de certains grands nobles qui prennent un rôle de premier plan dans la politique et président d'importants départements gouvernementaux sans souffrir de leurs gigantesques domaines. tomber dans une mauvaise gestion ou négliger les nombreux devoirs sociaux et intérêts locaux qui y sont liés. La majeure partie de leur succès est en effet due à l'utilisation judicieuse de l'argent tout en économisant du temps grâce à une délégation fiable et efficace. Pourtant, le cerveau qui surveille, le choix judicieux, le contrôle personnel ne peuvent être supprimés. Dans une vie si occupée, les quelques semaines de plaisir qu'on peut passer dans une lande écossaise ou dans une station d'eau continentale ne seront sûrement pas condamnées.

L'économie de temps et l'élasticité du cerveau et du caractère que développent ces vies sont cependant probablement dépassées par une autre classe. Rien n'est plus remarquable dans la vie sociale de la génération actuelle que la forte pression sous laquelle vivent habituellement un grand nombre de dames occupant de grandes positions. Cela frappe tout observateur continental, car rien ne s'en rapproche dans aucun autre pays européen, et cela dépasse certainement de loin tout ce qui existait en Angleterre dans les générations précédentes. La recherche du plaisir, combinée cependant sur une grande échelle avec le plaisir, tient une place bien plus importante dans ces vies que dans celles que je viens de décrire. Avec un grand nombre de femmes, en effet, riches et occupant une position sociale, c'est tout ce qui compte dans la vie, et en général il est probable que les femmes tirent plus de plaisir que les hommes de la plupart des formes de société, bien qu'il soit également vrai qu'elles supporter une part bien plus importante de ses fardeaux. Il y en a cependant beaucoup dans cette classe qui combinent avec la société un nombre et une variété vraiment surprenants d'intérêts sérieux. Non seulement la gestion d'une grande maison, non seulement la direction des écoles, des œuvres caritatives et des entreprises locales liées à un grand domaine, mais aussi une foule d'intérêts philanthropiques, artistiques, politiques et parfois littéraires remplissent leur vie. En effet, peu de vies, dans aucune station, sont plus remplies, plus intenses, plus constamment et plus diversement occupées. La vie publique, qui dans la plupart des pays étrangers échappe totalement à la sphère des femmes, est suivie avec attention. Prendre la parole en public, qui, dans la mémoire de beaucoup de gens vivant aujourd'hui, était presque inconnu parmi les femmes de toutes conditions dans la société anglaise, est devenu l'accomplissement le plus ordinaire. Leur but est de mettre dans la vie, depuis la jeunesse jusqu'à la vieillesse, tout ce que la vie peut donner, et ils vont loin pour atteindre leur but. Une merveilleuse agilité et flexibilité intellectuelle, capable de passer rapidement d'un sujet à l'autre, s'est développée et les maintient en contact avec un très large éventail d'intérêts et de plaisirs.

Il y a sans aucun doute de graves inconvénients à tout cela. Beaucoup diront que cette activité extérieure doit se faire au sacrifice des devoirs de la vie domestique, mais à ce sujet il y a, je pense, au moins beaucoup d'exagération. L'éducation a maintenant pris de telles formes et atteint un tel niveau que, habituellement, pendant de nombreuses heures de la journée, l'éducation des jeunes d'une famille riche est entre les mains de spécialistes accomplis, et je ne pense pas que les vies les plus occupées soient celles dans lesquelles les soins d'une maison sont les plus négligés. Cependant, dans quelle mesure cette tension intense et constante est-elle compatible avec le bien-être physique est une question plus grave, et beaucoup ont craint qu'elle ne lègue des constitutions affaiblies à la génération à venir. Une vie d'excitation incessante n'est pas non plus bénéfique à d'autres égards. En hygiène intellectuelle et morale, la meilleure vie est celle qui suit la nature et alterne les périodes de grande activité et les périodes de repos. La retraite, la lecture calme et régulière et la pensée silencieuse qui mûrit le caractère et approfondit les impressions sont des choses qui semblent presque disparaître de la vie de nombreux Anglais. Mais les vies telles que celles que j'ai décrites ne sont certainement pas inutiles, sous-développées ou totalement égoïstes, et elles accomplissent dans une large mesure cette grande loi du bonheur, selon laquelle il faut le rechercher plutôt dans les intérêts que dans les plaisirs.

J'ai déjà parlé de la classe qui valorise l'argent principalement parce que cela leur permet d'écarter de leur esprit les pensées et les soucis liés à l'argent. Dans l'ensemble, ce but est probablement plus fréquemment atteint par des hommes aux fortunes modérées mais compétentes que par les très riches. C'est du moins le cas lorsqu'ils sont suffisamment riches pour investir leur argent dans des titres qui ne sont soumis à aucun risque ni fluctuation sérieux. Une fortune gigantesque est rarement de telle nature qu'elle n'entraîne pas de grands soucis d'administration et n'exige pas beaucoup de réflexion et de nombreuses décisions. Il existe cependant une exception importante. Lorsqu'il y a beaucoup d'enfants, la tâche d'assurer leur avenir incombe beaucoup plus facilement aux très riches qu'à ceux qui ont une fortune moyenne.

Il existe cependant une classe qui est exactement à l'opposé de celles-ci et qui fait de la simple acquisition de l'argent le principal intérêt et plaisir de sa vie. Gagner de l'argent, sous une forme ou une autre, est la principale occupation de la grande majorité des hommes, mais il s'agit généralement d'un moyen pour atteindre un objectif. Il s'agit d'acquérir les moyens de subsistance, ou les moyens de maintenir ou d'améliorer une position sociale, ou les moyens de subvenir comme bon leur semble aux enfants qui doivent leur succéder. Parfois cependant, chez les très riches et sans arrière-pensée, gagner de l'argent pour le plaisir devient un intérêt absorbant. Ils peuvent la poursuivre avec un grand avantage ; car, comme on l'a souvent dit, rien ne fait de l'argent comme l'argent, et la possession d'un capital immense donne d'innombrables facilités pour l'augmenter. La passion de collectionner prend cette forme. Ils en viennent à se soucier davantage de l'argent que de tout ce que l'argent peut acheter, mais moins de l'argent que de l'intérêt et de l'excitation de l'obtenir. L'entreprise spéculative, avec ses fluctuations, ses incertitudes et ses surprises, devient leur plus grand intérêt et leur plus grand amusement.

Lorsqu'elle est conduite honnêtement, il n'y a aucune véritable raison de la condamner. Dans ces conditions, une vie ainsi dépensée est, je pense, généralement utile au monde, car elle encourage généralement des œuvres qui ont une réelle valeur. Tout ce que l'on peut vraiment dire, c'est que cela entraîne de graves tentations et est très susceptible d'abaisser l'être moral d'un homme. La spéculation devient facilement une forme de jeu si féroce dans son excitation que, lorsqu'elle est pratiquée sans cesse et à grande échelle, elle tue toute capacité de plaisirs plus élevés et tranquilles, renforce incalculablement les tentations du gain sans scrupules, perturbe tout l'équilibre du caractère et cela raccourcit même souvent la vie. Chez d'autres, l'amour de l'accumulation a un étrange pouvoir de matérialisation, de rétrécissement et de durcissement. Des habitudes de méchanceté — prenant parfois des formes curieuses et incohérentes et ne s'appliquant qu'à des choses ou à des domaines particuliers de la vie — les envahissent insensiblement, et l'amour de l'argent prend quelque chose du caractère de la manie. Les tentations liées à l'argent sont en effet parmi les plus insidieuses et parmi les plus puissantes auxquelles nous sommes exposés. Ils ont probablement un empire plus vaste que celui de la boisson et, contrairement aux tentations nées de la passion animale, ils se renforcent plutôt qu'ils ne diminuent avec l'âge. En aucun cas il n'est plus nécessaire pour un homme de veiller sur son propre caractère, en veillant à ce que l'élément altruiste ne diminue pas et en corrigeant l'amour de l'acquisition par la générosité des dépenses.

Il est probable que la forme la plus élevée de charité, impliquant un renoncement réel et sérieux, est beaucoup plus courante parmi les pauvres, et même parmi les très pauvres, que parmi les riches. Je pense que la plupart des personnes qui ont une grande connaissance pratique des relations entre les pauvres le confirmeront. C'est certainement beaucoup moins fréquent parmi ceux qui se trouvent au pôle opposé de la fortune. Ils n'ont pas eu la même discipline, ni même la même possibilité de sacrifice de soi, ni les mêmes moyens de se rendre compte des douleurs de la pauvreté, et il y a une autre raison qui tend, non sans raison, à freiner leur bienveillance. Un homme réputé très riche se retrouve bientôt assiégé par d'innombrables formes de mendicité et d'imposture. Il en vient à sentir qu'il existe une conspiration générale visant à le piller, et il est naturellement plongé dans une attitude de suspicion et d'auto-défense. Souvent, même s'il donne largement et généreusement, il le fait sous le voile d'un strict anonymat, afin d'éviter une réputation de générosité qui lui attirera de perpétuelles sollicitations. S'il est un intellectuel, il généralisera probablement à partir de sa propre expérience. Il sera profondément impressionné par les énormes maux qui sont nés d'une charité mal avisée, et par la supériorité, même au point de vue philanthropique, d'une dépense d'argent productive.

Et en vérité, il est difficile de surestimer les effets néfastes des œuvres caritatives peu judicieuses qui découragent l'épargne, l'industrie, la prévoyance et le respect de soi. Ils prennent de nombreuses formes ; certains d'entre eux sont extrêmement évidents, tandis que d'autres ne peuvent être correctement jugés qu'après un examen attentif de leurs conséquences lointaines. Il y a les touristes oisifs qui brisent, dans un quartier autrefois peu sophistiqué, ce sentiment de respect de soi qui est l'une des leçons les plus précieuses que l'éducation préscolaire puisse donner, en jetant des sous à se disputer parmi les enfants, ou qui enseignent le pauvre la leçon fatale que la mendicité ou quelque chose qui se distingue à peine de la mendicité apportera un plus grand gain qu'un travail honnête et continu. Il y a cette charité impulsive et peu inquisitrice qui fait du métier d'écrivain habile et mendiant une profession lucrative, et qui fait des hommes et des femmes riches, bienveillants et faibles, la proie habituelle d'imposteurs cupides. Il y a la charité anciennement établie pour s'occuper de la simple pauvreté, qui attire en son centre tout le paupérisme des districts voisins, fait baisser les salaires et appauvrit le district ou la classe même dont elle était censée bénéficier. Il existe des œuvres de charité qui non seulement diminuent considérablement les souffrances qui sont la conséquence naturelle et le châtiment du vice ;

mais même rendre le sort des criminels et des vicieux meilleur que celui des pauvres qui travaillent dur. Il existe des organisations caritatives qui se chevauchent et qui s'occupent du même département, mais qui sont entretenues par des gaspillages considérables en raison de la rivalité des différentes confessions religieuses ou dans l'intérêt des fonctionnaires qui leur sont liés ; des associations caritatives tardives ou surannées créées pour faire face à des circonstances ou à des souffrances qui ont dans une large mesure disparu ; des associations caritatives inutiles, ou presque inutiles, créées pour réaliser quelque lubie idiote ou pour satisfaire quelque vanité idiote ; les œuvres caritatives sectaires destinées à poursuivre des fins qui, aux yeux de tous, sauf des membres d'une seule secte, sont non seulement inutiles mais malfaisantes ; les œuvres caritatives qui encouragent les mariages sans économie, ou qui permettent aux hommes de négliger facilement des devoirs évidents, ou qui maintiennent une population semi-pauvre stationnaire dans des emplois et sur un sol où elle ne pourra jamais prospérer, ou qui, d'une autre manière, handicapent, entravent ou détournent l'équilibre naturel et sain. cours de l'industrie. Des illustrations de tous ces maux apparaîtront à tout étudiant attentif du sujet. Une charité inintelligente, irréfléchie, purement impulsive, et une charité qui est inspirée par un autre motif qu'un désir réel de soulager la souffrance, tourneront constamment mal, mais tout homme intelligent peut trouver sans difficulté de vastes domaines dans lesquels la plus grande générosité peut être dépensée avec abondance. fruit.

Les hôpitaux et les institutions analogues destinés à soulager de grandes calamités inévitables et à donner aux malades pauvres les mêmes chances de guérison qu'aux riches, relèvent pour la plupart de cette catégorie. On gaspillera rarement l'argent dépensé pour promouvoir des types de connaissances, d'entreprises ou de recherches qui n'apportent pas de rémunération certaine proportionnelle à leur valeur ; en aidant les jeunes hommes pauvres, compétents et industriels, à développer leurs talents particuliers ; en encourageant sous leurs nombreuses formes différentes l'épargne, l'entraide et la coopération ; en soulageant les souffrances inévitables qui suivent une grande catastrophe sur terre ou sur mer, ou de grandes transitions industrielles, ou de grandes fluctuations et dépressions dans la prospérité de classe ; en donnant les moyens de loisirs sains ou de plaisirs ennoblissants aux habitants d'une ville surpeuplée. Le vaste domaine de l'éducation ouvre des champs infinis pour des dépenses généreuses, et tout homme religieux trouvera des objets qui, aux yeux non seulement des hommes de sa propre conviction, mais aussi de beaucoup d'autres, sont d'une importance transcendante. Ce n'est pas non plus un bon principe que de refuser la charité à toutes les calamités qui sont dues dans une certaine mesure à la faute de celui qui souffre, ou qui auraient pu être évitées par une prévoyance exceptionnelle ou un renoncement à soi-même. Certains économistes écrivent comme s'il fallait s'attendre à un niveau de volonté et de moralité bien plus élevé chez les pauvres et les personnes sans instruction que chez les riches. Le bon sens et le bon sentiment traceront ici facilement la limite, s'abstenant des œuvres de charité qui ont une réelle influence en encourageant l'imprévoyance ou le vice, tout en tenant dûment compte des faiblesses normales de notre nature.

De toutes ces manières, les très riches peuvent trouver de nombreuses occasions de faire preuve de bienveillance utile. C'est la prérogative d'une grande richesse de pouvoir souvent guérir ce que d'autres ne peuvent que pallier et d'établir des sources permanentes de bien qui perdureront longtemps après le décès des donateurs. Lorsqu'ils traitent des cas individuels de détresse, les hommes riches qui n'ont ni le temps ni l'envie d'enquêter sur les circonstances particulières feraient bien de s'appuyer largement sur les recommandations des autres. S'ils choisissent des conseillers dignes de confiance, compétents et sensés, dotés d'autant de jugement qu'ils en font habituellement dans la gestion de leurs affaires privées, ils ne risquent pas de s'égarer. Il n'y a jamais eu d'époque où une plus grande quantité de travail intelligent et désintéressé a été consacrée à un examen minutieux et détaillé de la situation et des besoins des pauvres. Le curé de la paroisse, le visiteur du district, les agents de la Charity Organization Society qui sélectionne chaque année ses cas particuliers de besoin bien constaté, leur fourniront abondamment les connaissances dont ils ont besoin.

L'avantage ou l'inconvénient de la présence dans un pays d'une classe nombreuse d'hommes possédant des fortunes dépassant de loin tout ce qui peut réellement contribuer à leur jouissance est une question qui a grandement divisé les économistes politiques et les moralistes. Les premiers ont longtemps été habitués à soutenir de manière quelque peu exclusive que les lois et les institutions devaient être établies dans le but de favoriser l'accumulation la plus grande possible de richesses, et qu'un système de concurrence sans restriction, associé à des lois égales, donnerait à chacun la sécurité la plus complète dans le monde. la possession et la disposition de ses biens étaient le meilleur moyen d'atteindre ce but. Ils ont insisté avec beaucoup de justesse sur le fait que, même si dans un tel système les inégalités de fortune seraient énormes, la majeure partie de la richesse des très riches serait inévitablement distribuée sous forme de salaires, d'achats et d'entreprises industrielles dans l'ensemble de la communauté, et que, toutes choses égales par ailleurs, le pays le plus riche sera en somme le plus heureux. Ils ont clairement vu l'illusion totale des affirmations courantes selon lesquelles plus il y a de millionnaires dans un pays, plus les pauvres se multiplient et que la société se divise entre les extrêmement riches et les abjectement pauvres. Les grandes communautés industrielles, dans lesquelles se trouvent le plus grand nombre d'hommes très riches, sont aussi les centres où l'on trouve la classe moyenne la plus prospère, et les taux de salaires et de confort les plus élevés et les plus progressifs parmi les pauvres. Une grande corruption existe sans aucun doute sous de nombreuses formes dans ces pays, mais on peut difficilement affirmer avec certitude que le niveau d'intégrité y est globalement plus bas que dans d'autres pays, et qu'ils échappent au moins à ce qui, dans de nombreux pays pauvres, est l'un des La cause la plus féconde de la corruption dans toutes les branches de l'administration est la rémunération insuffisante des serviteurs de la Couronne. Aux yeux des économistes de cette école, la voie de la liberté est la voie de la sagesse, et ils se méfiaient profondément de toute tentative législative visant à restreindre ou à entraver le cours du progrès industriel.

Au sein de notre génération, une tendance quelque peu différente s'est manifestement renforcée. On a dit que les économistes politiques du passé accordaient trop d'attention à l'accumulation et pas assez à la répartition des richesses. Les hommes sont devenus plus sensibles au niveau élevé de bonheur et de bien-être moral atteint dans certains des pays les plus petits et quelque peu stagnants d'Europe, où la richesse est plus généralement obtenue par l'épargne et une industrie stable que par de grandes entreprises industrielles ou commerciales. , dans lequel il y a peu de grandes fortunes mais peu de pauvreté aiguë, un niveau de luxe bas, mais un niveau élevé de confort réel. Les énormes maux qui se sont développés dans les pays riches, sous la forme d'une concurrence excessive, d'un luxe extravagant et souvent vicieux et d'une gestion malhonnête des fonds publics, se font de plus en plus sentir, et il n'est que trop vrai que dans ces pays Dans certains pays, il existe des cercles sociaux vastes et influents dans lesquels toutes les considérations de caractère, d'intellect ou de manières semblent perdues dans une soif intense de richesse et de ce qu'elle peut offrir. Parfois, nous trouvons d'immenses fortunes dans des pays où il y a peu d'entreprises et un très faible niveau de confort parmi la population, et lorsque cela est le cas, cela est généralement dû à des lois inégales ou à une administration corrompue. Dans les communautés libres, démocratiques et industrielles, de grandes fluctuations et disparités de richesse sont inévitables, et certaines des fortunes les plus colossales ont sans aucun doute été réalisées par les mauvaises méthodes que j'ai décrites. Ils ne constituent cependant qu'une minorité, et pas très importante. Comme tous les grands succès de la vie, l'accumulation anormale de richesses est généralement due à la combinaison, dans des proportions différentes, de capacités, de caractère et de chance, et n'est pas entachée de malhonnêteté. Dans l'ensemble, la question qu'il convient de se poser n'est pas de savoir ce qu'un homme possède, mais comment il l'a obtenu et comment il l'utilise. Lorsque la richesse est honnêtement acquise et utilisée sagement et généreusement, plus il y a d'hommes riches dans un pays, mieux c'est.

Il n'y a probablement jamais eu de période dans l'histoire du monde où les conditions de l'industrie, aidées par les grandes découvertes d'or dans plusieurs parties du globe, aient été aussi favorables à la formation d'énormes fortunes qu'aujourd'hui, et où la race des les millionnaires étaient si nombreux. La majorité appartient à la race anglophone ; probablement la plupart de leurs fortunes gigantesques ont été accumulées rapidement et n'apportent avec elles aucune des obligations nécessaires, héréditaires et clairement définies d'un grand propriétaire terrien, tandis qu'une proportion considérable d'entre elles sont tombées entre les mains d'hommes qui, par leur éducation ou leur éducation. premières habitudes, n'ont pas beaucoup de goûts cultivés ou naturellement chers. En Angleterre, beaucoup de nouveaux millionnaires deviennent de grands propriétaires fonciers et créent de grands établissements. En Amérique, où les goûts campagnards sont moins marqués et où les difficultés du service domestique sont très grandes, cela est moins fréquent. Dans les deux pays, le nombre d'hommes possédant d'immenses fortunes, entièrement à leur disposition, a énormément augmenté, et le caractère de leurs dépenses est devenu une question d'une réelle importance nationale.

Une grande partie, sans aucun doute, est consacrée au simple luxe et à l'ostentation, ou à la simple spéculation, ou à la restauration de fortunes anciennes et délabrées grâce aux mariages de rang avec l'argent qui sont si caractéristiques de notre époque ; mais une grande partie est également consacrée à des fins caritatives ou philanthropiques. En cela, comme dans la plupart des choses, les motivations sont souvent très mélangées. Pour des hommes dotés de telles fortunes, de telles dépenses, même sur une grande échelle, ne signifient aucun véritable sacrifice de soi, et les incitations à y parvenir ne sont pas toujours des plus élevées. Pour certains hommes, c'est une question d'ambition — une ambition légitime et utile — que d'obtenir la renommée durable et honorable qui s'attache au fondateur d'un grand établissement philanthropique ou éducatif. D'autres estiment que, en Angleterre du moins, les dépenses philanthropiques importantes constituent l'un des chemins les plus faciles et les plus courts vers la réussite sociale, mettant en relation étroite et fréquente des hommes et des femmes de basse extraction et de mauvaises manières avec les dirigeants reconnus de la société ; tandis que d'autres encore ont découvert que c'est le moyen le plus rapide d'effacer le stigmate qui s'attache encore, dans une certaine mesure, à la richesse acquise par des moyens déshonorants ou douteux. La mode, l'ambition sociale et les rivalités sociales ne sont pas inconnues dans les domaines caritatifs. Il y en a cependant beaucoup dans la philanthropie desquels l'élément de soi n'a pas sa place et dont le seul désir est de dépenser leur argent de manière à pouvoir apporter un bénéfice réel et permanent aux autres.

De tels hommes ont un grand pouvoir et, si leurs dépenses philanthropiques sont judicieusement guidées, elles peuvent être d'un bénéfice incalculable. J'ai déjà indiqué de nombreux canaux dans lesquels il peut circuler en toute sécurité, mais une ou deux indications supplémentaires sur le sujet ne seront peut-être pas inutiles. Peut-être qu'en règle générale, ces hommes découvriront qu'ils peuvent agir plus sagement en renforçant et en élargissant les anciennes œuvres de charité qui sont vraiment bonnes, plutôt qu'en en fondant de nouvelles. La concurrence est l'âme de l'industrie, mais certainement pas de la charité, et il y a en Angleterre un déplorable gaspillage d'argent et de machines par la multiplication excessive des institutions destinées aux mêmes objets. Le genre d'ambition dont je viens de parler tend à inciter les hommes à préférer les nouvelles œuvres caritatives identifiables à leur nom ; les fonctionnaires rémunérés liés aux œuvres caritatives sont devenus une profession nombreuse et puissante, et leur influence est naturellement utilisée dans le même sens ; les nombreux corps religieux du pays refusent souvent de s'unir et chacun désire avoir ses propres institutions ; et il y a des modes dans la charité qui, tout en stimulant grandement la générosité, ont trop souvent pour effet de la détourner des formes plus anciennes et plus discrètes. D'un autre côté, l'un des faits les plus importants de notre situation économique actuelle est qu'un développement extraordinaire et presque sans précédent de la prospérité industrielle a été accompagné d'une dépression agricole extrême et prolongée et d'une forte baisse du taux d'intérêt. La richesse sous de nombreuses formes s'accumule avec une rapidité étonnante, et l'augmentation du taux des salaires diffuse la prospérité parmi les classes ouvrières ; mais ceux qui dépendent directement ou indirectement des rentes agricoles ou des intérêts de l'argent investi dans des titres fiduciaires ont gravement souffert, et ils constituent certaines des classes les plus utiles, irréprochables et méritantes de la communauté. Les mêmes causes qui les ont blessés se sont abattues avec une gravité écrasante sur des institutions de longue date, qui tirent habituellement leurs revenus en grande partie ou entièrement de la location de terres ou de l'argent investi dans les fonds publics. Le cri de détresse amer qui s'élève des hôpitaux et de nombreuses autres œuvres caritatives anciennes, des universités, du clergé de l'Église établie, le prouve abondamment.

Toutefois, la préférence à accorder aux anciennes œuvres de bienfaisance plutôt qu'aux nouvelles est soumise à de très nombreuses exceptions. Cela ne s'applique pas aux nouveaux pays ni aux nombreux cas dans lesquels les changements et le développement de l'industrie ont implanté de vastes agglomérations de population dans des districts qui étaient autrefois peu peuplés et, par conséquent, peu dotés d'institutions de charité ou d'enseignement. Cela ne s'applique pas non plus aux nombreux cas dans lesquels les circonstances de la vie moderne ont fait naître de nouvelles formes de charité, de nouveaux besoins, de nouveaux dangers et de nouveaux maux à combattre, de nouveaux domaines de connaissance à cultiver. L'une des plus grandes difficultés des universités anciennes est de pourvoir, malgré la diminution de leurs dotations, à l'enseignement de branches de la science et du savoir qui n'ont vu le jour, ou du moins n'ont pris de l'importance, que longtemps après la création de ces universités. dont certains nécessitent non seulement des enseignants qualifiés mais aussi des appareils et des laboratoires coûteux. La concurrence internationale croissante et l'élargissement des connaissances scientifiques ont rendu nécessaire un niveau d'enseignement technique et agricole jamais imaginé par nos ancêtres ; et l'essor des grandes villes de province et la plus grande intensité de la vie provinciale et du patriotisme provincial, ainsi que les changements survenus dans la situation des classes ouvrières et moyennes, ont créé une véritable demande d'établissements d'enseignement d'un type différent. des anciennes universités. L'éducation supérieure des femmes est essentiellement une œuvre du XIXe siècle, et elle a été réalisée sans l'aide des anciennes dotations et avec très peu d'aide des parlements modernes. Dans la répartition des fonds publics, une classe qui n'est absolument pas représentée au Parlement obtient rarement sa juste part ; et l'enseignement supérieur, comme la plupart des formes de science, comme la plupart des formes supérieures de littérature et comme de nombreuses formes de recherche utiles, ne pourra jamais être autonome. Il existe de grandes branches du savoir qui, sans dotations établies, doivent rester incultes, ou être cultivées uniquement par des hommes disposant de moyens privés considérables. Certaines agences curatives inestimables, telles que les maisons de convalescence dans différents pays et climats et pour différentes maladies, se sont développées au cours de notre propre génération, ainsi que certaines des formes de recherche médicale les plus fructueuses et certaines des méthodes les plus efficaces pour apporter des changements sains. et de luminosité aux vies les plus monotones et les plus tendues. Chaque grande révolution dans l'industrie, dans la population et même dans le savoir entraîne des besoins nouveaux et spéciaux, et il est des cas où l'émigration assistée est l'une des meilleures formes de charité.

Ce ne sont là que quelques exemples des directions dans lesquelles peuvent aller avec profit les importants excédents de fonds que beaucoup de très riches sont prêts à dépenser à des fins philanthropiques. Il existe à notre époque une tendance marquée et croissante à répondre à toutes les exigences diverses de la société, à mesure qu'elles se présentent, par des aides d'État reposant sur des impôts obligatoires. Dans les pays où les niveaux de fortune sont tels que peu d'hommes disposent de revenus largement supérieurs à leurs besoins réels ou factices, cette méthode sera probablement nécessaire ; mais beaucoup des besoins que j'ai décrits peuvent être mieux satisfaits par la vieille méthode anglaise de générosité privée intelligente, et dans un pays où le nombre des très riches est si grand et si croissant, cette générosité ne devrait pas faire défaut.

NOTE DE BAS DE PAGE:

[67] *Notes sur la vie.*

CHAPITRE XIV

MARIAGE

La belle parole de Newton, selon laquelle il se sentait comme un enfant qui ramassait quelques cailloux au bord du grand océan de la vérité inconnue, pourrait bien venir à l'esprit de tout écrivain qui tente de dire quelque chose sur le vaste sujet du mariage. L'infinie variété des circonstances et des caractères l'affecte de manières infiniment diverses, et tout ce que l'on peut faire ici, c'est de recueillir à son sujet quelques remarques assez isolées et diverses. C'est pourtant un sujet qui ne peut être omis dans un livre comme celui-ci. Dans de nombreux cas, c'est le grand tournant d'une vie, et dans tous les cas, lorsqu'il se produit, c'est l'un des événements les plus importants. Quoi que le mariage puisse faire ou non, il ne laisse jamais un homme inchangé. Son intellect, son caractère, son bonheur, sa façon de voir le monde en seront tous influencés. Si cela ne l'élève pas ou ne le renforce pas, il l'abaissera ou l'affaiblira. Si cela n'approfondit pas le bonheur, cela le détériorera. Elle entraîne des devoirs, des intérêts, des habitudes, des espoirs, des soucis, des peines et des joies qui pénétreront dans toutes les fissures de sa nature et modifieront tout le cours de sa vie.

Il est étrange de penser avec quelle légèreté et avec quel peu de connaissance un contrat si indissoluble et en même temps si important est constamment assumé ; parfois sous l'influence d'une passion aveuglante et à un âge où la vie est encore considérée comme un roman ou une idylle ; parfois par simple ambition et calcul, par désir de richesse, de titre ou de position. Les hommes et les femmes s'appuient sur la force de l'habitude et de la nécessité pour s'adapter à des conditions qu'ils n'ont jamais vraiment comprises ou réalisées.

Dans la plupart des cas, différents motifs se combinent, quoique à des degrés différents. Parfois, une affection irrésistible pour la personne est le motif le plus puissant et éclipse tous les autres. Parfois, le motif principal du mariage est le désir de se marier. Il s'agit d'obtenir un foyer et une position stables ; être soulagé de la « liberté inexplorée » et des « vagues désirs » d'une vie solitaire ; trouver un objet d'affection; acquérir les habitudes stables et l'exemption des soins ménagers qui sont indispensables à une carrière ; perpétuer une course; peut-être pour échapper aux inconforts familiaux, ou pour introduire une influence nouvelle et heureuse dans une famille. À ces motifs s'associe une véritable affection pour une personne particulière, mais elle n'est pas de nature à exclure le choix, le jugement, la comparaison et la considération des avantages du monde.

Swift dit avec sagesse qu'il y aurait moins de mariages malheureux dans le monde si les femmes pensaient moins à fabriquer des filets qu'à fabriquer des cages. Les qualités qui attirent, fascinent et éblouissent sont souvent très différentes de celles qui sont essentielles à un mariage heureux. Parfois, ils y sont nettement hostiles. Le plus souvent, ils y conduisent, mais seulement à un degré inférieur ou subsidiaire. La tournure d'esprit et de caractère qui fait que le flirt accompli n'est certainement pas celle qui augure le mieux pour le bonheur d'une vie conjugale ; et la beauté distinguée, les talents brillants et les qualités héroïques qui jouent un grand rôle dans les affaires de la vie et brillent ostensiblement dans la sphère sociale, sombrent dans une place mineure parmi les éléments du bonheur conjugal. Dans le mariage, l'identification de deux vies est si complète qu'elle met en jeu toutes les facultés et tous les dons, mais à des degrés et dans des proportions très différents de la vie publique ou des rapports et relations occasionnels. Les plus essentiels font souvent défaut dans une vie brillante et sont largement développés dans des vies et des personnages qui s'élèvent peu, voire pas du tout, au-dessus du lieu commun. Selon les mots d'un homme du monde très avisé : « Avant le mariage, la forme, la silhouette, le teint ont tout devant eux ; après le mariage, l'esprit et le caractère réclament inopinément leur part, et celle-là la plus importante. [68]

La relation est l'une des plus intimes et des plus confiantes, et si l'identité d'intérêts entre les deux partenaires n'est pas complète, chacun a un pouvoir presque incommensurable de nuire à l'autre. Une base morale constituée de qualités exceptionnelles est d'une importance capitale. Une nature vraie, honnête et digne de confiance, capable d'abnégation et de retenue, devrait figurer en première ligne, et ensuite un caractère bon, égal et satisfait, un pouvoir de sympathie, une habitude de regarder le meilleur. et le côté le plus brillant des hommes et des choses. Parmi les qualités intellectuelles, le jugement, le tact et l'ordre sont peut-être les plus précieux. Par-dessus presque tout, les hommes devraient rechercher dans le mariage une parfaite santé mentale et redouter tout comme l'hystérie. La beauté continuera à être un délice, quoique avec une puissance bien diminuée, mais la grâce et le charme des manières conserveront jusqu'au bout tout leur attrait. Ils égayent d'innombrables manières les petites choses de la vie, et la vie est principalement composée de petites choses, exposées à de petites frictions et exigeant de petites décisions et de petits sacrifices. De larges intérêts et de grandes appréciations sont, dans la relation conjugale, plus importants que n'importe quel grand talent constructif ou créateur, et le pouvoir d'apaiser, de sympathiser, de conseiller et de supporter, que les plus hautes qualités du héros ou du saint. C'est par eux seuls que la vie conjugale atteint sa pleine mesure de perfection.

'Tu mihi curarum requies, tu nocte vel atrâ

    Lumen, et in solis tu mihi turba locis.' [69]

Mais même si cela est vrai pour tous les mariages, il est évident que différentes professions et circonstances de la vie exigeront des qualités différentes. Un travailleur acharné, ou un homme qui, bien que ne travaillant pas de ses mains, mène une vie de pauvreté et de lutte, ne cherchera pas dans le mariage un type de caractère exactement le même qu'un homme né dans une position élevée. , et qui a d'importantes responsabilités sociales et administratives à remplir. L'épouse d'un ecclésiastique immergé dans les nombreux intérêts d'une paroisse ; l'épouse d'un soldat ou d'un marchand, qui peut devoir vivre dans de nombreux pays, avec de longues périodes de séparation d'avec son mari, et peut-être au milieu de nombreuses difficultés ; l'épouse d'un homme politique actif et ambitieux ; l'épouse d'un professionnel très occupé, sans cesse occupé à l'extérieur de son domicile ; l'épouse d'un homme que sa santé, ses affaires ou ses habitudes retiennent constamment dans sa maison, aura chacune besoin de certaines qualités particulières. Il y a peu de choses dans lesquelles les hommes et les femmes diffèrent naturellement plus que par l'élasticité et l'adaptabilité de leur nature, par leur capacité à supporter la monotonie, par la place que l'habitude, la routine et la variété occupent dans leur bonheur ; et dans différents genres de vie, ces choses ont des degrés d'importance très différents. Des circonstances familiales particulières, telles que des enfants issus d'un précédent mariage, ou des relations difficiles et délicates avec des membres de la famille d'un des partenaires, nécessiteront l'exercice de qualités particulières. De telles relations, en effet, constituent souvent l'une des épreuves les plus approfondies et les plus sévères des qualités remarquables du caractère féminin.

Il est probable que, dans l'ensemble, la meilleure présomption d'un choix réussi en matière de mariage se trouvera lorsque la femme n'a pas été éduquée dans des circonstances ou des idées absolument différentes de celles de sa vie conjugale. Les mariages de races ou de couleurs différentes sont rarement heureux, et la même chose est vraie des mariages entre personnes de niveaux sociaux si différents qu'ils entraînent de grandes différences de manières et d'habitudes. D'autres et mineures disparités de circonstances entre la vie des filles et la vie conjugale auront leur effet, mais elles sont moins fortes et moins invariables. Certains des mariages les plus heureux ont été des mariages d'émancipation, qui éloignaient une jeune fille d'un environnement familial peu agréable et la plaçaient pour la première fois dans une atmosphère intellectuelle et morale dans laquelle elle pouvait respirer librement. En même temps, dans le choix d'une épouse, le caractère, les circonstances, les habitudes et le ton de la famille dans laquelle elle a été élevée seront toujours un élément important. Il y a des qualités de race, il y a des pedigrees de caractère qu'il n'est jamais prudent de négliger. Franklin cite avec approbation le conseil d'un homme sage de choisir une épouse « parmi un groupe », car les filles élevées ensemble s'améliorent mutuellement par l'émulation, apprennent l'abnégation et la tolérance mutuelles, déteignent leurs angles et ne sont pas laissées pour compte. développer une vanité excessive. Une famille où le goût dominant est vulgaire, où le niveau d'honneur est bas, où l'extravagance, l'auto-indulgence et le manque d'ordre prédominent habituellement, crée une atmosphère à laquelle elle a besoin d'un caractère fort pour échapper. Il y a aussi la grande question de la santé physique. L'homme doit chercher dans le mariage à élever plutôt qu'à abaisser le niveau physique de sa famille, et surtout à ne pas y introduire de maladies héréditaires graves et bien constatées. De toutes les formes d'abnégation, aucune n'est à la fois aussi clairement juste et aussi utile que le célibat de ceux qui sont entachés d'une telle maladie.

Il n'y a pas de sujet sur lequel les enseignants religieux se sont davantage attardés que sur le mariage et les relations entre les sexes, et on a continuellement soutenu que la reproduction des enfants en était la première fin. Il est cependant étrange de constater à quel point, dans l'éthique populaire de la chrétienté, des considérations telles que celles que j'ai mentionnées en dernier lieu ont été négligées. Si l'une des choses les plus responsables qu'un homme puisse faire est de mettre au monde un être humain, l'un de ses premiers et plus évidents devoirs est de faire tout ce qu'il peut pour garantir qu'il vienne au monde avec un corps sain et sain. un esprit sain. C'est le meilleur héritage que les parents puissent laisser à leurs enfants, et il est dans une large mesure à leur portée. Le mariage immature, la procréation excessive, les mariages entre parents proches et, surtout, les mariages avec quelque grave maladie physique ou mentale héréditaire ou quelque grand défaut naturel, peuvent apporter le bonheur aux parents, mais ne peuvent guère manquer d'entraîner une terrible pénalité pour les parents. leurs enfants. Il est clairement reconnu que l'un des premiers devoirs des parents envers leurs enfants est de leur assurer dès le début de leur vie non seulement une bonne éducation, mais aussi, dans la mesure de leurs moyens, les conditions d'un être sain. Mais ce devoir remonte à un stade antérieur et, dans le mariage, les perspectives de l'enfant à naître ne doivent jamais être oubliées. C'est là une des considérations qui, dans l'éthique du futur, occuperont probablement une place totalement différente de celles qu'elle a occupées dans le passé.

Une considération similaire, non moins importante et presque également négligée dans l'enseignement populaire, est que mettre au monde des enfants sans perspective de pouvoir subvenir à leurs besoins constitue une offense morale. Il est difficile d'exagérer à quel point la négligence de ces deux devoirs a contribué à la dégradation et au malheur du monde.

L'importance beaucoup plus grande que la théorie darwinienne a accordée à l'hérédité devrait tendre à rendre les hommes plus sensibles au premier de ces devoirs. Dans le mariage, il n'y a pas seulement des devoirs réciproques entre les deux partenaires ; il y a aussi, plus que dans tout autre acte de la vie, des devoirs évidents envers la race. Le caractère héréditaire de la folie et de certaines formes de maladies est une vérité incontestable. La transmission héréditaire du caractère n'a pas encore, il est vrai, acquis cette position ; et il existe un grave schisme sur ce sujet au sein de l'école darwinienne. Mais peu d'observateurs attentifs peuvent douter de son existence dans une certaine mesure, et il est très probable qu'il s'agisse de l'une des influences modelantes les plus puissantes de la vie. Aucune explication plus probable n'a encore été donnée sur la manière dont la nature humaine a été construite et sur les divers instincts et goûts avec lesquels nous sommes nés, que la doctrine selon laquelle les habitudes, les modes de pensée et de sentiment sont produits et produits par les circonstances. dans les générations précédentes, sont progressivement devenues innées dans la race et se manifestent spontanément et instinctivement et tout à fait indépendamment des circonstances qui les ont produites à l'origine. Selon cette théorie, le même processus se poursuit continuellement. L'homme est lentement sorti d'une condition dégradée et bestiale. La pression de circonstances qui durent depuis longtemps l'a façonné selon son type particulier ; mais de nouveaux sentiments et habitudes, ou des modifications d'anciens sentiments et habitudes, passent constamment non seulement dans sa vie mais dans sa nature, y prenant racine et, dans une certaine mesure au moins, se reproduisant par la force de l'hérédité dans la disposition innée de son être. progéniture. Si cela est vrai, cela donne une importance nouvelle et terrible à la fois au devoir de culture personnelle et au devoir de sage sélection dans le mariage. Cela signifie que les enfants sont susceptibles d'être influencés non seulement par ce que nous faisons et par ce que nous disons, mais aussi par ce que nous sommes, et que le caractère des parents, à des degrés et dans des combinaisons variés, descendra même jusqu'à une postérité lointaine.

Elle jette une lumière non moins terrible sur les erreurs de calcul du passé. Dans cette hypothèse, comme M. Galton l'a montré avec justesse, il n'est guère possible d'exagérer le mal qui a été causé au monde par la glorification religieuse du célibat et par l'énorme développement et encouragement de la vie monastique. Génération après génération, siècle après siècle, et sur toute la surface de la chrétienté, cette conception de la religion a entraîné dans un célibat stérile presque tous ceux qui étaient les plus doux, les plus désintéressés, les plus sérieux, les plus studieux et les plus religieux, les plus sensibles aux idées morales et intellectuelles. leur enthousiasme, et les a ainsi empêchés de transmettre à la postérité les qualités mêmes qui sont les plus nécessaires au bonheur et au progrès moral de la race. Chaque fois que le bien et le mal résultant de différents systèmes religieux sont jugés de manière impartiale, cette considération risque de peser lourdement dans la balance.
[70]

En revenant cependant au domaine plus restreint des mariages particuliers, on peut observer que même si une confiance totale et, dans un sens, une identification complète des intérêts, sont les caractéristiques d'un mariage parfait, cela n'implique en aucun cas que l'un des partenaires devrait être une sorte de double de l'autre. La femme n'est pas simplement un homme plus faible ; et les mariages les plus heureux sont souvent ceux dans lesquels, par les goûts, le caractère et les qualités intellectuelles, la femme est plutôt le complément que le reflet de son mari. Dans les choses intellectuelles, cela se manifeste constamment. L'intellect purement pratique et prosaïque s'unit à un intellect fortement teinté de poésie et de romantisme ; l'homme dont la force réside dans les faits, avec la femme dont la force réside dans les idées ; l'homme qui est entièrement absorbé par la science ou la politique ou les problèmes et activités économiques ou industriels, avec une femme qui possède le talent ou au moins le tempérament d'un artiste ou d'un musicien. Dans de tels cas, l'un des partenaires apporte des sympathies ou des qualités, des goûts ou des appréciations ou des types de connaissances dans lesquels l'autre est le plus défectueux ; et par le contact étroit et constant de deux types différents, chacun est, souvent insensiblement, mais généralement très efficace, amélioré. Les hommes diffèrent considérablement dans leurs exigences en matière de sympathie intellectuelle. Un environnement intellectuel parfaitement banal fera généralement quelque chose pour retarder ou diminuer une belle intelligence, mais il ne s'ensuit en aucun cas que chaque homme trouve que la meilleure atmosphère intellectuelle est celle qui est la plus en harmonie avec son propre talent particulier.

Pour beaucoup, le dur travail intellectuel est une chose éminemment isolée, et ce qu'ils désirent le plus dans le cercle familial, c'est d'en oublier toute pensée. J'ai connu deux hommes qui étaient au premier rang de la science, des amis intimes, et tous deux d'un caractère très domestique. L'un d'eux avait l'habitude d'accomplir presque tous ses travaux en présence de sa femme et en coopération la plus étroite possible avec elle. L'autre se félicitait qu'aucun membre de sa famille n'ait ses propres goûts scientifiques et qu'en quittant son travail et en entrant dans son cercle familial, il avait le reste de se retrouver dans une atmosphère tout à fait différente. Certains hommes de lettres ont besoin dans leur travail de stimulations, d'intérêt et de sympathie constantes. D'autres désirent seulement développer leur talent sans contrôle, sans influence ni perturbation, et dans une atmosphère de calme et de joie autour d'eux.

Ce qui est vrai de l'intellect l'est aussi, dans une large mesure, du caractère. Deux personnes vivant constamment ensemble devraient avoir de nombreux goûts et sympathies en commun, et leurs caractères auront dans la plupart des cas tendance à s'assimiler. Pourtant, de grandes disparités de caractère peuvent subsister dans le mariage, non seulement sans mal, mais souvent avec de grands avantages. C'est particulièrement le cas lorsque chacun fournit ce dont l'autre a le plus besoin. Certaines natures nécessitent des sédatifs et d'autres des toniques ; et on constatera souvent dans un mariage heureux que l'union de deux natures dissemblables stimule les oisifs et les inertes, modère les impétueux, donne la générosité aux parcimonieux et l'ordre aux extravagants, donne l'esprit de prudence ou l'esprit d'entreprise qui est le plus nécessaire, et corrige, par le contact avec une nature saine et joyeuse, le morbide et le décourageant.

Le mariage peut aussi très facilement avoir des effets opposés. Il n'est pas rare qu'elle soit fondée sur la sympathie d'une faiblesse commune, et lorsque tel est le cas, elle ne peut guère manquer d'aggraver le défaut. Dans l'ensemble, les femmes, dans certaines des formes de force les plus précieuses – dans le pouvoir de l'endurance et dans le pouvoir de la persévérance – sont au moins les égales des hommes. Mais des nerfs faibles et tremblants, une sensibilité excessive et une part exagérée d'impulsion et d'émotion sont indissolublement associés à certains charmes, tant dans les manières que dans le caractère, qui sont intensément féminins et pour beaucoup d'hommes intensément attirants. Lorsqu'une telle nature est mariée à un homme faible ou découragé, le résultat sera rarement le bonheur pour l'une ou l'autre des parties, mais avec un homme fort, de tels mariages sont souvent très heureux. La force peut se marier avec la faiblesse ou avec la force, mais la faiblesse doit se garder de s'accoupler avec la faiblesse. Il a besoin du chêne pour soutenir impunément le lierre, et nombreux sont ceux qui trouvent le contact constant d'une nature heureuse et gaie comme le premier essentiel de leur bonheur.

De même qu'il n'est ni sage ni juste que l'un ou l'autre des partenaires du mariage perde son individualité, il est également juste que chacun ait une sphère d'autorité indépendante. On suppose, bien sûr, qu'il existe une confiance parfaite qui devrait être la première condition du mariage et aussi un jugement raisonnable. De nombreux mariages ont été définitivement gâchés parce que la femme n'a pas eu d'indépendance en matière financière et est obligée de s'adresser à son mari pour chaque petite chose. En général, moins le mari se mêle des affaires domestiques, ou la femme des affaires professionnelles, mieux c'est. L'éducation des très jeunes enfants des deux sexes et des filles d'âge mûr incombera presque exclusivement à la femme. L'éducation des garçons sortis de l'enfance sera plutôt régie par le jugement de l'homme. Beaucoup de choses seront réglées en commun ; mais les plus grands intérêts de la famille reviennent généralement principalement à l'un des partenaires, les plus petits et les plus nombreux à l'autre.

Mais dans ces domaines, les généralisations ont peu de valeur, car les exceptions sont très nombreuses. Les différences de caractère, d'âge, d'expérience et de jugement, ainsi que d'innombrables circonstances spéciales, modifieront le type de famille, et c'est dans la découverte de ces différences que consiste principalement la sagesse dans le mariage. Les directions dans lesquelles la vie conjugale peut influencer le caractère sont également très nombreuses ; mais dans le grand nombre de cas où cela entraîne un grand poids de soucis domestiques et d'intérêts familiaux, on le trouvera généralement chez les deux partenaires, mais surtout chez la femme, à la fois pour renforcer et pour restreindre le désintéressement. Elle vivra très peu pour elle, mais très exclusivement pour sa famille. Du point de vue intellectuel, de tels mariages donnent généralement un jugement plus sûr et une connaissance du monde plus large que des goûts purement intellectuels. Il est bon que l'éducation qui précède le mariage non seulement prépare aux devoirs de la vie conjugale, mais fournisse aussi une part équitable des intérêts et des goûts que cet état tendra probablement à affaiblir. La dure bataille de la vie, ainsi que les angoisses et les chagrins qu'une famille manque rarement d'apporter, donneront naturellement une profondeur et un sérieux accrus au caractère. Il y a cependant des natures qui, bien qu'elles ne soient entachées d'aucun vice grave, sont si incurablement frivoles que même cette éducation ne parviendra pas à les influencer. Comme le dit Emerson : « Une mouche est aussi indomptable qu'une hyène. »

L'âge le plus approprié pour se marier est également une question qui dépendra largement des circonstances individuelles. Les anciens, comme on le sait, le plaçaient très en arrière, dans le cas de l'homme, et ils désiraient une grande différence d'âge entre l'homme et la femme. Platon fixait entre trente et trente-cinq ans, et Aristote, trente-sept ans, comme l'âge idéal pour se marier, alors qu'ils voulaient marier les filles à dix-huit ou vingt ans. [71] À leur avis, cependant, le mariage était considéré très exclusivement du côté de l'homme et de l'État. Ils y voyaient surtout le moyen de produire des citoyens sains, et c'était à leurs yeux presque entièrement dissocié de la passion de l'amour. Montaigne, dans un de ses essais, a exposé cette vue avec le cynisme le plus franc. [72] Pourtant, peu de choses sont aussi importantes dans le mariage que le fait que l'homme y apporte la fraîcheur et la pureté d'une nature non éprouvée, et que la poésie et l'enthousiasme primitifs de la vie se mêlent au moins dans une certaine mesure à l'état conjugal. Il n'est pas non plus souhaitable qu'une relation dans laquelle la formation d'habitudes joue un si grand rôle soit différée jusqu'à ce que le caractère ait perdu sa souplesse et que les habitudes se soient irrémédiablement durcies.

D'un autre côté, il existe des arguments invincibles contre les mariages contractés à un âge où aucun des deux partenaires n'a de réelle connaissance du monde et des hommes. Trop souvent, elles impliquent de nombreuses illusions et laissent de nombreux regrets. Certains types de connaissances, comme celles que procurent les voyages prolongés, s'acquièrent beaucoup plus facilement avant qu'après le mariage. Habituellement, les mariages très précoces sont des mariages imprévoyants, conclus sans suffisamment de dispositions pour les enfants, et souvent ce sont des mariages immatures, entraînant de graves maux physiques. Dans les cas où une grande place ou une position importante doit être héritée, il est rarement une bonne chose que l'intervalle d'âge entre le propriétaire et son héritier soit si petit que l'héritage sera probablement différé jusqu'aux limites de la vieillesse.

Les mariages contractés au cours du déclin de la vie se distinguent quelque peu des autres et sont régis par d'autres motifs. Ce que les hommes recherchent avant tout en eux, c'est une main qui les guidera doucement vers la dernière descente de la vie.

Sur ce point, comme sur la plupart des sujets liés au mariage, aucune règle générale ou inflexible ne peut être posée. Les moralistes se sont surtout étendus sur les dangers des mariages différés ; économistes sur les méfaits des mariages imprévoyants. Les circonstances et les dispositions de chaque homme doivent déterminer sa conduite. Dans l'ensemble, cependant, dans la plupart des pays civilisés, les tendances dominantes vont dans le sens d'un report accru du mariage. Chez les riches, le niveau plus élevé de luxe et d'exigences, le confort de la vie en club et aussi, je pense, la place diminuée que l'émotion prend dans la vie, tout cela conduit à cela, tandis que la propagation de la prévoyance et des habitudes industrielles parmi les pauvres. a la même tendance.

Une plume féminine est tellement plus compétente qu'une plume masculine pour traiter du mariage du point de vue de la femme que je n'essaie pas d'entrer dans ce domaine. Il est cependant impossible de négliger la tendance marquée de la civilisation du XIXe siècle à donner aux femmes, mariées ou non, un degré d'indépendance et d'autonomie bien supérieur à celui du passé. La législation de la plupart des pays civilisés leur a accordé une pleine protection de leurs biens et de leurs revenus, des droits accrus de tutelle sur leurs enfants, un accès plus large à la vie professionnelle et même une voix très considérable dans la gestion des affaires publiques ; et ces influences ont été renforcées par une grande amélioration de l'éducation des femmes et par un changement dans le ton social qui a considérablement étendu leur latitude d'action indépendante. Pour ma part, je n'ai aucun doute que ce mouvement est, dans l'ensemble, bénéfique, non seulement à ceux qui doivent mener un combat solitaire dans la vie, mais aussi à ceux qui sont en état de mariage. Des intérêts plus larges, des sympathies plus larges, un jugement plus discipliné et un plus grand pouvoir d'indépendance et de maîtrise de soi l'accompagnent naturellement ; et ces choses ne peuvent jamais être entièrement gaspillées. Ils seront souvent appelés à l'exercice actif par les nombreuses vicissitudes de la vie conjugale. Ils seront peut-être encore plus nécessaires lorsque les liens humains les plus étroits seront rompus par le grand divorce de la mort.

NOTES DE BAS DE PAGE :

[68] *Documents de Melbourne* , p. 72.

[69] Tibulle.

[70] *Le génie héréditaire* de Galton , pp. 357-8. D'un autre côté, on peut soutenir que les monastères ont condamné au célibat une grande partie des natures physiques les plus faibles, qui autrement auraient laissé derrière eux des enfants malades. Ceci, ainsi que la mortalité beaucoup plus grande des enfants faibles, ont dû renforcer la race à une époque où la science sanitaire était inconnue et où les conditions extérieures étaient très défavorables.

[71] *République* , Livre V. *Politique* , Livre VII.

[72] *Livre* III. Ch. 5.

CHAPITRE XV

SUCCÈS

L'une des leçons les plus importantes que l'expérience enseigne est que, dans l'ensemble et dans la grande majorité des cas, le succès dans la vie dépend davantage du caractère que de l'intellect ou de la fortune. De nombreuses exceptions brillantes tendent sans doute à obscurcir la règle, et quelques-unes des qualités de caractère qui réussissent le mieux peuvent s'unir à de graves vices ou défauts ; mais dans l'ensemble, cette loi ne peut être remise en question, et elle devient de plus en plus apparente à mesure que la civilisation progresse. La tempérance, l'industrie, l'intégrité, la frugalité, l'autonomie et la maîtrise de soi sont les moyens par lesquels les grandes masses d'hommes s'élèvent de la pauvreté au confort, et ce sont les nations dans lesquelles ces qualités sont les plus répandues qui, à long terme, sont les plus prospères. Le hasard et les circonstances peuvent faire beaucoup. Un climat heureux, une annexion heureuse, des vicissitudes favorables dans le cours du commerce peuvent grandement influencer la prospérité des nations ; l'anarchie, l'agitation, les lois injustes et les entreprises frauduleuses peuvent offrir de nombreuses opportunités de gains individuels ou même de classe ; mais en fin de compte on constatera que les nations dans lesquelles les solides vertus industrielles sont les plus répandues et les plus respectées surpassent toutes les autres dans la course. La base morale du caractère était le véritable fondement de la grandeur de la Rome antique, et lorsque ce fondement fut sapé, la période de sa décadence commença. Les qualités solides, parcimoneuses et industrieuses de la paysannerie française ont donné à son pays la force de récupération qui a permis à sa grandeur de survivre aux innombrables folies et extravagances de ses dirigeants.

Le caractère, peut-on ajouter, est particulièrement prééminent dans les types et les degrés de réussite qui affectent le plus grand nombre d'hommes et influencent le plus largement leur bonheur réel - dans le succès qui assure un haut niveau de confort matériel ; ce qui rend la vie domestique stable et heureuse ; qui gagne à un homme le respect et la confiance de ses voisins. Si nous avons des exemples mélancoliques où des qualités très différentes obtiennent souvent de splendides récompenses, il n'en reste pas moins vrai qu'il y a peu de domaines dans la vie où un caractère qui inspire une confiance totale ne soit pas un élément déterminant du succès.

Dans les voies de l'ambition qui ne peuvent être suivies que par quelques-uns, les qualités intellectuelles jouent un rôle plus important, et il existe, bien entendu, de nombreuses œuvres de génie qui sont par nature essentiellement intellectuelles. Pourtant, même les succès les plus splendides de la vie s'avèrent souvent être dus beaucoup moins à des dons intellectuels extraordinaires qu'à une force et une ténacité extraordinaires de volonté, au courage, à la persévérance et à la puissance de travail anormaux qui en découlent, ou à la le tact et le jugement qui rendent les hommes habiles à saisir les opportunités et qui, de toutes les qualités intellectuelles, sont les plus étroitement liés au caractère.

La force de volonté et le tact ne sont pas nécessairement, ni peut-être généralement, conjoints, et souvent la première semble quelque peu nuire à la seconde. La forte passion, l'intense conviction, la nature autoritaire et impérieuse surmontant les obstacles et défiant l'opposition, qui s'accompagnent souvent d'une volonté d'une force anormale, ne s'harmonisent pas naturellement avec la réticence d'expression, la délicatesse du toucher et de la gestion qui caractérisent un homme qui possède à un haut degré le don du tact. Il y a des circonstances et des moments où chacune de ces deux choses est plus importante que l'autre, et le succès de chaque homme dépendra principalement de l'adéquation de son don particulier au travail qu'il a à accomplir. « Le pilote audacieux dans les extrémités » n'est souvent en aucun cas le meilleur navigateur dans une mer calme ; et des hommes qui se sont montrés suprêmement grands dans des moments de crise et de danger épouvantable, qui ont bâti de puissantes nations, soumis des tribus sauvages, guidé la barque de l'État avec habileté et courage au milieu des tempêtes de la révolution ou de la guerre civile et qui ont écrit leurs noms. dans des lettres indélébiles sur la page de l'histoire, se sont parfois révélés bien moins efficaces que des hommes aux pouvoirs inférieurs dans l'art de diriger des assemblées, de satisfaire des intérêts rivaux ou d'apaiser par de judicieux compromis de vieilles haines et de vieux préjugés. Nous avons eu au moins un exemple frappant de la différence entre ces deux types de nos jours, dans la vie du grand fondateur de l'unité allemande.

Parfois cependant, des hommes doués d'une grande force de volonté et d'une grande détermination possèdent aussi à un haut degré le don du tact ; et lorsque cela est combiné avec la solidité du jugement, cela conduit généralement à une réussite dans la vie sans commune mesure avec leurs qualités purement intellectuelles. Dans presque tous les postes administratifs, dans tous les nombreux domaines de travail où la tâche de l'homme est de gouverner, de gérer ou d'influencer les autres, d'ajuster ou d'harmoniser les antagonismes de race, d'intérêts ou de préjugés, de mener à bien des affaires difficiles sans friction et par des moyens habiles. coopération, cette combinaison de dons est extrêmement précieuse. Cela vaut bien plus que le génie, l'éloquence ou l'originalité. Je me souviens du commentaire d'un bon juge d'hommes sur l'administration d'un grand gouverneur qui était avant tout remarquable par cette combinaison. "Il a toujours semblé comprendre son point de vue, mais il n'a jamais semblé être en antagonisme avec qui que ce soit." La pression constante d'une volonté ferme et cohérente était à peine ressentie lorsqu'elle était accompagnée par la reconnaissance immédiate de tout ce qu'il y avait de bon dans l'argumentation d'autrui, et par un charme de manières et d'humeur qui manquait rarement de désarmer l'opposition et de gagner l'affection personnelle. .

La combinaison de qualités qui, même si elles ne sont pas absolument incompatibles, sont très souvent déconnectées, est le secret de nombreuses vies réussies. Ainsi, pour prendre l'une des qualités les plus simples, mais aussi les plus utiles et les plus agréables de toutes, la bonté, on constatera trop souvent que lorsqu'elle est le trait marqué et principal d'un caractère, elle est accompagnée de quelques manque de fermeté, d'énergie et de jugement. Parfois, cependant, ce n'est pas le cas et il existe alors peu d'éléments de réussite plus importants. Il est curieux d'observer la sympathie subtile et magnétique par laquelle les hommes ressentent si leur prochain est un juge dur ou un bon juge des autres, et comment généralement ceux qui jugent durement sont eux-mêmes durement jugés, tandis que ceux qui jugent les autres plutôt sur leurs mérites que sur leurs mérites. leurs défauts, et peut-être un peu au-dessus de leurs mérites, gagnent en popularité.

Personne, en effet, ne peut manquer de remarquer l'effet de la bonhomie pour concilier les oppositions, assurer l'attachement, aplanir les diverses voies de la vie et, il faut l'ajouter, cacher les fautes graves. Les laxismes de conduite qui pourraient nuire à la réputation d'un homme ou d'une femme sont constamment oubliés, ou du moins pardonnés, chez ceux qui mènent une vie de bonne humeur et de tact, et aux yeux du monde, cette qualité est plus valorisée que d'autres. d'une valeur bien plus élevée et plus solide. Il n'est pas rare, par exemple, de voir dans la société une femme qui vit entièrement ou presque uniquement pour ses plaisirs, qui n'a pas de but élevé dans la vie, aucun sens réel du devoir, aucune capacité de sacrifice de soi authentique et sérieux, mais qui en même temps ne dit jamais rien de méchant à l'égard de ses voisins, n'impose aucune norme de conduite sévère ni pour elle-même ni pour les autres, et par une amabilité innée de tempérament s'efforce, avec succès et sans effort, de rendre tout autour d'elle joyeux et joyeux. heureux. Elle sera probablement plus admirée, elle sera presque certainement plus populaire, que son voisin dont toute la vie est une vie d'abnégation pour le bien des autres, qui sacrifie à ses devoirs ses plaisirs les plus chers, son temps, son argent et sa vie. talents, mais qui, par quelque mauvais tour d'humeur, fortifié peut-être par une éducation étroite et austère, est un juge sévère et censuré des faiblesses de ses semblables.

Il est également curieux d'observer combien de fois, lorsque le don salvateur du tact fait défaut, les brillants, les spirituels, les ambitieux et les énergiques sont dépassés dans la course à la vie par des hommes qui, en qualités intellectuelles, leur sont grandement inférieurs. Ils éblouissent, agitent, influencent dans une certaine mesure, et gagnent facilement des places au second rang ; mais quelque chose dans l'exercice même de leurs talents les entrave continuellement, tandis que le jugement, le tact et la bonne nature, avec relativement peu d'éclat, prennent tranquillement et discrètement le gouvernail. Il y a l'excellent causeur qui, par ses talents et ses connaissances, est éminemment apte à ravir et à instruire, mais il est si incapable de réprimer une plaisanterie inconvenante ou un sarcasme pointu ou un paradoxe humoristique qu'il laisse continuellement une piqûre derrière lui. se crée des ennemis, détruit sa réputation de sobriété de pensée et se rend impossible aux postes d'administration et de confiance. Il y a le président du Parlement qui, au milieu des applaudissements, poursuit son adversaire avec des invectives cinglantes ou des ridicules impitoyables, et qui sans cesse accumule les animosités contre lui-même, fermant la porte aux combinaisons qui seraient toutes importantes pour sa carrière et détruisant son chances de diriger le parti. Il y a l'avocat qui peut exposer sa cause avec une puissance consommée, mais qui, par une manière agressive ou un mépris trop évident pour son adversaire, ou par l'exagération d'une bonne cause, jette habituellement l'esprit de ses auditeurs dans une attitude d'opposition. Il y a de nombreux hommes qui, par légèreté intempestive ou trop fréquente, perdent tout crédit pour leurs qualités sérieuses, ou qui, par prétention, affirmation de soi ou efforts incessants pour se distinguer, se font détester universellement, ou qui, par leur égoïsme ou leur leurs répétitions ou leur persistance, ou leur incapacité à distinguer l'essentiel des détails, ou à comprendre les dispositions des autres, ou à apprécier les temps et les saisons, rendent leurs auditeurs fatigués et exaspérés aveugles aux mérites les plus substantiels. Par des défauts de tact, les hommes d'opinions vraiment modérées acquièrent la réputation d'extrémistes ; les hommes de nature essentiellement bienveillante sèment l'animosité partout où ils vont ; les hommes véritablement patriotes sont considérés comme de simples bouffons ou des joueurs de parti ; les hommes qui possèdent de grands talents et qui ont rendu de grands services au monde sombrent dans un ennui invétéré et n'obtiennent jamais de leurs contemporains la dîme du succès qui leur est dû. Le tact ne se résume pas simplement à dire la bonne chose au bon moment et aux bonnes personnes ; cela se manifeste tout autant dans les nombreuses choses qui restent non dites et apparemment inaperçues, ou qui ne sont touchées que de manière légère et évasive.

Ce n'est certainement pas la plus haute des dotations humaines, mais c'est certainement l'une des plus précieuses, car c'est celle qui permet principalement à un homme d'utiliser ses autres dons à profit, et qui remplace le plus efficacement ceux qui manquent. . Il se situe à la frontière du caractère et de l'intellect. Cela implique de la retenue, un bon caractère, une sympathie rapide et bienveillante avec les sentiments des autres. Cela implique également la perception des nuances les plus fines du caractère et de l'expression, le don intellectuel qui permet à un homme de se mettre en contact avec de grandes variétés de dispositions et de saisir ces notes de sentiment plus délicates auxquelles une nature plus grossière est insensible.

Il est peut-être dans la plupart des cas plus développé chez les femmes que chez les hommes, et n'implique pas nécessairement un autre don remarquable. On le rencontre parfois aussi bien chez des hommes que chez des femmes ayant des capacités intellectuelles générales très faibles ; et dans de nombreux cas, elle ne sert qu'à ajouter au charme de la vie privée et à assurer la réussite sociale. Lorsqu'elle est unie à des talents réels, elle permet non seulement à son possesseur d'utiliser ces talents avec le plus grand avantage ; cela amène aussi souvent ceux qui l'entourent à grossir considérablement leur montant. La présence ou l'absence de ce don est l'une des principales causes pour lesquelles la valeur relative des différents hommes est souvent jugée si différemment par les contemporains et par la postérité ; par ceux qui sont entrés en contact personnel direct avec eux, par ceux qui les jugent de l'extérieur, et par les larges résultats de leur vie. Le vrai tact, comme les bonnes manières, est ou devient une chose spontanée et naturelle. L'homme aux manières parfaitement raffinées n'observe pas consciemment et délibérément à chaque occasion les courtoisies et les commodités de la bonne société. Elles sont devenues pour lui une seconde nature, et il les observe comme par une sorte d' instinct, sans réflexion ni effort. De la même manière, le véritable tact est tout autre chose que les tentatives élaborées et artificielles de concilier et d'attirer que l'on voit souvent et qui entraînent généralement avec elles une impression de manœuvre et de manque de sincérité.

Bien qu'on puisse le trouver chez des hommes de caractères et de degrés d'intelligence très différents, le tact a ses affinités naturelles. Cherchant au-delà de toutes choses à éviter les frictions inutiles, et donc avec une forte tendance au compromis, il ne s'accompagne généralement ni naturellement d'intenses convictions, de forts enthousiasmes, d'un tempérament ardemment impulsif ou émotif. On ne le trouve pas non plus couramment parmi les hommes au génie profond et concentré, intensément absorbés par un sujet spécial. De tels hommes sont souvent parmi les moins observateurs des aspects sociaux de la vie et de très mauvais juges de caractère, bien qu'on trouve fréquemment parmi eux un manque de mondanité et une simplicité de nature presque enfantines, et une modération essentielle de tempérament qui, combinée avec leur la supériorité de l'intellect leur donne un charme qui leur est particulier. Le tact, cependant, a une affinité naturelle avec un caractère calme, équitable et bon enfant. Il s'allie à un sens rapide de l'opportunité, de la proportion et du degré ; avec le pouvoir de distinguer facilement et véritablement entre l'essentiel et le sans importance ; avec cette solidité de jugement qui non seulement guide les hommes dans les divers événements de la vie et dans leur appréciation de ceux qui les entourent, mais leur permet aussi de prendre une vraie mesure de leurs propres capacités, des tâches qui leur sont les plus propres, des objets d'ambition qui sont et ne sont pas à leur portée.

Bien que, dans ses degrés supérieurs, ce don soit essentiellement un don naturel, et qu'il soit parfois remarquable chez des hommes parfaitement incultes, il peut être largement cultivé et amélioré ; et à cet égard, l'éducation d'une bonne société est particulièrement précieuse. Une telle éducation, quoi qu'elle puisse faire, supprime au moins de nombreuses notes discordantes du rythme de la vie. Elle tend à corriger les fautes de manières, de comportement ou de prononciation qui nuisent aux hommes à un degré tout à fait disproportionné par rapport à leur importance réelle, et sur lesquelles, ce n'est guère trop dire, se forment principalement les jugements occasionnels du monde ; et cela favorise également les qualités morales qui sont essentiellement de la nature du tact.

On ne peut guère avoir une meilleure image d'un homme vraiment plein de tact que dans quelques phrases tirées des pages admirables dans lesquelles le cardinal Newman a peint le caractère du parfait gentleman.

"C'est presque une définition d'un gentleman de dire qu'il est celui qui n'inflige jamais de douleur... Il évite soigneusement tout ce qui pourrait provoquer un choc ou une secousse dans l'esprit de ceux avec qui il est choisi - tout conflit d'opinion ou collision". de sentiment, toute retenue ou suspicion ou tristesse ou ressentiment; son grand souci étant de mettre chacun à l'aise et comme chez lui. Il a les yeux rivés sur toute sa compagnie ; il est tendre envers les timides, doux envers les lointains et miséricordieux envers l'absurde ; il peut se rappeler à qui il s'adresse ; il se met en garde contre les allusions déraisonnables ou les sujets qui pourraient irriter ; il occupe rarement une place importante dans la conversation et n'est jamais ennuyeux. Il se moque des faveurs lorsqu'il les rend et semble recevoir lorsqu'il discute. Il ne parle jamais de lui que lorsqu'il y est contraint, ne se défend jamais par une simple réplique ; il n'a pas l'oreille pour les calomnies ou les commérages, il impute scrupuleusement des motifs à ceux qui interfèrent avec lui et interprète tout pour le mieux. Il n'est jamais mesquin ni petit dans ses disputes, ne profite jamais d'un avantage injuste, ne prend jamais des personnalités ou des paroles acerbes pour des arguments, ni n'insinue du mal qu'il n'ose pas dire.... Il a trop de bon sens pour se laisser offenser par une insulte ; il est trop occupé pour se souvenir des blessures, et trop indolent pour supporter la méchanceté... S'il s'engage dans une controverse de quelque nature que ce soit, son intellect discipliné le préserve de l'impolitesse maladroite des esprits meilleurs, quoique moins instruits, qui, comme des armes contondantes, déchirent et déchirent. pirater au lieu de trancher proprement... Il peut avoir raison ou tort selon son opinion, mais il est trop lucide pour être injuste ; il est aussi simple que énergique, et aussi bref que décisif. Nulle part nous ne trouverons plus de franchise, de considération, d'indulgence. Il se jette dans la tête de ses adversaires, il rend compte de leurs erreurs. Il connaît la faiblesse de la nature humaine ainsi que sa force, son domaine et ses limites. [73]

J'ai dit au début de ce chapitre que le caractère joue, dans l'ensemble, un plus grand rôle dans la promotion du succès que toute autre chose, et qu'une persévérance constante dans les vertus industrielles manque rarement d'apporter une récompense dans les directions les plus propices. au bonheur humain. En même temps, il n'est que trop évident que le succès dans la vie ne se mesure en aucun cas au mérite, qu'il soit moral ou intellectuel. La vie est une grande loterie dans laquelle le hasard et les opportunités jouent un rôle énorme. Les qualités supérieures réussissent souvent moins bien que les qualités moyennes et inférieures. Ils réussissent souvent mieux lorsqu'ils sont mélangés à d'autres éléments inférieurs, et une grande part des grands prix revient aux sans scrupules, aux égoïstes et aux rusés. Il est cependant probable que la disparité entre le mérite et le succès diminue si l'on prend des moyennes plus élevées, et la fortune des nations correspond bien plus à leur valeur réelle que la fortune des individus. Le succès, lui aussi, est loin d'être synonyme de bonheur, et bien que le désir de bonheur soit inhérent à toute nature humaine, le désir de réussite – au moins au-delà de ce qui est nécessaire pour obtenir une part équitable des conforts de la vie – est bien plus important. moins universel. La force de l'habitude, le désir d'une vie domestique tranquille, l'amour de la patrie et du foyer sont souvent, chez les hommes vraiment capables, plus forts que l'impulsion de l'ambition ; et un dégoût pour les compétitions et les disputes de la vie, pour les responsabilités croissantes de la grandeur, et pour l'envie et les jalousies qui manquent rarement de suivre son sillage, peut être trouvé parmi les hommes qui, s'ils choisissent d'entrer dans l'arène, semblent ont toutes les conditions nécessaires pour réussir. L'homme le plus fort n'est pas toujours le grimpeur le plus ardent, et les vallées tranquilles ont bien plus de charme que les hauts sommets de la vie.

NOTE DE BAS DE PAGE:

[73] *La portée et la nature de l'enseignement universitaire* de Newman , Discours IX.

CHAPITRE XVI

TEMPS

Considérant les âges innombrables que l'homme a vécu sur ce globe, il semble étrange qu'il ait si peu appris à accepter les conditions normales de l'humanité. Dans quelle mesure la mélancolie qui se reflète dans la poésie de tous les âges, et qui est ressentie à des degrés divers dans chaque âme humaine, n'est pas due à un malheur spécial ou particulier, mais à des choses qui sont communes à l'ensemble du genre humain. ! La fuite inexorable du temps ; l'approche de la vieillesse et de ses infirmités ; l'ombre de la mort ; le mystère qui entoure notre être ; le contraste entre la profondeur de l'affection et le caractère transitoire et incertain de la vie ; le spectacle des vies brisées, des aspirations déjouées, des travaux inutiles, des talents mal orientés, des énergies pernicieuses et des illusions persistantes qui remplissent le chemin de l'histoire humaine ; le profond sentiment de vanité et d'absence de but qui doit parfois nous envahir lorsque nous contemplons un monde dans lequel le hasard est si souvent plus fort que la sagesse ; dans lequel désert et récompense sont si largement séparés ; dans lequel les êtres vivants se succèdent dans une redondance aussi vaste et ahurissante — manger, tuer, souffrir et mourir sans aucun but utile à découvrir — toutes ces choses appartiennent au sort normal ou au cadre inévitable de la vie humaine. On ne peut pas non plus dire que la science, qui a si largement étendu notre connaissance de l'Univers, ou la civilisation, qui a si considérablement multiplié nos conforts et soulagé nos douleurs, ont diminué en quoi que ce soit la tristesse qu'elles apportent. Il semble en effet que plus l'homme s'élève au-dessus d'une existence purement animale et que ses facultés mentales et morales se développent, plus ce genre de sentiment s'accroît.

Dans peu de périodes de l'histoire du monde, voire aucune, cela a été plus perceptible dans la littérature qu'aujourd'hui. La constitution physique et le tempérament ont un pouvoir vaste et humiliant de l'approfondir ou de l'alléger, et la force ou la faiblesse de la croyance religieuse l'affecte largement, mais les meilleurs, les plus forts, les plus croyants et les plus prospères ne peuvent y échapper complètement. Parfois, cela trouve sa véritable expression dans les lignes de Raleigh :

Même tel est le temps ; qui prend en confiance

Notre jeunesse, nos joies et tout ce que nous avons !

Et ne nous paie que l'âge et la poussière,

Qui dans la tombe sombre et silencieuse,

Quand nous avons erré sur tous nos chemins,

Fait taire l'histoire de nos jours ;

Et de quelle tombe, terre et poussière,

Le Seigneur me relèvera, j'en ai confiance.

Elle prend parfois le ton d'une mélancolie plus légère teintée de cynisme :

La vie est vaine :

Un peu d'amour,

Un peu de haine,

Et puis—bon jour.

La vie est brève,

Un peu d'espoir,

Un peu de rêve,

Et puis—bon soir. [74]

Il y a peu de paroles qui méritent mieux d'être continuellement rappelées à notre esprit que celle de Franklin : « Vous appréciez la vie ; alors ne perdez pas de temps, car le temps est l'essence de la vie. De toutes les choses qui sont données aux hommes, aucune n'a plus de valeur, mais aucune n'est utilisée de manière plus inégale, et la véritable mesure de la vie doit moins être trouvée dans sa durée que dans la quantité qu'on y met. La perte de temps est un des lieux communs les plus anciens, mais c'est un de ceux qui ne sont jamais vraiment périmés. Combien de « choses précieuses de la vie » sont gaspillées par manque de ponctualité ; par manque de méthode impliquant des efforts superflus et répétés ; par manque de mesure, prolonger avec modération les choses agréables ou profitables jusqu'à la lassitude, la satiété et l'extravagance ; par manque de sélection, on s'attarde trop sur l'inutile ou le sans importance ; par manque d'intensité, issu d'une nature apathique et apathique tant dans le travail que dans le plaisir. Le temps est, en un sens, la chose la plus élastique. C'est une des expériences les plus courantes que les hommes les plus occupés trouvent la plupart du temps pour un travail exceptionnel, et souvent un homme qui, sous la forte impulsion d'une vie professionnelle active, se plaint amèrement de trouver si peu de temps pour poursuivre son travail ou ses études favoris. , découvre avec surprise que, lorsque les circonstances ont mis tout son temps à sa disposition, il fait moins dans ce domaine que dans les intervalles durement gagnés d'une vie surpeuplée. L'art d'utiliser judicieusement les cinq minutes libres, les vacances occasionnelles ou les intervalles de la vie, est l'un des plus précieux que nous puissions acquérir. Il y a des vies dans lesquelles la principale préoccupation est de traverser le temps. Il y en a d'autres où il s'agit de trouver du temps pour tout ce qu'il faut accomplir, et la plupart des hommes, à différentes époques de leur vie, connaissent les deux extrêmes. Pour certains, le temps n'est qu'une durée, une chose vide et sans relief, qui s'écoule rapidement et insensiblement. Avec d'autres, chaque jour, et presque chaque heure, semble avoir son cachet et son caractère distinctifs, pour le meilleur ou pour le pire, dans le travail ou dans le plaisir. Il existe à cet égard de grandes différences entre les différentes époques de l'histoire et entre les différentes générations d'un même pays, entre la vie à la ville et à la campagne et entre les différents pays. « Mieux vaut cinquante ans d'Europe qu'un cycle de Cathay » est profondément vrai, et aucun voyageur ne peut manquer d'être insensible à la différence de valeur du temps dans un pays du Nord et dans un pays du Sud. Les loisirs de certaines nations semblent plus chargés que le travail des autres, et peu de choses sont plus reposantes pour une nature anglo-saxonne surmenée et blasée que de passer pour une courte saison dans un de ces pays où le temps semble presque sans valeur.

Dans l'ensemble, il ne fait guère de doute que la vie dans les nations les plus civilisées s'est considérablement améliorée au cours de notre propre génération. Il ne s'agit pas simplement d'un allongement de sa durée moyenne. Cela est dû dans une large mesure à la diminution de la mortalité infantile. L'amélioration se manifeste de manière plus concluante dans la fréquence accrue d'une vieillesse vigoureuse et active, dans la multitude de nouveaux dispositifs permettant d'économiser et donc d'augmenter le temps, dans une intensité bien plus grande de la vie, tant sous les formes de travail que sous les formes de plaisir. La « vie sous haute pression » n'est pas sans inconvénients et sans inconvénients, mais elle signifie au moins une vie largement et pleinement utilisée.

Cependant, tous les intervalles de travail, même s'ils ne prennent pas la forme d'un plaisir positif, ne sont pas une perte de temps. Le surmenage, dans tous les domaines de la vie, est généralement néfaste à l'économie, non pas tant parce qu'il détruit souvent la santé (la plupart de ce qui est attribué à cette cause est probablement plutôt dû à l'anxiété qu'au travail) mais plutôt parce qu'il ne parvient pas à altérer la qualité. de travail. Une grande partie de notre vie se passe dans l'inconscience du sommeil, et peut-être aucune partie n'est-elle dépensée plus utilement. Cela apporte non seulement la restauration de nos énergies physiques, mais donne également un ton vrai et sain à notre nature morale. De toutes les choses terrestres, le sommeil est celui qui fait le plus pour remettre les choses dans leurs vraies proportions, calmant les nerfs excités et dissipant les soucis exagérés. Combien de suicides ont été évités, combien d'entreprises et de décisions irréfléchies ont été évitées, combien de querelles dangereuses ont été apaisées, par l'influence apaisante de quelques heures de sommeil régulier ! « Le sommeil qui resserre les manches effilochées du souci » est en effet, dans un monde épuisé par les soucis, l'une des principales bénédictions. Son pouvoir curatif et réparateur se fait sentir autant dans les maladies de l'esprit que dans celles du corps, et, malgré l'autorité de Salomon, il est probablement sage que les hommes en prennent la pleine mesure, ce qui n'est pas soigné. la nature l'exige. La véritable perte de temps du paresseux ne réside pas dans la quantité de sommeil naturel dont il bénéficie, mais dans le temps passé sans rien faire au lit lorsque le sommeil a cessé, et dans le sommeil mal placé et mal programmé, qui n'est dû à aucun véritable besoin du corps. au repos, mais simplement à la paresse mentale, au manque d'intérêt et d'attention.

Certains hommes réclament encore plus de sommeil. « La nuit du corps », a dit un écrivain ancien, « est le jour de l'âme », et certains, qui ne soutiennent pas absolument la vieille croyance selon laquelle c'est dans les rêves de la nuit que le Divin Bien que l'Esprit communique le mieux avec l'homme, nous avons néanmoins cru que le retrait complet de notre esprit de ces soucis mondains qui hantent nos heures de veille et font tant pour matérialiser et endurcir notre nature est l'une des premières conditions d'une vie supérieure. « Dans la mesure où l'esprit est capable de s'éloigner des choses sensuelles et corporelles, dit Swedishborg, dans la même proportion il s'élève vers les choses célestes et spirituelles. On a remarqué que souvent les pensées et les jugements, dispersés et enchevêtrés dans nos heures du soir, semblent passés au crible, clarifiés et rangés dans le sommeil ; que des problèmes qui semblaient désespérément confus lorsque nous nous couchions sont immédiatement et facilement résolus lorsque nous nous réveillons, « comme si une raison plus parfaite que la raison avait été à l'œuvre lorsque nous étions dans notre lit ». Quelque chose d'analogue, a-t-on soutenu, se produit dans notre nature morale. " Un processus se déroule en nous pendant ces heures qui n'est pas, et ne peut pas être, mis en œuvre de manière aussi efficace, voire pas du tout, à d'autres moments, et nous grandissons, nous développons et mûrissons spirituellement plus continuellement tout en étant ainsi protégés des influences distrayantes. du monde phénoménal que pendant les heures pendant lesquelles nous y sommes absorbés... N'est-ce pas précisément la fonction du sommeil de nous donner, pendant une partie de chaque jour de notre vie, un répit des influences du monde qui, sans interruption, nous priveraient nous de l'instruction, des renforcements spirituels, nécessaires pour nous qualifier pour tirer le meilleur parti de nos expériences éveillées du monde sans en être vaincus ? C'est à ces heures que les plans et les ambitions de notre vie mondaine extérieure cessent d'interférer ou d'obstruer le flux de la vie divine dans la volonté. [75]

Sans toutefois suivre cette ligne de pensée, il est au moins suffisamment clair qu'une petite partie du bonheur de la vie dépend de nos heures de sommeil. Platon a exhorté les hommes à observer attentivement leurs rêves comme indiquant leurs dispositions, tendances et tentations naturelles, et - peut-être avec plus de raison - Burton et Franklin ont proposé « l'art de procurer des rêves agréables » comme l'un des grands, bien que peu reconnus. branches de la science de la vie. Il s'agit sans doute principalement d'une question de régime alimentaire, d'exercice, d'une ventilation efficace et d'une répartition judicieuse des heures de travail, mais cela est aussi largement influencé par des causes morales.

Somnia quæ mentes ludunt volitantibus umbris,

Nec delubra deum, nec ab æthere numina mittunt,

Sed sibi quisque facit.

Apaiser les perturbations de l'esprit, vivre une vie tranquille, droite et sans remords, cultiver le pouvoir de gouverner par la volonté le courant de nos pensées, réprimer les passions indisciplinées, les angoisses exagérées et les désirs malsains, est au moins une grande recette. pour avoir banni de nos oreillers ces rêves douloureux qui ne contribuent pas peu au malheur de nombreuses vies.

Une branche analogue de l'auto-culture est celle qui cherche à fournir un aliment sain pour les heures de veille de la nuit, lorsque le temps semble si anormalement prolongé et lorsque prédominent particulièrement des pensées sombres et des vues exagérées et détempérées des épreuves de la vie. Parmi les moyens par lesquels l'éducation peut contribuer au bonheur réel de l'homme, son pouvoir de fournir des pensées agréables ou apaisantes pendant ces heures mornes n'est pas le moindre, bien qu'il soit rarement ou jamais remarqué dans les livres ou les discours. C'est peut-être à cet égard que l'habitude précoce de mémoriser la poésie – et en particulier la poésie religieuse – est la plus importante.

En estimant la valeur des interruptions de travail qui ne sont pas consacrées à la jouissance active, une autre considération peut être prise en compte. Il y a des moments où l'esprit devrait rester en jachère, et tous ceux qui ont vécu avec profit la vie intellectuelle ont perçu que c'est souvent dans ces moments-là qu'il retrouve le plus l'élasticité qu'il a peut-être perdue et qu'il devient le plus prolifique en pensée spontanée. De nombreuses périodes de la vie qui pourraient à première vue apparaître comme du temps inutilisé sont en réalité parmi les plus précieuses.

Nous avons tous remarqué le fait curieux des inégalités apparentes extrêmes du temps, bien qu'il soit, dans son essence, la chose la plus uniforme. Les périodes de douleur ou d'inconfort aigu semblent anormalement longues, mais cet allongement du temps n'est heureusement pas vrai pour toutes les scènes mélancoliques de la vie, ni n'est particulier aux choses douloureuses. Une vie de malade, avec sa monotonie presque ininterrompue, et avec la grande mesure de torpeur qui l'accompagne souvent, s'envole généralement très vite, et la plupart des gens ont dû remarquer comment la première semaine de voyage, ou de quelque autre grand changement d'habitudes et d'activités, bien que souvent accompagné d'un vif plaisir, il semble disproportionnellement long. La routine raccourcit et la variété allonge le temps, et il est donc au pouvoir des hommes de faire quelque chose pour en régler le rythme. Une vie avec de nombreux repères, une vie très subdivisée lorsque ces subdivisions ne sont pas du même genre et lorsque des intérêts, des impressions et des travaux nouveaux et divers se succèdent dans une succession rapide et distincte, semble la plus longue, et la jeunesse est la plus longue. avec sa forte sensibilité aux impressions, semble évoluer beaucoup plus lentement que la vieillesse apathique. Comme la période allant d'un anniversaire à l'autre semble presque incommensurable pour un jeune enfant ! Combien de temps l'écolier semble-t-il l'intervalle entre les vacances et les vacances ! À quelle vitesse, à mesure que nous avançons dans la vie, le rythme terrible de chaque année récurrente devient ! Lorsque le sentiment de nouveauté se fait rare et que les intérêts perdent de leur acuité, le temps s'écoule avec une célérité toujours croissante. Campbell a justement remarqué comme une disposition bienfaisante de la nature que c'est dans la période de la vie où les jouissances sont les moins nombreuses et les infirmités les plus nombreuses, que la marche du temps semble la plus rapide.

Plus nous vivons, plus brefs apparaissent

    Les étapes successives de notre vie,

Un jour en enfance semble une année,

    Et les années comme les âges qui passent.

     * * * * *

Quand les joies ont perdu leur floraison et leur souffle,

    Et la vie elle-même est insipide,

Pourquoi alors que nous atteignons les chutes de la mort

    Sentons-nous sa marée plus rapide ?

     * * * * *

Le ciel donne à nos années de force décroissante

  Flotte indemnisante ;

Et ceux de la jeunesse d'une longueur apparente

  Proportionné à leur douceur.

La brièveté de la vie est un des lieux communs de la littérature. Pourtant, bien que nous puissions facilement concevoir des êtres dotés de facultés mentales et physiques adaptées à une vie beaucoup plus longue que la nôtre, on constatera généralement, avec nos pouvoirs existants, que la vie, si elle n'est pas prématurément raccourcie, est suffisamment longue. Chez les hommes qui ont joué un grand rôle dans les affaires publiques, le meilleur travail est presque toujours accompli avant un âge avancé. C'est un fait remarquable que, bien qu'un Sénat, par son origine même, signifie une assemblée de vieillards, et bien que dans le Sénat de Rome, qui était le plus grand de tous, les membres siégaient à vie, il existait une loi spéciale stipulant que aucun sénateur, après soixante ans, ne devrait être convoqué pour accomplir son devoir. [76] Au cours des siècles passés, les hommes d'État septuagénaires actifs étaient très rares et presque inconnus dans la vie parlementaire. Dans notre siècle, il y a eu de brillantes exceptions, mais dans la plupart des cas, on constatera que la véritable gloire de ces hommes d'État repose sur ce qu'ils ont fait avant un âge avancé, et que parfois la prolongation injustifiée de leur vie active a été un grave malheur. non seulement à leur propre réputation, mais aussi aux nations qu'ils ont influencées. Souvent en effet, à mesure que les facultés diminuent, la confiance en soi, même chez les hommes bons, augmente. Les échecs moraux et intellectuels autrefois réprimés prennent racine et se propagent, et ce n'est pas une mince affaire qu'ils n'aient que peu de temps pour suivre leur cours. Chez les hommes de grande capacité, les folies de la vieillesse sont peut-être encore plus à craindre que les folies de la jeunesse. Lorsque les hommes se sont fait une grande réputation et ont acquis une grande autorité, lorsqu'ils deviennent l'objet de la flatterie des nations, et lorsqu'ils peuvent, avec peu de peine, de réflexion ou d'étude, attirer l'attention universelle, une nouvelle série de tentations commence. Leurs têtes ont tendance à tourner. Le sentiment de responsabilité s'affaiblit ; les anciens jugements, prudence, délibération, retenue et timidité disparaissent. L'obstination et les préjugés se renforcent, tandis qu'en même temps la force du raisonnement diminue. Parfois, à cause d'un défaut en partie intellectuel, mais aussi en partie moral, ils perdent presque entièrement le pouvoir de réaliser ou de reconnaître de nouvelles conditions, découvertes et nécessités. Ils voient avec jalousie l'émergence de nouvelles réputations et d'hommes plus jeunes, et l'autorité bien méritée d'un vieil homme devient le plus redoutable obstacle au progrès. Dans le domaine politique, dans le domaine scientifique et dans le domaine de l'organisation militaire, ces vérités pourraient être abondamment illustrées. Dans le cas d'un génie grand mais maléfique, la brièveté de la vie est une bénédiction inestimable. Peu de malédictions plus grandes pourraient être imaginées pour la race humaine que la prolongation pendant des siècles de la vie de Napoléon.

Dans la littérature également, la même loi peut être détectée. Les meilleures pensées d'un écrivain s'expriment généralement bien avant un âge extrême, même si l'habitude et le désir de produire perdurent. Le temps de la répétition, de la force diluée et du jugement affaibli – l'âge où l'esprit a perdu sa flexibilité et ne peut plus assimiler de nouvelles idées ou suivre le rythme des modes et tendances changeants d'une autre génération – s'installe souvent alors que la vie physique est mais peu affaibli. Dans ce cas, il est vrai, le mal n'est pas très grand, car on peut faire confiance au temps pour trier l'ivraie du blé, et même s'il ne conserve pas l'une, il rejettera infailliblement l'autre. « Tant que je vis, disait Victor Hugo avec une certaine grandiloquence, mais aussi avec une certaine justice, j'ai le devoir de produire. C'est le devoir du monde de sélectionner, parmi ce que je produis, ce qui mérite d'être conservé. Le monde s'acquittera de son devoir. Je déchargerai le mien. En même temps, personne ne peut manquer de remarquer combien, dans notre propre génération, le long silence de Newman dans sa vieillesse ajoutait à sa dignité et à sa réputation, et la même chose aurait pu être dite de Carlyle si un feu bienfaisant avait détruit les manuscrits non révisés qu'il avait écrits ou dictés lorsqu'il était un homme très âgé.

Cependant, nous sommes ici confrontés à de grandes tâches et à des hommes qui occupent une grande place dans les conflits du monde. Le déclin des facultés et de la volonté, qui altère le pouvoir dans ces cas-là, est souvent perceptible bien avant qu'il y ait un déclin réel des pouvoirs nécessaires aux affaires ordinaires ou à la pleine jouissance de la vie. Mais le temps vient où les enfants ont atteint la maturité et où il devient souhaitable qu'une jeune génération prenne le gouvernement du monde, hérite de sa richesse, de son pouvoir, de ses dignités, de ses nombreux moyens d'influence et de jouissance ; et cela ne peut être pleinement réalisé tant que l'ancienne génération n'est pas mise au repos. Souvent même, la vieillesse, lorsqu'elle est exempte de graves infirmités et de grandes épreuves et privations, est la période de la vie la plus honorée, la plus tranquille et peut-être, dans l'ensemble, la plus heureuse. Les luttes, les passions et les ambitions d'autrefois sont révolues. Le temps adouci du temps a apaisé les animosités, apaisé les vieilles aspérités du caractère, donné un jugement plus large et plus tolérant, guéri la sensibilité morbide qui a le plus d'amertume dans la vie. L'esprit du vieil homme est emmagasiné dans les souvenirs d'une vie bien remplie et honorable. Dans les longs loisirs qui lui sont désormais réservés, il lui est souvent permis de reprendre des projets qu'il avait été obligé d'ajourner dans une vie professionnelle surchargée ; il découvre (comme l'a dit Adam Smith) que l'un des plus grands plaisirs de la vie est de revenir dans la vieillesse aux études de la jeunesse, et lui-même ressent souvent quelque chose du frisson d'une seconde jeunesse dans sa sympathie pour les enfants qui l'entourent. lui. C'est l'été de la Saint-Martin, éclairant d'une pâle mais belle lueur la brève journée de novembre. Mais le temps doit venir où toutes les alternatives de la vie seront tristes, et la moins triste sera une fin rapide et indolore. Quand l'œil a cessé de voir et l'oreille d'entendre, quand l'esprit a échoué et que tous les amis de la jeunesse sont partis, et que la vie du vieil homme devient un fardeau non seulement pour lui-même mais pour ceux qui l'entourent, il vaut bien mieux que il devrait quitter la scène. Si un attachement naturel à la vie, ou une répugnance naturelle devant la mort, l'empêche de s'en rendre compte clairement, tous les autres le voient au moins pleinement.

En fait, cet amour de la vie ne persiste pas non plus dans la plupart des cas d'extrême vieillesse. Peu de choses sont plus tristes que de voir les jeunes, ou ceux qui sont dans la vie adulte, chercher, selon l'expression courante, à trouver le moyen de « tuer le temps ». Mais dans l'extrême vieillesse, lorsque le pouvoir du travail, le pouvoir de la lecture, les plaisirs de la société ont disparu, cette phrase acquiert une signification nouvelle. Comme l'a si bien dit Madame de Staël : « On dépose fleur à fleur la couronne de la vie ». L'apathie s'empare de toutes les facultés et le repos, un repos ininterrompu, devient le désir principal. Je me souviens d'une épitaphe touchante dans un cimetière allemand : « Je me lèverai, ô Christ, quand tu m'appelleras ; mais ah ! laissez-moi me reposer un peu, car je suis très fatigué.

Après tout ce qu'on peut dire, la plupart des hommes hésitent à regarder le Temps en face. La fin de l'année ou un anniversaire n'est pour eux qu'un moment de réjouissance, dans lequel ils entrent pour se détourner des pensées déprimantes. Ils reculent devant ce qui leur semble être la triste vérité, à savoir qu'ils dérivent vers un abîme sombre. Pour beaucoup, les étapes marquantes du chemin de la vie sont des pierres tombales, chaque époque étant principalement associée dans leurs souvenirs à une mort. Pour certains, le temps passé n'est rien – un chapitre clos qui ne sera jamais rouvert.

Le passé n'est rien, et enfin,

L'avenir ne peut être que le passé.

Pour d'autres, la pensée du travail accompli au cours des années disparues est le plus réel et le plus durable de leurs biens. Ils peuvent ressentir la force des nobles lignes de Dryden :

Le Ciel lui-même n'a pas de pouvoir sur le passé,

Mais ce qui a été a été, et j'ai eu mon heure.

Celui qui veut regarder le Temps en face sans illusion et sans crainte doit associer chaque année qui passe aux nouveaux développements de sa nature ; avec des tâches accomplies, avec un travail effectué. Remplir à ras bord le temps qui nous est imparti d'action et de réflexion est la seule manière par laquelle nous pouvons apprendre à observer son passage avec sérénité.

NOTES DE BAS DE PAGE :

[74] Monte-Naken.

[75] Voir *Le Mystère du sommeil* , de John Bigelow.

[76] Sénèque, *de Brevitate Vitæ* , cap. XX .

CHAPITRE XVII

'LA FIN'

Il est facile de concevoir des circonstances pas très différentes de celles de la vie réelle, qui pourraient, sinon entièrement, du moins dans une très large mesure, ôter à la mort la tristesse qui l'entoure habituellement. Si tous les membres du genre humain mouraient avant deux ans ou après soixante-dix ; si la mort était dans tous les cas la chose rapide et indolore qu'elle est pour beaucoup ; et si le vieillard laissait toujours derrière lui des enfants pour perpétuer son nom, sa mémoire et ses pensées, la mort, même si elle semble encore une chose triste, n'exciterait certainement pas les sentiments qu'elle produit aujourd'hui si souvent. De tous les événements qui nous arrivent, c'est celui qui doit le plus son horreur, non à lui-même, mais à ses accessoires, à ses associations et aux imaginations qui s'agglutinent autour de lui. « La mort, en effet, comme le disait un grand moraliste stoïque, est le seul mal qui ne puisse jamais nous atteindre. Quand nous le sommes, la mort ne l'est pas. Quand la mort arrive, nous ne le sommes pas.

La composition de traités de consolation destinés à habituer les hommes à contempler la mort sans terreur fut un des exercices favoris des philosophes de la Rome augustéenne et des périodes ultérieures de la Rome païenne. Le chapitre que Cicéron a consacré à ce sujet dans son traité sur la vieillesse est un bel exemple de ce qu'il apparaissait à un païen vertueux, qui croyait en une vie future qui le mettrait en communion avec ceux qu'il avait aimés et perdus sur terre. , mais qui en même temps ne reconnaissait cela que comme une probabilité et non comme une certitude. « La mort, dit-il, est un événement soit totalement négligeable s'il éteint l'existence de l'âme, soit très souhaité s'il la transporte dans une région où elle continuera d'exister pour toujours. L'une de ces deux conséquences doit nécessairement suivre la désunion de l'âme et du corps ; il n'y a pas d'autre alternative possible. Qu'ai-je donc à craindre si après la mort je ne suis pas malheureux ou si je suis certainement heureux ?

Cependant, de vagues notions d'un monde sombre, crépusculaire et ténébreux, où les fantômes des morts menaient une existence faible et sans joie, et d'où ils revenaient parfois hanter les vivants dans leurs rêves, étaient largement répandues dans l'imagination populaire. comme l'extinction de toutes les peurs superstitieuses que l'école de Lucrèce et de Pline a accueilli favorablement la croyance que toutes choses finissaient avec la mort : « Post mortem nihil est, ipsaque mors nihil ». Il n'est pas non plus certain que, même à l'école de Platon, la pensée d'une autre vie ait eu une influence grande et opératoire sur les esprits et les caractères. La mort était principalement représentée comme le repos ; comme la clôture d'un banquet; comme la loi universelle de la nature qui s'applique à tous les êtres vivants, bien que l'immense majorité y soit confrontée plus tôt que l'homme. On le considérait simplement comme un sommeil – un sommeil sans rêves et sans perturbations – la libération finale de tous les chagrins, souffrances, angoisses, travaux et désirs de la vie.

> Nous sommes de telles choses

Alors que les rêves se font, et notre petite vie

Est arrondi avec un sommeil. [77]

> Le meilleur du repos est le sommeil,

Et c'est ce que tu provoques souvent ; mais j'ai terriblement peur

Ta mort, qui n'est plus. [78]

Mourir, c'est atterrir sur un rivage silencieux

Où les vagues ne se brisent jamais et où les tempêtes ne rugissent jamais. [79]

Il est étrange d'observer à quelle hauteur non seulement d'excellence morale, mais aussi de ferveur dévotionnelle, les hommes se sont élevés sans aucune aide de la doctrine d'une vie future. Seule la plus faible et la plus douteuse lueur d'une telle croyance peut être retrouvée dans les Psaumes, dans lesquels d'innombrables générations de chrétiens ont trouvé l'expression la plus complète de leurs sentiments de dévotion, ou dans les Méditations de Marc Aurèle, qui sont peut-être le produit le plus pur de l'inspiration païenne. piété.

Comme je l'ai déjà dit, je m'efforce dans ce livre d'éviter les questions de théologies contestées ; mais il est impossible d'éviter de remarquer les grands changements qui ont été introduits dans la conception de la mort par certains des enseignements qui, sous différentes formes, se sont développés sous le nom de christianisme, bien qu'une grande partie de ceux-ci puissent être rattachés en germe à des périodes antérieures de la mort. développement humain. La mort en elle-même était rendue incomparablement plus terrible par l'idée qu'elle n'était pas une loi mais un châtiment ; que des souffrances inconcevablement plus grandes que celles de la Terre attendaient les grandes masses de la race humaine au-delà de la tombe ; qu'un événement qui aurait eu lieu bien avant notre naissance, ou de petites faiblesses auxquelles les meilleurs d'entre nous ne peuvent échapper, suffisaient pour soumettre les hommes à cette condamnation ; que les seules voies de sécurité se trouvaient dans les cérémonies ecclésiastiques ; avec l'assistance des prêtres ; dans un choix précis parmi des doctrines théologiques concurrentes. En même temps, la plus grande et la plus puissante des Églises de la chrétienté a, pendant de nombreux siècles, fait tout son possible pour intensifier la peur naturelle de la mort en l'associant dans l'imagination des hommes à des images répugnantes et à un environnement épouvantable. Il ne peut y avoir de plus grand contraste que celui entre le tombeau grec avec ses guirlandes de fleurs, son imagerie lumineuse, jeune et reposante, et les chapelles mortuaires que l'on trouve souvent dans les pays catholiques, avec leurs horribles images d'âmes sauvées se *tordant* dans le purgatoire. flammes, tandis que l'inscription au-dessus et la tirelire en-dessous indiquent le seul moyen d'alléger leur sort.

Fermati, O Passagiero, mira tourmenti.

Siamo abbandonati dai nostri parentsi.

Di noi abbiate pietà, o voi amici cari.

Ceci n'est qu'un côté du tableau. D'un autre côté, il ne fait aucun doute que les convictions fortes et les cérémonies impressionnantes, même de la foi la plus superstitieuse, ont consolé et fortifié des multitudes dans leurs derniers instants, et que dans les formes plus pures et plus éclairées du christianisme, la mort revêt maintenant un aspect très différent. de ce qu'il a fait dans l'enseignement du catholicisme médiéval ou de certaines des sectes issues de la Réforme. La vie humaine se terminant dans la faiblesse de la vieillesse et dans la corruption du tombeau semblera toujours un dénouement humiliant et souvent une hideuse injustice. La croyance en la suprématie légitime de la conscience et en une loi morale éternelle réparant les nombreux torts et injustices de la vie et assurant le triomphe ultime du bien sur le mal ; l'incapacité de la terre et des choses terrestres à satisfaire nos envies et nos idéaux ; la révolte instinctive de la nature humaine contre l'idée d'anéantissement, et sa capacité d'affections et d'attachements, qui semblent par leur intensité transcender les limites de la terre et emporter avec elles dans les moments de deuil une persuasion ou une conviction de quelque chose qui perdure au-delà de la tombe — toutes ces choses ont trouvé dans les croyances chrétiennes une sanction et une satisfaction que les hommes n'avaient pas pu trouver chez Socrate ou Cicéron, ou dans le vague panthéisme vers lequel la raison seule incline naturellement.

Cependant, en considérant la mort sous ses aspects purement humains, la personne en deuil devrait considérer combien de fois, au cours d'une longue maladie, elle souhaite que le mourant puisse dormir ; combien la pensée de chaque heure de repos paisible lui était consolante ; de chaque heure pendant laquelle le patient était retiré de la conscience, insensible à la souffrance, éloigné pour un temps des misères d'une vie mourante. Il devrait se demander si ces intervalles d'insensibilité n'étaient pas en somme les plus heureux de la maladie, ceux qu'il aurait le plus désiré multiplier ou prolonger.

Il devrait donc s'habituer à considérer la mort comme un sommeil – un sommeil paisible – le seul dont l'homme ne se réveille jamais avec douleur.

Vous vous trouvez en présence d'une épreuve bien plus profonde et poignante que la mort d'un vieil homme – une jeune vie coupée dans la fleur de l'âge ; l'éclipse d'un soleil avant l'arrivée du soir. Habituez-vous à considérer la vie qui s'est écoulée dans son ensemble. Un être humain a été appelé au monde, il y a vécu dix, vingt, trente ans. Cela vous semble un exemple intolérable de l'injustice du sort qu'il soit retranché si tôt. Estimez donc cette vie dans son ensemble et demandez-vous si, ainsi jugée, elle a été une bénédiction ou l'inverse. Comptez les années de bonheur. Comptez les jours, voire les semaines, de maladie et de douleur. Mesurez le bonheur que cette courte vie a donné à certains disparus ; qui n'a jamais vécu assez tôt pour voir sa fermeture. Équilibrez le bonheur qu'il a donné au cours de son existence à ceux qui ont survécu, avec le caractère poignant et la durée de la douleur causée par la perte. En voici, par exemple, quelqu'un qui a vécu peut-être vingt-cinq ans en bonne santé et en vigueur ; dont la vie pendant cette période n'a été marquée par aucun malheur grave ; dont la nature, bien que de temps en temps obscurcie par de petites inquiétudes et des soucis, était dans l'ensemble brillante, dynamique et heureuse ; qui avait la capacité de jouir vivement et de nombreuses opportunités d'y parvenir ; qui ressentait tout le frisson de la santé, de l'amitié et du plaisir extatique. Puis vint un changement, un an ou deux avec une aile estropiée, une vie, bien que pas abjectement misérable, dans l'ensemble un fardeau, et puis la fin. Vous pouvez facilement concevoir, vous pouvez désirer ardemment un sort meilleur, mais jugez équitablement les lumières et les nuances de ce qui a été. Le bonheur dans son ensemble ne dépasse-t-il pas le mal ? Pouvez-vous honnêtement dire que cette vie a été une malédiction et non une bénédiction ? – qu'il aurait été mieux qu'elle n'ait jamais été tirée du néant ? – qu'il aurait été mieux si le drame n'avait jamais été joué ? C'est fini maintenant. Alors que vous reposez dans sa dernière demeure l'objet de tant d'amour, demandez-vous si, même d'un simple point de vue humain, cette parenthèse entre deux ténèbres n'a pas été au total plus productive de bonheur que de douleur pour lui et son entourage. lui.

C'était un dicton ancien selon lequel « celui que les dieux aiment meurt jeune », et plus d'une légende représentant la mort rapide et indolore comme la plus grande des bénédictions nous est descendue de l'antiquité païenne ; tandis que d'autres légendes, comme celle de Tithonus, anticipaient le tableau que Swift a dressé avec tant de force mais de manière si répugnante de la misère de la vieillesse et de ses infirmités, si la mort ne venait pas comme un soulagement. J'ai raconté ailleurs une vieille légende irlandaise qui incarne cette vérité. « Dans un certain lac de Munster, dit-on, il y avait deux îles ; dans la première, la mort ne pouvait jamais entrer, mais l'âge et la maladie, la lassitude de la vie et les paroxysmes de souffrances effrayantes y étaient tous connus, et ils firent leur travail jusqu'à ce que les habitants, fatigués de leur immortalité, apprennent à regarder l'île opposée. comme sur un havre de repos. Ils lancèrent leurs barques sur ses eaux sombres ; ils ont touché son rivage, et ils étaient au repos. [80]

Personne, cependant, ne peut dire avec certitude si une mort prématurée est un malheur, car personne ne peut vraiment savoir quelles calamités seraient tombées sur le mort si sa vie avait été prolongée. Combien de fois arrive-t-il que les enfants d'un parent décédé fassent ou subissent des choses qui lui auraient brisé le cœur s'il avait vécu assez longtemps pour les voir ! Combien de fois des maladies douloureuses se cachent-elles en germe dans le corps, qui auraient produit une misère indescriptible si une mort précoce et peut-être indolore n'avait pas anticipé leur développement ! Combien de fois les erreurs et les malheurs assombrissent la soirée et gâchent la beauté d'une vie noble, ou les infirmités morales, inaperçues dans la jeunesse ou au début de l'âge adulte, éclatent avant la fin de la journée ! Qui ne s'est pas souvent dit, en repensant à une vie accomplie, combien elle aurait été plus heureuse si elle s'était terminée plus tôt ? « Donnez-nous la mort en temps opportun » est en vérité l'une des meilleures prières que l'homme puisse prier. La douleur, et non la mort, est le véritable ennemi à combattre, et dans ce combat, au moins, l'homme peut faire beaucoup. Peu d'hommes peuvent avoir vécu longtemps sans réaliser combien de choses sont pires que la mort et combien de nœuds il y a dans la vie que la mort seule peut dénouer.

Rappelez-vous avant tout que quoi qu'il y ait au-delà du tombeau, le tombeau lui-même n'est rien pour vous. L'étroitesse de la prison, la pompe sombre, la laideur de la décadence sont connues des vivants et des vivants seuls. Par une illusion trop commune de l'imagination, les hommes se représentent comme consciemment morts, passant par le processus de corruption et en étant conscients ; emprisonné en connaissance de cause dans le plus hideux des cachots. Efforcez-vous sérieusement d'effacer cette illusion de votre esprit, car elle est à l'origine de la peur de la mort, et c'est l'un des pires aspects de l'enseignement et de l'art médiéval et moderne qu'elle tend à la renforcer. Rien, si nous en prenons vraiment conscience, n'est moins réel que la tombe. Nous ne devrions pas plus nous soucier du sort de nos corps abandonnés que de celui des cheveux que le coiffeur a coupés. Plus tôt ils seront résolus en leurs éléments primitifs, mieux ce sera. L'imagination ne devrait jamais s'attarder sur leur décadence.

Bacon a justement remarqué que, si la mort est souvent considérée comme le mal suprême, il n'est pas de passion humaine qui ne devienne assez puissante pour conduire les hommes à la mépriser. Ce n'est pas dans les derniers jours de la vie, mais dans la pleine force de la jeunesse, que les hommes, par ambition ou par simple amour de l'excitation, en affrontent sans crainte et avec joie le risque. On le craint rarement avec sang-froid, et d'innombrables récits de naufrages et d'autres accidents, ainsi que de nombreux épisodes de chaque guerre, montrent de manière concluante avec quelle sérénité l'honneur, le devoir et la discipline peuvent permettre à des hommes sans caractère, vertus ou connaissances extraordinaires de se rencontrer. même lorsqu'il se présente à eux soudainement, comme un fait inévitable, et sans aucune de cette excitation qui pourrait aveugler leurs yeux. Si nous analysons nos propres sentiments face à la mort de ceux que nous aimons, nous constaterons probablement que, sauf dans les cas où la vie est prématurément écourtée et où de nombreuses promesses sont coupées, la pitié pour la personne décédée est rarement un élément marqué. Les sentiments longtemps exclusivement concentrés sur les souffrances du mourant prennent une nouvelle direction lorsque vient le moment de la mort. C'est le vide soudain ; la séparation d'avec celui qui nous est cher ; la cessation de la longue réciprocité de l'amour et du plaisir, — en un mot notre propre perte, — qui nous affecte alors. « Une libération heureuse » est peut-être l'expression la plus fréquemment entendue autour d'un lit de mort. Et à mesure que nous regardons en arrière quelques années en arrière et que nous apprenons à séparer plus clairement la mort de la maladie qui l'a précédée, le sentiment de sa paix et de son caractère naturel grandit en nous. Une vie disparue en vient à être considérée comme un jour passé, mais laissant derrière lui de nombreux souvenirs.

C'est, je pense, une saine tendance qui conduit les hommes de notre génération à se détourner le plus possible des signes et de la contemplation de la mort. La pompe et l'élaboration des funérailles ; des deuils prolongés nous entouraient des ténèbres d'une douleur ostentatoire et artificielle ; surtout, la longue suspension de ces habitudes actives que la nature voulait être le principal remède contre le chagrin, sont des choses qui, au moins dans le monde anglophone, sont manifestement en déclin. Nous devrions essayer de penser à ceux qui sont décédés tels qu'ils étaient à leur meilleur, et non dans la maladie ou dans la décadence. Le vrai chagrin n'a pas besoin d'ostentation, et les ténèbres de la mort n'ont pas besoin d'être artificiellement améliorées. Tout homme bon, connaissant la certitude de la mort et l'incertitude de son heure, se fera un de ses premiers devoirs de subvenir aux besoins de ceux qu'il aime lorsqu'il est lui-même décédé, et de faire tout ce qui est en son pouvoir pour rendre la période de deuil plus agréable. aussi simple que possible. C'est le dernier service qu'il peut rendre avant que les rangs ne soient serrés, que sa place ne soit prise et que les jours d'oubli ne commencent. Dans les carrières d'émeute et de vice, la pensée de la mort peut avoir une influence salutaire et restrictive ; mais dans une vie utile, occupée et bien ordonnée, elle ne devrait pas avoir de place. Ce ne sont pas les seuls stoïciens qui « accordèrent trop de prix à la mort et, par leurs préparatifs, la rendirent plus effrayante ». [81] Comme Spinoza l'a enseigné, «

la véritable étude d'un sage n'est pas de savoir comment mourir mais comment vivre », et tant qu'il s'acquitte correctement de cette tâche, il peut laisser la fin se débrouiller seule. Les grands repères d'une vie sage sont en effet peu nombreux et simples ; faire notre devoir – éviter les chagrins inutiles – accepter patiemment l'inévitable.

NOTES DE BAS DE PAGE :

[77] *La tempête.*

[78] *Mesure pour mesure.*

[79] Garth.

[80] *Histoire de la morale européenne* , IP 203. La légende est racontée par Camden.

[81] Lard.